本书出版获得 2023 年教育部产学合作协同育人项目 "基
展与文旅课程改革与实践" （项目编号：230705618295659

U0454497

乡村振兴战略下
文旅融合高质量发展探索与实践

任李娜 著

WUHAN UNIVERSITY PRESS
武汉大学出版社

图书在版编目(CIP)数据

乡村振兴战略下文旅融合高质量发展探索与实践/任李娜著.—武汉:武汉大学出版社,2024.8
ISBN 978-7-307-24282-1

Ⅰ.乡⋯ Ⅱ.任⋯ Ⅲ.乡村旅游—旅游文化—旅游业发展—中国
Ⅳ.F592.3

中国国家版本馆 CIP 数据核字(2024)第 035342 号

责任编辑:周媛媛 冯红彩   责任校对:牟 丹   版式设计:文豪设计

出版发行:**武汉大学出版社** (430072 武昌 珞珈山)
  (电子邮箱:cbs22@whu.edu.cn 网址:www.wdp.com.cn)
印刷:武汉中科兴业印务有限公司
开本:720×1000 1/16 印张:15.5 字数:234 千字
版次:2024 年 8 月第 1 版 2024 年 8 月第 1 次印刷
ISBN 978-7-307-24282-1 定价:88.00 元

前　言

乡村振兴是当前我国重点推进的一项重大战略，旨在加快推进农村现代化，促进乡村经济、文化等方面的全面升级。在这一过程中，文旅融合发展是乡村振兴战略实现的重要方向之一。文旅融合发展是指将旅游资源、文化产业、艺术活动和休闲娱乐等方面与乡村经济发展有机结合，为乡村经济注入新的活力，同时也能提高乡村旅游业的吸引力和竞争力。文旅融合发展不仅是推进乡村振兴战略的必要手段，还是实现文化传承和保护的新途径，使文化保护与乡村振兴实现同步发展。

在乡村振兴战略下，文旅融合发展已初见成效，但仍存在许多问题亟待解决。例如，乡村旅游业在发展过程中缺少规范化管理，旅游资源的保护和利用也存在不平衡问题；文化产业在乡村振兴中的占比较小，并且大部分受众为城镇居民。因此，如何突破这些难题，实现文旅融合高质量发展，就成为我们探索和实践的重点。为了更好地推进乡村振兴战略的实施，本书结合当前的实际发展情况和未来的发展方向，系统探讨文旅融合发展在乡村振兴战略中的意义和作用，分析当前文旅融合发展中的问题，提出可行性方案和建议，以期为乡村振兴战略的实施提供参考依据和实用性经验。

本书包括三个部分九个章节。第一部分为乡村振兴战略下文旅融合高质量发展概述，介绍了相关概念等理论基础，分析了乡村振兴与文旅融合的互动关联，以A村为例分析了乡村振兴战略下文旅融合发展现状，并提出乡村振兴战略下文旅融合高质量发展对策。第二部分为乡村振兴战略下文旅融合高质量发展具体途径，主要包括乡村旅游文化建设助推乡村振兴，红色旅游发展助推乡村振兴，政府职能发挥助推乡村振兴。第三部分为乡村振兴战略下文旅融合高质量发展的典型案例，主要分析了四川省部分村庄和其他地区的文旅融合发展情况。

本书旨在通过对相关案例和政策的分析，探讨如何解决当前存在的问题，并提出具有可行性的发展建议，为乡村振兴战略下的文旅融合高质量发展提供实用性经验和启示。相信在未来的实际应用中，本书将为推进乡村振兴战略下文旅融合高质量发展做出积极的贡献。

目　　录

第一章　相关概念界定与基本理论

随着乡村振兴战略的深入推进，乡村旅游作为其中一个重要方面也逐渐受到社会各界的广泛关注。文旅融合发展是乡村振兴战略中的一个新兴概念，其意义和作用也越来越被人们认识和重视。在这样的背景下，我们需要了解相关概念与基本理论。

第一节　相关概念界定

一、乡村振兴

乡村振兴战略是习近平同志于2017年10月18日在党的十九大报告中提出的战略。党的十九大报告指出："实施乡村振兴战略。农业农村农民问题是关系国计民生的根本性问题，必须始终把解决好'三农'问题作为全党工作重中之重。"[1]当前，我国正处于新时代的振兴期，乡村振兴已成为我国社会发展的一个重要方向，也是一个需要不断进行探索和实践的问题。

2018年中央一号文件首次聚焦"乡村振兴"，提出了"三步走"的目标任务。2018年9月，中共中央、国务院印发了《乡村振兴战略规划（2018—2022年）》。2021年中央一号文件指出，"把全面推进乡村振兴作为实现中华民族伟大复兴的一项重大任务"。2021年2月25日，国家乡村振兴局挂牌成立。

乡村振兴，产业兴旺是重点。农业作为我国的一个优势产业，它的发展既影响着农民的收入，也影响着国家的粮食安全。在这方面，我国政府正在推

---

1 资料来源：中国政府网，https://www.gov.cn/zhuanti/2017-10/27/content_5234876.htm.

进供给侧结构性改革，通过技术创新和流程优化提高农产品的质量，以及增强农产品的竞争力。同时，政府也在大力推进农村土地流转，让乡村的土地资源得到更加有效的利用，提高农业的生产效率和土地的使用效益。另外，政府还鼓励科技创新，不断地推动农业产业升级，实现从"高质量农业"向"智慧农业"转变。

除了农业产业之外，乡村振兴还需要注重发展乡村旅游业。在我国，乡村有着许多民族习俗文化、山水田园风光等基础条件，比较适宜发展旅游业。发展乡村旅游业不仅可以增加农民的收入，还可以推动当地的经济发展和文化交流。政府应加强对农村旅游业的支持，推出各种优惠政策，提升乡村旅游的品质，打造更多的乡村休闲度假胜地，让更多的人了解乡村文化的魅力。

同时，建设美丽乡村也是乡村振兴的一个方向。建设美丽乡村，一要改善环境，二要提升内涵。政府应加大投入，加强环境治理和基础设施建设，改善居住环境，提高居民的生活质量。另外，政府还要加强公共服务和社会治理，提供更好的医疗、教育、文化等服务，让农民共享改革红利，从而构建一个健康、和谐、美丽的乡村。

在实施乡村振兴战略的过程中，政府需要加大政策支持的力度。政府应优化产业结构，加速发展第三产业，加大对贫困地区和困难家庭的扶持力度，鼓励企业投资，引入人才，扶持具有成长空间的创新型企业，并通过资金、税收和人力资源等方面的优惠政策，吸引更多的外来资金和人才到乡村投资兴业，推动乡村经济快速发展。

总之，乡村振兴是一个需要长期实践和不断探索的过程。政府应充分认识到乡村振兴的重要性，制定完善的政策和措施，在农业、旅游业、环境改善、公共服务、社会治理等方面进行全面协调，为全面推进乡村振兴提供坚实的保障。只有这样，我们才能真正实现乡村社会文化的全面进步，让乡村变得更加繁荣、美丽和幸福。

二、文化产业

根据国家统计局发布的《文化及相关产业分类（2018）》，文化产业是指"为社会公众提供文化产品和文化相关产品的生产活动的集合"。文化产业包括：以文化为核心内容，为直接满足人们的精神需要而进行的创作、制造、传播、展示等文化产品（包括货物和服务）的生产活动，具体包括新闻信息服务、内容创作生产、创意设计服务、文化传播渠道、文化投资运营和文化娱乐休闲服务等活动；为实现文化产品的生产活动所需的文化辅助生产和中介服务、文化装备生产和文化消费终端生产（包括制造和销售）等活动。

在当代社会，文化产业已成为全球经济发展中一个具有十分重要地位的新兴产业。文化产业能够很好地促进经济发展，在创造就业机会方面功不可没。尤其在当前全球经济波动剧烈的情况下，文化产业的创新与发展为社会提供了大量的就业机会，缓解了经济压力，增加了经济活力。此外，文化产业还是一种全球化、信息化、智能化的经济模式，可以有效地推动全球贸易和城市经济的发展，加强国际交流，促进社会进步。文化产业的形成与文化密不可分，文化产业具有推广文化、传承历史的作用。通过文化的推广和传播，人们可以更好地感受和了解不同的文化，促进文化的交流和传承。在这个过程中，文化产业通过重现历史故事、展现历史形象与风采等方式，让人们对不同国家或地区的历史和文化产生兴趣，以推动文化的传承与发展。文化产业还对提升国家或地区的国际影响力具有很大作用。通过文化产业，国家可以向全球塑造自己的文化形象，提升国际影响力和国际形象。文化产业在推进社会发展方面发挥着越来越关键的作用。文化产业以其与经济、社会等领域的深入联系，成为一种综合性产业的代表。文化产业涉及的相关行业包括批发和零售业、制造业、住宿和餐饮业等，并通过互联网和数字技术连接线上、线下的各种业务。通过文化产业的创新与发展，人们可以在各方面享受更多的文化和优质的文化产品与服务，推动社会发展。

总之，文化产业已成为当今世界经济中不可或缺的一部分。文化产业的发展不只是经济增长的一个领域，还涉及认知的转变、文化价值的传承及社会变革等领域。随着新技术的不断涌现，文化产业的未来必将有更加广阔的前景和更加丰富的内涵。

三、旅游产业

旅游产业是指为了满足人们的休闲、娱乐、观光、文化、探险等需求而开发和提供的一系列产品和服务，包括各种旅游活动，如旅游观光、度假旅游、商务旅游等。[1]旅游产业是一个综合性产业，涉及旅游交通、住宿、餐饮、购物、娱乐、文化、卫生等方面，是一个重要的支柱产业。

旅游产业的发展对经济增长、民生改善、文化传承等具有重要意义。旅游产业的发展可以推动相关产业的发展。例如，旅游产业的兴起可以带动餐饮、住宿、交通等产业的发展，从而形成良性循环。旅游产业的发展还可以促进地区经济的发展，增加就业机会，提高当地居民的生活水平。同时，旅游产业也可以促进优秀文化的传承和文化遗产的保护，而且有助于不同文化的交流和理解。但是，旅游产业的发展目前存在一些问题。例如，旅游产业所需的大量资源和能源的消耗可能对环境造成负面影响，如能源浪费、环境污染等。

此外，旅游产业的发展也存在一些安全隐患，如交通事故、旅游欺诈等。为了解决这些问题，需要对旅游产业进行科学规划与合理开发。在发展旅游产业的过程中，应注重保护环境、保护文化遗产、保障游客的人身安全等，同时应加强旅游市场监管，打击各种非法经营行为，维护游客权益。

总之，旅游产业是一个重要的支柱产业。随着生活水平的不断提高，人们的旅游需求也在不断增加，旅游产业的发展前景十分广阔。我们应积极参与和推动旅游产业的发展，促进旅游产业健康、有序、可持续地发展。

四、文旅融合

文旅融合是指文化和旅游两个产业深度融合和协同发展，实现文化产业与旅游产业的互利共赢，从而推动文化和旅游的创新性发展。文旅融合是一种全新的发展模式，对促进经济增长、提升城市形象、塑造地域特色和增强文化自信等具有积极意义。从文旅融合具有的积极意义方面来看，文旅融合是伴随新时代产生的新概念，它的出现源自文化产业和旅游产业对扩大内需、实现产业转型升级、提升国家软实力等方面的紧迫需求。

---

1 童地轴.旅游业概论[M].合肥：安徽大学出版社，2009.

在当前新的经济环境下，文化产业和旅游产业都已发展至一定阶段，但仍存在某些困境。文化产业需要更多外部市场、更广泛的投资和更深入的参与，而旅游产业则需要更丰富的文化内容和更高品质的旅游产品。因此，在这个大背景下，文旅融合应运而生。文旅融合并不是简单地把文化产业和旅游产业放在一起，而是需要通过深度融合，建立文化产业和旅游产业双赢的发展模式。

具体来讲，文旅融合表现为以下三种形式：一是文化旅游景区，即在文化遗产保护和旅游开发上加强合作，建立以文化资源为核心的旅游综合体，如故宫博物院、长城等；二是文旅产品，即文化与旅游相结合，打造特色旅游产业，如乡村旅游、民俗旅游、音乐节、电影节等；三是文化旅游传媒，即利用新媒体和传统媒体提高文化和旅游的传播效果，创造更多文旅品牌，并将其推向市场。文旅融合的最大优势是能够实现产业协同发展，既能丰富文化内涵，又能为人们提供多元旅游体验，从而满足不同消费者的需求。同时，文旅融合还能打造更有竞争力的文化品牌和旅游品牌，引领消费潮流，带动相关产业发展。

然而，文旅融合也面临一定的问题：一方面，文化产业和旅游产业之间虽有相互补充的关系，但在具体实践中，二者存在很多差异和不协调的地方，需要在建设中加以解决；另一方面，文旅融合需要各方的积极参与，需要政府、企业、学界、媒体等共同努力，发挥文旅融合的最大优势。

文旅融合是新兴的产业模式，具有广阔的发展前景。随着国家对文化产业和旅游产业的重视，文旅融合将成为国家战略实施和城市发展的重要契机。因此，为了促进文旅融合的发展，我们应该采取以下措施：一是加强政策支持，即政府应制定更加明确的政策，为文旅融合提供支持和保障；二是加大投入力度，即投入资金和人力资源，培育更多的文旅人才；三是加强国际合作，即在跨境旅游和文化交流上，加强国际合作，提升国家软实力和文化影响力；四是创新发展模式，即在公共服务、营销策略、文化传承等方面采取创新模式，推动文旅融合向更深层次发展。文旅融合是一种新型产业发展模式，具有广阔的发展前景和重要意义。展望未来，我们应充分重视文旅融合发展，积极探索新的创新模式，为文化产业和旅游产业的发展做出更大的贡献。

第二节　基本理论

一、公共产品理论

公共产品指的是在消费或使用上具有非竞争性、在受益上具有非排他性的商品或服务。非竞争性指消费者对某种产品或服务的消费不影响其他消费者同时从消费该产品或服务中获益；非排他性指在产品消费中很难将其他消费者排除在外，即所有消费者都可以不付出任何代价、不受任何限制地获得该产品的消费权。公共产品具有广泛性、重要性和不能被市场定价等特点。公共产品理论是新政治经济学的一项基本理论，主要用来解释政府干预市场必然出现的情形。在市场无法满足社会需求时，政府可以通过提供公共产品（如基础教育、医疗服务、安全防护等）来改善社会福利水平。

公共产品理论中有一个重要的概念，即"自由骑车者"。这个概念指的是那些不愿意为公共产品付费，但仍然享受其益处的个人或组织。例如，在城市的交通系统中，某些人可能不买地铁票，但仍然可以使用地铁出行，因为地铁系统的容量足够大，无法对这些"自由骑车者"进行排除，这种现象被称为"自由骑车者"问题。

在公共产品理论中，还有一个重要的概念，即"收益内部化"。如果一个人为公共产品付费，那么他将获得由此产生的收益，这意味着个人投入的成本与其收到的回报是成正比的。然而，"自由骑车者"不付出任何成本，却享有公共产品的益处，这违反了收益内部化原则。政府可以通过征税等方式弥补这种失衡，使所有人都能够为公共产品付出相应的成本。

公共产品理论中还有一个概念，即"信息不对称"。这意味着市场中存在信息不对称，即某些参与者拥有比其他参与者更多或更少的信息。因此，他们可能会做出更有利于自己的决策，而不是对整个社会产生最大福利的决策。在这种情况下，政府可以通过提高信息透明度和监管力度来修正市场失灵。

总之，公共产品理论的重要性在于说明了在市场无法完全满足社会需求的情况下，政府如何提供公共产品来改善社会福利水平。政府在提供公共产品的过程中需要面对许多挑战，包括"自由骑车者"问题、收益内部化问题、信息不对称等。政府需要寻找合适的手段来应对这些挑战，以确保公共产品在社会中得到充分利用。

二、新公共服务理论

新公共服务理论是一种关于政治学和公共管理学的理论，旨在解决公共服务提供问题。该理论认为，政府应该以市场为导向，将市场作为公共服务提供的基础。同时，该理论还认为，公共服务的提供方式需要不断地调整，并要满足公民需求的变化。新公共服务理论反对传统的国家公共服务模式。传统模式强调政府对公共服务的直接提供；相反，新公共服务理论认为，政府应担任公共服务的监管者和协调者角色，而由民间组织和私营部门来提供服务。政府的职责是确保公共服务的合法性和质量，并协调各方利益达到公共服务的最大化。新公共服务理论的核心思想是让市场机制和竞争发挥作用，这可以促进服务品质和效率的提高。政府通过制定规章制度和标准，确保服务的质量和安全性，同时监控和评估服务提供商的表现，以便调整和改善公共服务的提供。

新公共服务理论强调用科技手段来提高公共服务的效率和质量，如电子政务、智能城市、数据分析和人工智能等。政府应利用这些技术来减少对人力资源的需求，提高服务效率和质量，同时满足公民的需求。新公共服务理论为我们提供了一种新思路，即将服务的提供者转变为公共部门和市场竞争体系的参与者，通过合理的调控和监管机制最大化地解决公共服务问题，以适应日益变化的社会环境。

三、产业融合理论

产业融合是指不同产业在现代经济中的深度融合，使新的产业形态、新的生产方式和新的企业组织形式得以出现。它是在信息技术、人口流动、经济全球化等因素的作用下逐渐形成并发展起来的。产业融合的本质是各种产业之间的互动与协同，这种互动与协同的基础是信息技术的高速发展。信息技术的应用可以打破产业之间的信息壁垒，实现产业之间的互通有无，提高资源的配置效率。

产业融合的最大特点是强调创新和资源整合。在传统产业经济模式下，各领域的隔阂比较严重，相互之间缺少联系。但是在产业融合形态下，各领域可根据自己的特点进行合作，共同创造新产业形态，有效地整合资源，为经济发展带来新的动能。产业融合的好处在于通过产业融合，各产业能够实现资源的共享和利用，避免资源的浪费，提高经济效益。此外，产业融合也可以促进新技术的应用和发展，将科技成果最大化地应用到实际生产中。

随着产业融合的深入发展，其也出现了一些问题。一是知识产权的保护问题。在产业融合过程中，知识产权的边界不清晰，容易引起侵权和纠纷。二是人才短缺问题。产业融合需要全面发掘人才，但是人才的需求与供给之间存在巨大的差距，如何培养更多产业融合型人才是亟待解决的问题。产业融合是经济发展的必然趋势，具有重要的意义。通过产业融合的实践，可以促进各领域之间的协作发展，实现经济的高质量发展和创新发展。

四、可持续发展理论

可持续发展理论是一种以人类未来的发展为核心的新型理论。该理论主张在满足当前时代需求的同时，也要对未来时代的发展需求和环境承担责任。可持续发展理论强调经济、社会、环境三方面的均衡发展，其基本特征是包容性、长期性、协调性、稳定性和可操作性，是可管理、可预见和可实现的。

首先，可持续发展理论关注的是整个社会系统的稳定和持续发展，旨在达到经济发展、社会进步和环境保护三重目标，以确保人类无论是在现在还是在未来都能够拥有健康、安全和繁荣的生活。可持续发展理论强调经济、社会、环境之间的相互作用和联系，提倡三者协调发展，并致力于促进国际合作，以解决全球性问题。

其次，可持续发展理论要求经济发展必须符合环境的承载能力，以避免环境恶化或被破坏。可持续发展理论鼓励采用清洁技术、节能环保等方式来促进经济发展，保护生态环境，以满足当前和未来的需求。

再次，可持续发展理论体现了一种新的人类文明理念。在这种理念下，人们应成为自然环境和社会管理中负责任的参与者。这意味着每个人都需要做出努力，以建设可持续的、平衡的世界。人们必须认识到，只有通过合作和共同行动，才能实现可持续发展的目标。

最后，可持续发展理论具有广泛的可操作性。它提供了许多解决方案，可以通过不同的方法、策略和实践来实现。这使可持续发展理论可以适应不同的环境和条件，并且可以在不断变化的社会和经济条件下保持其实用性。可持续发展理论是当今世界上最重要的理论之一，因为它强调的是经济、社会和环境的协调发展，且是基于长期和可持续发展的考虑。

在全球化的背景下，可持续发展是向更好的未来迈进的关键。我们每个人都应担负起自己的责任，积极参与到这项伟大的事业中。

第二章　乡村振兴与文旅融合的互动关联

乡村振兴与文旅融合之间存在密切的互动关系。乡村振兴旨在通过提高农民的收入水平、改善乡村的生产生活条件及强化农业农村的功能来实现城乡协调发展。文旅融合则将文化和旅游业相结合，通过开发民俗文化、优秀传统文化等资源，为乡村地区带来更多的旅游消费和文化体验，以促进产业转型升级。

乡村振兴与文旅融合的相互促进，既可以促进乡村的经济发展，又可以丰富民众的文化生活，实现全面发展的目标。因此，深入研究乡村振兴与文旅融合的互动关联，探索适合中国国情的发展模式，具有非常重要的现实意义和战略价值。

第一节　乡村振兴战略实施的意义

随着城市化进程的加快，中国乡村面临着人口外流、资源匮乏、经济发展乏力等问题。为了推动乡村可持续发展，实现城乡协调发展，我国政府提出了乡村振兴战略。该战略旨在通过加强农业现代化、推进乡村产业发展、提升基础设施建设等措施，为乡村发展注入活力，提升乡村生产力，改善乡村居民生活水平。实施乡村振兴战略对促进国民经济平衡发展、实现乡村全面振兴具有重要意义，同时也是推动社会文明进步、增加民众获得感的必要途径。因此，加强乡村振兴实践、打造乡村异彩纷呈的新画卷，已成为时代发展和社会进步的必然趋势。

一、解决我国社会主要矛盾的迫切需要

实施乡村振兴战略是为了解决我国当前社会的主要矛盾——人民日益增长的美好生活需要和不平衡不充分的发展之间的矛盾。

首先，实施乡村振兴战略是为了解决乡村的贫困问题，消除城乡差距。在我国，还有大量人口生活在乡村，但农民的收入和生活水平却较低，导致城乡差距与乡村贫困问题长期存在。实施乡村振兴战略是为了解决乡村的贫困问题，消除城乡差距。实施乡村振兴战略，需要重点发展以农业、林业、渔业、畜牧业等为主的一系列产业。加快发展这些产业，可以推动乡村经济向现代化、产业化、品牌化和规模化转变，增加农民的收入和就业机会。另外，实施乡村振兴战略需要抓好基础设施建设，包括道路、水利、电力等方面的建设。这些基础设施建设不仅能够改善乡村居民的生活质量，还能促进农产品的快速流通，提高乡村经济的发展效率和竞争力。同时，实施乡村振兴战略还要注重人才培养和教育事业的发展。通过加大教育投入，提高农民受教育水平，培养一批懂得新知识、掌握新技术、拥有创新精神的乡村人才，为乡村经济的健康发展提供智力支持。总之，实施乡村振兴战略是为了解决我国当前社会的主要矛盾，即人民日益增长的美好生活需要和不平衡不充分的发展之间的矛盾。通过抓住乡村发展的关键环节、打造乡村经济的核心竞争力，加大在基础设施、人才培养等方面的投入，才能够真正实现乡村振兴目标，缩小城乡差距，促进乡村经济全面发展。

其次，实施乡村振兴战略是为了解决环境问题，推动可持续发展。当前，随着城市化进程的不断加速，乡村地区的资源和环境遭受极大的压力，出现了多种问题，如土地过度开垦、水土流失、污染物排放等。这些问题直接影响着农民的生产生活，同时也阻碍了城乡一体化发展。因此，实施乡村振兴战略、推动乡村可持续发展成为当务之急。第一，实施乡村振兴战略可以促进土地资源的合理利用和保护。近年来，乡村土地资源的利用方式出现了许多问题，如过度开垦、耕地弃耕等。这些问题导致土地失去了其应有的生产力，同时也对环境造成了不良影响。而实施乡村振兴战略的关键之一就是推进土地整合和优化配置，让乡村土地的利用更加合理、高效和可持续。例如，推广精准的农业

技术，提高土地利用效率；发展生态循环农业，保护农业生态环境。第二，实施乡村振兴战略可以推动乡村环境的改善。乡村地区的环境问题日益凸显，如生活污水的排放、垃圾的处理等，这些问题直接影响人们的健康和生产生活环境。因此，实施乡村振兴战略可以从源头入手，通过加强环境监管、提高环保意识等方式推动乡村环境保护和治理。第三，实施乡村振兴战略可以促进乡村生态环境的修复和保护。众所周知，农业生产对自然环境的影响是不可避免的。但这种影响如果长期没有得到有效的关注和处理，就会造成严重的生态损失。因此，实施乡村振兴战略，需要强调农业生态环境的保护和修复。例如，通过开展植树造林、草原恢复、退耕还林还草等活动来改善乡村的生态环境。总之，解决资源环境问题是实现乡村振兴的重要举措，为实现乡村可持续发展提供了新的机遇。实施乡村振兴战略可以促进乡村经济、文化、社会的发展，同时也可以消除贫困，缩小城乡差距，实现全面建设社会主义现代化国家的目标。

最后，实施乡村振兴战略是为了加强基层建设，解决社会治理问题。随着人口数量的增加和城市化的快速发展，社会治理问题日益凸显，需要通过乡村振兴战略加强基层建设，提高乡村社会的管理能力，进而加强乡村社会管理。在乡村发展中，基层建设是一个重要环节，也是解决社会治理问题的关键所在。由于乡村地区的社会管理体系、服务体系相对薄弱，基层组织建设和社会管理能力不足，容易在安全生产、环境保护等方面出现问题。而国家提出的乡村振兴战略旨在推动乡村基层建设，加强基层治理能力。在乡村振兴战略中，政府要引导各级组织和社会力量积极参与乡村治理，鼓励发挥基层组织的作用，推进村规民约、村务公开、移风易俗等工作的开展。同时，政府也要通过优化基础设施布局、增加公共服务、提高职业技能等措施，加强基层社会管理能力和公共服务能力，提升乡村治理水平。在实践中，不断地完善基层治理体系，不仅有利于提高乡村的管理效率，还有利于增强群众的法律法规意识，推动乡村政治文明和精神文明建设。同时，加强基层组织建设，还能在乡村振兴过程中，推进资源整合，加强村民自治，提高群众的参与意识和主人翁精神。整体而言，实施乡村振兴战略，基层建设是一个重要环节。实施加强基层组织建设、优化基础设施布局、增加公共服务等措施，有助于提高基层治理能力和社会管理水平，推动乡村实现可持续发展，实现城乡融合发展。

综上所述，实施乡村振兴战略是为了解决我国当前面临的主要矛盾，即人民日益增长的美好生活需要与不平衡不充分的发展之间的矛盾。通过实施乡村振兴战略，可以促进乡村经济、文化、社会的发展，消除贫困，缩小城乡差距，推动可持续发展，加强基层建设，进而实现全面建设社会主义现代化国家的目标。

二、解决城乡人口结构失衡问题的有效途径

随着中国城市化进程的加速，城乡人口结构失衡问题越来越突出。城市人口逐年增加，而乡村人口则逐年减少，这导致城市面临诸如交通拥堵、环境污染、住房紧张等问题，同时也让乡村面临劳动力短缺、产业空心化、资源流失等问题。因此，实施乡村振兴战略是解决城乡人口结构失衡问题的有效途径，具体主要表现在三个方面，即年龄结构、性别结构及素质结构。

（一）解决年龄结构问题

城乡年龄结构问题是指在城乡人口中各年龄段人的比例和分布，以及城乡之间的差异化和不平衡现象。随着城市化进程的加速，城乡人口的年龄结构发生了明显的变化。城市人口的年龄结构呈老龄化趋势，尤其是60岁以上的老年人口逐年增加，这是因为城市人口普遍享有较好的医疗保健条件和生活条件，人们的寿命得到有效延长，而且由于经济发展方式和生活方式逐渐改变，家庭规模变小，生育率下降，导致儿童和青少年人口逐年下降；相反，乡村人口的年龄结构则呈现年轻化和老龄化并存的特点，乡村地区受传统观念的影响，生育率较高，儿童和青少年人口比例较高。但是乡村地区缺乏良好的条件，很多年轻人选择去城市打工，年轻人口的流失导致乡村地区的老年人口比例逐渐增加。城乡人口年龄结构的不平衡，给社会和经济发展带来了挑战和问题。城市老年人口的增加给医疗保健、养老服务和社会保障等带来了压力；而乡村地区的年轻人外出打工，导致乡村生产力下降，乡村经济转型困难，也给乡村社会带来了各种问题。因此，国家应采取措施促进城乡人口的均衡发展，如提升乡

村地区的医疗保健条件和教育条件，增加乡村人就业机会，提升其收入水平，鼓励年轻人回归乡村发展，等等。同时，国家也应加强城市老年人的养老服务和社会保障支持，提高城市老年人的生活质量和幸福感。

乡村振兴战略在解决年龄结构问题方面能够发挥以下四个方面的作用：第一，优化产业结构。乡村振兴战略可以引导乡村产业结构转型升级，促进乡村经济多元化发展，推动年轻人和有专业技能的人才回到乡村创业就业，有效缓解年龄结构不平衡的问题。第二，加强教育培训。乡村振兴战略可以通过加强对乡村青年的教育培训，帮助他们提升学历和技能，培养更多有乡村背景的专业人才，为乡村未来的经济发展注入新的活力和动力。第三，提高收入水平。乡村振兴战略可以推动乡村社会的发展，提高农民的收入水平，鼓励年轻人留在家乡创业就业，减少乡村居民外出务工的现象。第四，完善公共服务设施。乡村振兴战略可以推进乡村基础设施建设，如建设信息化服务平台、卫生保健设施、公共交通系统等，提高乡村居民的生活质量，吸引年轻人和有专业技能的人才回到乡村发展。综上所述，乡村振兴战略可以有效地促进乡村经济的发展，引导人才回流乡村，缓解年龄结构问题。因此，乡村振兴战略是解决年龄结构问题的重要途径之一。

（二）解决性别结构问题

乡村性别结构问题是指乡村地区男女人口比例、男女劳动力分配、家庭权力关系等方面的不平等现象。在中国的乡村地区，由于传统观念较为保守，部分人有重男轻女、男尊女卑的思想，这种思想导致女性在许多领域受到歧视。

乡村振兴战略对解决乡村性别结构问题的作用主要体现在以下三个方面：第一，促进女性创业就业。乡村振兴战略重视发展农业产业和服务业，可以通过拓宽就业渠道和增加就业机会，促进女性就业，缓解就业压力，从而改善乡村性别结构问题。同时，鼓励女性创业也有利于增加家庭收入和提高女性社会地位。第二，提升女性受教育水平。在乡村振兴战略中，提升教育水平是一个重要的方面。通过加强乡村基础教育、扩大职业培训、开展科技普及等措施，可以提高女性的受教育质量和学历水平，打破传统观念，改变就业岗位的性别限制，从而解决部分乡村性别结构问题。第三，改善女性的生活条件。乡村女性在家庭中承担着多种角色，是家庭和社会的重要组成部分。乡村振兴战略可以通过改善乡村基础设施和公共服务，改善女性的生活条件，减轻女性的家庭负担，促进性别平等。例如，建设乡村幼儿园、为乡村居民普及卫生知识和提供家政服务等，为女性创造更多自我实现的机会。综上所述，乡村振兴战略能够解决乡村性别结构问题，但要注意从实际出发，根据不同地区的实际情况采取针对性的措施，如此才能取得更好的效果。

（三）解决素质结构问题

乡村素质结构问题是指乡村居民的教育、文化、健康、劳动技能等方面的整体素质结构存在不完善、不平衡、落后的问题。具体包括教育素质结构不完善、文化素质结构不平衡、健康素质落后、劳动技能素质结构不完善等。

1.教育素质结构不完善

在乡村地区，由于多数人的家庭条件比较差，家庭对孩子的教育投入有限，导致只有少数人受过高等教育，而大多数人受到的是基础教育和中等教育，甚至没有接受过教育。乡村居民教育素质结构不完善是指乡村居民的整体教育水平相对较低、教育资源分配不均等问题。一方面，由于经济条件和家庭教育观念等方面的影响，许多乡村家庭对子女教育的投入不足，对子女教育不够重视，这导致孩子们在基础教育阶段就已经存在严重的学业落后、知识缺失等问题。另一方面，近年来，乡村居民普遍流入城市，这种人口流失也使乡村教育资源越来越匮乏。在教师队伍建设方面，乡村教师的整体素质偏低，师资缺乏更新换代，导致教育质量无法得到提高。

针对这些问题，政府应该加大对乡村教育事业的投入力度，完善乡村教育设施和优化教育资源分配，改善乡村师生的教育环境。同时，政府也要提高乡村教师的工作待遇和生活待遇，持续推进教师队伍建设，培养更多高素质的教师。此外，政府还要推行家庭教育引导计划，转变乡村居民的教育观念，让家庭和学校共同努力，提高乡村居民整体教育水平。

2.文化素质结构不平衡

由于乡村教育资源不足，乡村居民的文化素质尚待提高，并且乡村语境下的话语和思维模式多少会受乡村文化影响，出现知识广度不够、深度不够等文化盲点。乡村文化素质结构不平衡主要体现在以下四个方面：第一，文化知识面较窄。由于乡村居民接受的教育比较有限，很多居民的文化知识面相对较窄，知晓的知识领域较窄。例如，乡村居民对科技、艺术、社会文化等方面的知识缺乏系统的认识和了解。第二，文化修养水平不高。乡村居民在文化修养方面存在明显的缺陷，如在礼仪、礼貌、社交技巧等方面的表现不够好。第三，传统的思维模式和价值观念根深蒂固。乡村生活环境和社会背景的差异导致许多乡村居民的思维模式和价值观念较为传统，这些传统就包括一些陈规陋习和僵化的思维方式，不利于人们形成创新的思维模式。第四，文化盲点。由于知识缺乏广度和深度，许多乡村居民存在文化盲点，如对历史、政治、自然科学、道德等方面的知识了解不够全面、深入，容易产生偏见或者误解。

为了改善乡村文化素质结构不平衡的问题，一方面，政府可以开展文化普及教育，鼓励乡村居民加强对社会文化和科技知识的认知和理解，并且增加知识的广度和深度，以实现乡村居民文化的全面提高；另一方面，可以加大对乡村居民文化修养的培养，让乡村居民进一步了解人文艺术、礼仪、社交技巧等方面的知识，并通过实际练习提高个人形象和气质。同时，政府也要推动乡村居民摒弃一些传统的陈旧习惯，改变不利于个人发展的思维模式和价值观念，注重提高自身素质和拓宽视野。

3.健康素质落后

部分乡村居民缺乏健康意识和健康知识，导致一些原本可以预防的疾病或并发症加重甚至恶化。这主要体现在以下四个方面：第一，缺乏健康意识和健康知识。许多乡村居民对健康知识的了解不足，缺乏预防疾病的常识和方法。第二，慢性病发病率高。由于生活方式和饮食习惯等因素的影响，乡村居民的慢性疾病患病率较高，如高血压、糖尿病、心血管疾病等慢性病。第三，医疗资源短缺。乡村地区医疗资源短缺，医疗设施和医药供应水平不高，导致一些原本可以预防或治疗的疾病得不到及时有效的治疗，危害健康。第四，环境污染严重。由于环境污染，如水源、空气等被污染，乡村居民的身体健康受到较大威胁。

为了改善乡村居民健康素质落后的问题，政府需要采取多项措施：首先，政府应加强对乡村居民的健康教育，增强居民的健康意识，普及居民的健康知识。其次，政府应增加乡村医疗资源供给，建设更多的医疗机构，提高乡村医疗设施水平和医药供应水平，并且加强环境监管，减少环境污染。最后，政府还应出台相应的政策鼓励乡村居民参与运动，提高居民的身体健康素质，并免费提供或补贴慢性疾病的相关药品。这样能有效地改善乡村居民的健康素质落后问题，提高乡村居民的身体素质和生活质量。

4.劳动技能素质结构不完善

乡村居民劳动技能相对较差，许多人只会从事传统农业劳动，缺乏现代化劳动技能和高级技术，这也是制约乡村现代化进程的主要问题之一。在过去，农民的劳动技能主要是种植和养殖等，而现在随着乡村经济的发展和农业现代化的推进，乡村居民需要掌握更多现代化农业劳动技能和高级技术。具体来说，乡村居民应该学习如何节约资源、减少污染、保护生态环境等技能，以满足市场需求，并学习如何提高农产品的质量和产量。此外，乡村居民还需要学习如何使用农业机械化设备，提高劳动效率和降低劳动强度。对于乡村地区，政府应通过实施培训计划帮助乡村居民提高劳动技能。培训内容可以包括专业技能培训、创业培训、就业技能培训等，以便乡村居民能够适应和参与现代化农业工作，并提高生产水平和收入水平。同时，为了鼓励年轻人留在乡村，政府可以提供多种补贴，鼓励他们学习现代化农业技术，并开展创业活动；还可以加强乡村人才引进工作，通过建立产业园区等方式，吸引更多的技术人才到乡村发展，为乡村振兴注入新的动力。

因此，为改善乡村素质结构问题，政府需要在教育、文化、健康、劳动技能等方面推行有效的政策和措施，加强对乡村居民的基础教育和职业技能培养，并扩大其知识面和思维广度，提高其文化修养。同时，政府要注重乡村居民的健康意识和健康知识普及，并加大对乡村医疗保障的投入力度，以提高乡村居民的身体健康素质。此外，政府还要鼓励乡村居民学习现代化农业劳动技能和高级技术，以适应社会进步和经济发展的需求。

三、传承我国优秀传统文化及继承村落文明的现实要求

乡村振兴战略是国家提出的一项重要战略，旨在通过加强乡村基础设施、

推进农业现代化、提高农民收入等措施促进乡村经济发展，实现城乡一体化和全面建设社会主义现代化国家的目标。其中，传承我国优秀传统文化和继承村落文明是非常重要的一环。

首先，传承我国优秀传统文化是乡村振兴战略的重要组成部分。乡村是中华文化的重要载体，许多传统文化扎根于此。乡村振兴追求的不仅是文化的传承和发展，更是中国文化自信的树立。乡村作为中华文化的源头和传统文化的载体，对传承我国优秀传统文化尤为重要。中国的传统文化是丰富多彩的，包括农耕文化、山水诗词、剪纸、年画等，在乡村都有着深厚的渊源。农耕文化是一种富有岁月沉淀的生产文化，它蕴含着中华民族对劳动和自然的认知与理解，以及自给自足、生态平衡等价值观念。山水诗词则是闲适自在、寄情山水的表现，它展现了诗人朴素而深厚的情感和儒雅的风范。而剪纸、年画等民间艺术不仅具有观赏价值，也是中国传统文化的重要组成部分。传承我国优秀传统文化不仅是对文化的保护，还是对乡村精神和乡土情感的传承。它可以引导农民树立正确的文化观念和人生观，让他们在生活和生产中拥有更深刻的思考、更宽广的视野。同时，传承优秀传统文化也有助于增强农民的文化自信心，激发他们爱国、爱家乡的热情，推动当地文旅产业的发展，促进经济高质量发展。因此，在乡村振兴战略中，传承我国优秀传统文化不只是一种对文化进行传承与保护的行为，更应该成为一种全面的文化推广策略，加强乡村文化建设，提升乡村文化软实力，为中国乡村的现代化建设铺平道路。

其次，继承村落文明也是乡村振兴战略所必需的。中国乡村拥有悠久的历史和灿烂的文明，每个村庄都有其特有的历史和文化传统。这些文化遗产不仅体现了中华民族文化的丰富多彩和博大精深，还是中国现代乡村经济发展和文化建设的重要基础。在推进乡村振兴战略时，我们必须坚持尊重乡村文化传统，保护乡村文化遗产，以实现文化传承与村落文明的现代化转型。第一，继承村落文明有利于保护和传承乡村文化遗产。随着城市化进程的加速和农业生产方式的变革，一些宝贵的传统文化和乡村历史遗存正面临消失的风险。如果不采取有效措施保护和传承乡村文化遗产，这些传统文化和历史遗存将可能永远消失。因此，继承村落文明是必要的。第二，继承村落文明可以促进乡村经济发展。在中国的经济转型中，乡村经济发展也是非常重要的一环。乡村经济发展需要建立在对乡村文化的尊重和发扬基础之上，可以通过开展乡村旅游、开发特色产品等方式推动乡村经济腾飞。同时，乡村经济发展也可以为继承村落文明提供更好的条件，如资金、技术、人才等方面的支持，从而推动乡村文化的创新和发展。第三，继承村落文明有助于提高乡村居民的文化素质。乡村居民是中国的人群之一，他们的文化水平、教育水平在很大程度上影响着乡村的经济发展和社会进步。乡村居民通过学习和传承村落文明，可以提高自身的文化内涵和文化素质，同时增强对乡村文化传统和道德伦理的认同感和责任感。第四，继承村落文明也有助于促进城乡文化融合。在现代社会，城乡文化差异逐渐缩小，乡村文化也不再与城市文化相隔离。通过继承村落文明，可以使乡村文化富有特色，同时也为城市文化带来独特的价值和新思路，促进城乡之间的文化交流。这种城乡文化融合有利于增进各地区之间的相互理解与社会的和谐稳定。综上所述，继承村落文明是乡村振兴战略所必需的。只有通过继承村落文明，才能保护和传承乡村文化遗产，促进乡村经济发展，提高乡村居民的文化素质，促进城乡文化融合。

最后，乡村振兴战略强调利用先进科技手段推动文化遗产保护。如今，随着新技术的不断发展，通过数字化等手段可以更好地实现文化遗产的保护和传承。同时，这也为乡村振兴提供了新的发展机遇和思路。人们可以通过数字化技术实现乡村文化资源的共享和传播，进一步促进乡村文化旅游等方面的发展，从而推动文化和经济共同发展。第一，数字化技术可以实现文物数字化保存。利用数字技术对乡村文物馆、博物馆等文化场馆内的文物进行三维扫描、数码拍照等实现数字化保存，不仅可以将文物的外观、内部构造等予以全方位呈现，还可以将文物保存为数字模型，便于日后制作复制品，从而更好地保护和传承文物的价值和意义。第二，数字化技术可以推动乡村文化资源的共享与传播。通过互联网、数字媒体等工具，将乡村文化资源进行数字化推广，使更多人了解和感受乡村文化的魅力。同时，数字化技术可以促进乡村文化旅游和演出等方面的发展，使乡村文化资源得到更好的开发与利用，从而推动乡村经济的发展。第三，数字化技术可以帮助农民和乡村地区获取更多的文化知识，进而提高农民素质。乡村是中华优秀传统文化的重要载体，但由于交通不便、信息闭塞等原因，农民对文化知识的了解相对较少。而借助数字化技术，农民可以通过手机、电视、网络等方式了解并学习相关的文化知识，提高自身的文化水平和素质。

总之，乡村振兴战略是传承我国优秀传统文化及继承村落文明的现实要求。只有在这一基础上，才能使中国乡村在经济、文化等方面不断地发展，实现城乡一体化和全面建设社会主义现代化国家的目标。

第二节　乡村振兴战略实施的路径选择

乡村振兴战略是我国当前社会经济发展的重要战略之一。随着城市化进程的不断加快，乡村人口流失、农业产业衰退等问题日益凸显，如何实现乡村振兴成为摆在我们面前的一个重大课题。但是乡村振兴并非一蹴而就的事情，其实施路径需要结合我国特定的国情、社会环境等因素来进行合理的规划和选取。本节将围绕乡村振兴战略实施的路径选择展开探讨，旨在为推动我国乡村振兴提供有益的启示。

一、消除城乡二元结构的制度鸿沟

随着中国城市化进程的不断推进，城乡二元结构问题愈加突出。在这一背景下，乡村振兴战略的实施选择了消除城乡二元结构的制度鸿沟这一路径，旨在打破城乡之间的壁垒，实现资源的共享和优化配置。

乡村振兴战略重视改革创新，通过推动乡村产业升级、发展乡村旅游等方式逐渐缩小城乡发展差距。此外，在政策上，提倡农民工返乡创业就业，引导城市人口向乡村流动，促进城乡人口流动，弥合城乡差距。首先，通过农业供给侧结构性改革，促进农业企业化、规模化经营，推动乡村产业升级，使其与市场需求接轨。乡村振兴战略还重视发展乡村特色产业，鼓励农民创新创业，提高乡村经济发展的活力和动力。其次，乡村旅游被视作乡村振兴战略中的重要板块。通过发展乡村旅游，可以增加乡村经济收入，提高农民收入水平，同时也有利于宣传乡村特色文化和生态环境，推动乡村全面振兴。最后，乡村振兴战略鼓励农民积极参与城市发展，为城市提供劳动力和服务。政府制定了相关补贴政策，吸引更多农民参与城市建设，实现城乡经济共同发展。总之，乡村振兴战略的实施选择了消除城乡二元结构的制度鸿沟这一路径，其中推动乡村产业升级和发展乡村旅游是具有重大实际意义的重要举措，有利于促进城乡经济共同发展、提高农民收入水平和改善乡村环境质量。

乡村振兴战略注重基础设施建设，提高乡村生活水平，增强乡村吸引力。这些措施涵盖教育、医疗、交通等领域，使乡村公共服务不断完善，有利于吸引城市居民移居至乡村，并改变过去乡村落后的形象。在乡村振兴战略中，基础设施建设一直是一个重要的方向。通过完善基础设施建设，可以提高乡村居民生活水平和吸引城市人口到乡村发展。其具体表现如下：首先，在教育方面，政府要大力支持乡村地区义务教育的改善，投入资金加强师资队伍建设、修缮校舍等，让乡村学校的教学条件得到显著改善。此外，人才引导计划也成为乡村振兴战略的重要举措，鼓励城市优秀教师、医生等到乡村从事教学工作和医疗服务工作，对缩小城乡教育资源差距、提高乡村人才素质和促进城乡交流合作有着重要意义。其次，在医疗卫生方面，乡村振兴战略倡导制订"健康扶贫"计划，旨在改善乡村医疗保障和卫生环境。另外，吸引和培养医疗人才、建设新型乡村卫生服务体系、加强预防保健工作、推进医疗改革和创新等均是乡村振兴战略中医疗卫生方面的主要内容。最后，在交通方面，乡村振兴战略推出一系列的措施，包括加强乡村公路建设、改造铁路客运站和货运站、发展智能交通、推广农村电子商务等，全面提升乡村交通运输水平，为农民提供更便利、快捷的出行条件。同时，这些措施也有助于吸引城市人口到乡村旅游、投资兴业等。总之，基础设施建设是乡村振兴战略中非常重要的一环，通过不断地投入，将有力促进乡村社会发展，并提高农民的生活水平。

综上所述，消除城乡二元结构的制度鸿沟是乡村振兴战略的重要举措，有利于促进城乡经济共同发展、提高农民收入水平、提高乡村社会保障水平和改善生态环境。

二、培养更多人才

乡村振兴战略是当前国家的重大战略，旨在通过技术创新、环保产业、新型农业等方式推动城乡一体化和经济社会协调发展。作为其中的一个重要方面，培养更多人才是乡村振兴战略实施的关键路径之一。

乡村振兴需要高素质人才的支持。乡村地区的自然环境、基础设施、教育资源等条件相比城市地区较差，这导致许多年轻人选择离开乡村前往城市谋求更好的发展机会。因此，推进乡村振兴需要培养一批懂得农业知识、熟悉乡村文化、有乡村发展意识和能力的专业技术人才和管理人才，这样才能提升乡村的文化底蕴和生产力水平，促进乡村产业转型升级。

首先，乡村振兴需要有足够数量的专业技术人才。他们能够带来技术创新、管理经验、市场营销和产品品质保障等专业知识，从而推动乡村产业转型升级。

其次，乡村振兴需要高素质的管理人才。他们需要具备政策解读、资源整合、人才培养等方面的经验和能力，能够有效地协调乡村的各方面资源，在政府、企业和个体经济之间建立有效的联系和桥梁。同时，他们还要熟悉乡村基层组织管理，理解乡村群体的心理，具有高度的社会责任感和使命感，能够在推动乡村振兴事业中发挥主导作用。

再次，乡村振兴需要拥有一大批了解乡村文化、懂得农业知识、有乡村发展意识和能力的人才，他们可以通过各种方式传承乡村文化和乡土记忆，推动乡村文化发展，同时也能为乡村产业振兴提供新的思路和创意。因此，在实施乡村振兴战略的过程中，需要重点关注人才培养，并综合考虑各种因素，如文化、知识、能力、责任感、社会影响等，制订相应的培养计划。只有通过培养更多高素质的人才，才能够满足新时代乡村振兴的需求，推动乡村产业结构优化、乡村文化滋养和乡村经济发展。培养更多人才能够促进乡村经济转型升级。当前，乡村经济主要依赖农业、种植业、畜牧业等传统产业。为了推动乡村经济实现转型升级，需要培养一批懂得新农业、新技术、新产业的人才，如绿色种植、农业机器人、"互联网+农业"等新兴人才，这些专业人才将成为推动乡村振兴的重要力量。在当前的大背景下，必须加强乡村人才培养，其原因包括以下四个方面：一是打造现代化乡村发展模式。现代化乡村发展模式需要有高素质的人才支持，他们必须熟悉新农业、新技术和新市场，具备市场营销、品牌管理和项目运营等方面的专业知识，有能力推广、实施乡村产业发展计划，提升乡村经济的效益，同时也可以吸引更多的外来资本投入。二是推动智慧农业发展。智慧农业是利用物联网、云计算等新兴技术，推进农业智能化、自动化和信息化的新型农业产业。因此，智慧农业发展需要熟练掌握大数据、人工智能、机器学习等技术的人才来推动。这样不仅能够提高农业生产效率，还有利于耕地利用、保护环境等。三是推进新型农业发展。新型农业包括农业生态保护、生物制品、乡村旅游等产业，蕴含着巨大的发展潜力。发展这些产业需要大量具备新技术和管理经验的人才，如生物医药、食品安全、生态环保等领域的专家。只有这样，才能使农业产业实现更好的升级，促进乡村社会经济的全面发展。四是加强农业科技创新。农业科技是实现农业产业转型升级的重要途径。针对当前乡村发展中的一些"瓶颈"问题，如新型作物种植、高效施肥、农机智能化等方面，需要高素质的研究人员来解决。持续的科研探索，可以为乡村经济发展提供更多的技术支持和创新元素。综上所述，培养更多人才是促进乡村经济转型升级的重要路径，只有通过培养更多的拥有新技术的创新型现代化农业人才，才能推动乡村经济实现全方位升级。

最后，培养更多人才可以提高乡村社区的服务质量，这是一个非常重要的方面。在城市地区，公共服务设施比较完善，医疗、教育、文化等领域的专业人才相对较多，但在乡村地区，这些方面的服务设施相对欠缺，很多乡村居民在生活和工作中面临诸多困难。为了改变这种状况，国家和各级政府在乡村振兴战略实施中开始重视发展乡村公共服务体系，促进乡村社区服务质量的提高。其中的关键是需要培养一批懂医疗、懂教育、懂文化的专业人才，他们可以为乡村的社区建设做出贡献。例如，在医疗方面，需要有更多医生、护士和其他医疗人员加入乡村基层医疗队伍，提高乡村地区的诊疗水平；在教育方面，需要有更多教师和教育专家走进乡村学校，提升乡村教育的质量和水平；在文化方面，需要有更多文化人才参与到乡村文化建设中，丰富乡村文化生活。此外，在乡村基层治理和社区服务方面，也需要有更多的行政管理人才和社会工作者加入，提高乡村社区的组织管理和服务质量，让农民群众享受到更好的公共服务。只有通过培养更多医疗、教育、文化等方面的专业人才，才能提高乡村社区的服务质量，促进乡村振兴和城乡一体化发展，这对全面推进现代化乡村建设和实现美丽乡村目标具有非常重要的意义。

综上所述，培养更多人才是促进乡村振兴战略实施的关键路径之一。只有通过持续的教育和培训，才能培养更多适应新时代乡村振兴需要的专业人才，推动乡村产业结构优化、乡村文化滋养和乡村经济发展的全方位提升。

三、多元主体协调推进乡村振兴

乡村振兴战略实施选择了多元主体协调推进这一路径，这是因为乡村振兴需要多方联动、协同合作才能实现全面推进现代农业、优化乡村地区产业结构、增加农民收入、改善乡村生态环境等目标。

首先，政府是乡村振兴的主体之一。政府可以提供政策支持、资金保障等，推动乡村基础设施建设、农业科技创新、土地流转等方面的改革。同时，政府也需要调动其他主体的积极性和整合资源，形成多方合力。第一，政府可以加大对乡村基础设施建设的投入力度，包括公路、水利、电力、通信等基础设施建设。这些基础设施建设对促进乡村发展具有重要的推动作用，可以提高农业生产和生活质量，同时也为企业发展提供了必要的条件。第二，政府可以加大对农业科技创新的支持力度，提升农业科技水平和农民种植技能。政府可以建立科技服务体系，培育乡村特色优势产业，推广节水灌溉、绿色生态种植等可持续农业生产方式，提高农业产业的品质和效益。第三，政府可以深化土地流转改革，推动土地产权制度改革，释放土地经营权、质押权等潜在资产价值，为乡村产业发展释放更多的市场空间。第四，政府还可以制定合理的产业政策和扶持措施，鼓励企业进入乡村市场，支持乡村产业发展。政府可以通过建立产业发展基金、创业孵化中心等手段，促进乡村企业创新发展，提高农民的创业意识和创业能力。总之，政府在乡村振兴战略实施中应充分发挥政策引导、资源整合、监督执法等作用，协调各方力量，形成有序的合力，推动乡村振兴迈上新台阶。

其次，农民是乡村振兴的重要主体之一。农民是最直接的受益者，也是最为关注和关心乡村发展的群体。因此，农民应被充分纳入乡村振兴的规划和实施过程中，促进他们更好地参与乡村经济、文化建设等领域，提高他们的创业创新能力和意识，激发他们的社会责任感。第一，农民是乡村经济的基础。他们是直接参与生产的人员，也是传承乡村传统文化、乡土风情的主要力量。因此，鼓励农民创业、发展乡村经济，提高他们的生活水平，有助于激发他们的生产积极性，带动整个乡村经济的快速发展。第二，农民是乡村社会治理的重要参与者和推动者。在当前乡村治理中，农民自治是十分重要的一环。因此，政府应加强对农民基层自治的支持和引导，让农民充分参与乡村社区建设和管理，提高他们的自我管理能力和服务能力。第三，农民是乡村文化的重要传承者和守护者。随着城市化进程的不断加速，乡村传统文化的消亡问题日益凸显。因此，政府应尊重乡村文化的多元性等特色，营造良好的文化氛围，让农民自主地继承和创新乡村文化，使之成为乡村振兴的重要支撑。综上所述，农民是乡村振兴不可或缺的主体之一。政府在制定和实施乡村振兴战略时应注重发挥农民的积极性和主动性，加强对农民的教育培训，提升他们的技术和管理能力，加快乡村振兴的进程。同时，政府要保护好农民的合法权益，维护好他们的利益和生活环境，让乡村变得更加美好和有希望。

最后，企业和社会组织也是乡村振兴的重要主体之一。企业在推动农业产业结构优化、农产品精深加工等方面具有独特的优势。一方面，企业可以通过引进现代农业技术、提升农产品的质量和品牌形象等措施，推动乡村经济转型升级，促进农民增收致富。同时，企业还可以利用自身在物流、销售等方面的优势，帮助农产品进入更广阔的市场，提高产品附加值和市场竞争力。除了企业以外，社会组织也是乡村振兴不可或缺的主体。社会组织包括非政府组织、志愿者服务机构、慈善组织等多种形式。这些组织可以发挥自身的专业性和人才优势，为农民提供培训和技术支持，促进农村基层自治和社会治理的创新。例如，有些社会组织可以为农民提供职业培训、就业指导、创业教育等，帮助他们更好地发掘自身潜力和市场需求。而有些社会组织则可以引导乡村文化创意、文化旅游等新型产业的发展，丰富乡村文化内涵。企业和社会组织的参与为乡村振兴提供了新的思路和动力，为其可持续发展提供了坚实的基础。政府应该积极引导和支持企业和社会组织的参与，加强与它们的沟通和合作，以让企业和社会组织实现更好的协调和联动。

因此，乡村振兴战略的实施需要政府、农民、企业和社会组织等多元主体协调推进，形成合力。政府应发挥好引导和协调作用，落实好政策措施，推进好改革创新。企业和社会组织应发挥好市场化机制的作用，在资源整合、技术支持、社会服务等方面为农民提供有效的帮助。农民则应积极地提高创新能力，支持乡村经济的快速发展。

四、重视文化对乡村振兴的价值引领

在实施乡村振兴战略的过程中，文化因素被重视，并成为乡村振兴战略实施的一个重要路径。

首先，文化是乡村发展的重要支撑。在乡村社会中，文化扮演着不可替代的角色。文化是乡村发展的重要支撑，因为文化可以为乡村发展注入精神内涵和文化底蕴，提升乡村的综合实力。一方面，乡村文化是传统文化的重要组成部分，它代表了乡村地区的历史、地域、风俗和人文特色，是乡村文化形象的标志和符号。优秀传统文化的传承和弘扬对增强乡村文化自信、构建乡村文化品牌、推动乡村经济发展具有重要意义。另一方面，节日活动也是乡村文化的重要组成部分，不仅能够让农民群众增强情感共鸣和文化认同感，还可以带动乡村旅游和消费增长，推动乡村的发展。此外，乡村文化还可以为乡村发展注入新的能量和活力。在当代社会，乡村文化越来越需要与现代社会的发展相结合，变得具有时代特色和现代含义。这种融合可以提升乡村文化的现代感，增强乡村经济的创新动力和竞争能力。例如，乡村文化可以和现代科技相结合，推动农村电子商务、智慧农业等现代信息化产业在乡村地区的发展，提升农民的收入和生活水平。因此，在乡村振兴战略的实施中，需要加强乡村文化建设，传承和弘扬优秀传统文化、节日活动，同时还要注重与现代社会的发展相结合，以此为支撑为乡村发展注入新动力，推动乡村的全面振兴。

其次，文化是促进乡村旅游发展的重要因素。乡村旅游已经成为乡村振兴战略的重要组成部分。通过开发乡村旅游资源，可以促进乡村地区的经济发

展和社会进步。而文化是乡村旅游发展的重要因素之一，乡村旅游的发展与乡村文化的传承和保护密切相关。因此，保护和弘扬乡村文化可以为乡村旅游的发展提供有力保障。中国是一个拥有悠久历史和灿烂文化的国家，乡村文化是乡村旅游的重要资源之一。传统手工艺品、民俗文化、乡土故事等都可以为乡村旅游带来丰富多彩的文化内涵。例如，丰富的历史文化遗产、特色的农业文化和乡土风情等都能够成为乡村旅游的亮点，吸引更多的游客。所以，乡村旅游的魅力不仅体现在自然风光上，还体现在当地文化和民俗传统上。乡村文化的保护和传承可以为游客提供独特的体验，让游客沉浸在浓郁的文化氛围中来一场文化之旅。例如，在某些乡村旅游景区，游客可以学习当地的传统手工艺，品尝当地的特色美食，参与传统的民俗活动等，这些都是乡村文化的魅力所在。随着乡村旅游的不断发展，乡村文化也得到了更加广泛的传播。通过挖掘当地乡村文化的内涵和特色，创新乡村旅游的产品和体验，可以吸引更多游客，为乡村旅游带来更多的经济收益。此外，乡村文化的推广还可以提高当地居民的文化自信心，提高乡村居民的生活质量，为促进乡村全面振兴发挥积极作用。综上所述，乡村旅游的发展需要重视乡村文化的保护和发展。乡村文化是乡村旅游的重要资源、重要诱因和提升乡村旅游品质的重要手段。在实施乡村振兴战略的过程中，应该将乡村文化作为推动乡村旅游发展的重要因素，并采取措施加以保护和传承。

最后，文化是塑造乡村品牌的重要手段。在乡村振兴的过程中，树立和推广乡村品牌非常重要。乡村品牌的成功树立需要发掘乡村的文化内涵和特色，通过文化的认同和共识树立乡村品牌的形象和理念，从而推动乡村振兴的发展。同时，乡村品牌的形成也能够吸引更多的投资和人才，为乡村经济的发展注入新的活力。第一，强调地域文化差异。每个乡村都有自己特有的文化内涵和地域特色，可以通过挖掘当地独特的历史、文化、民俗等元素，打造与众不同的乡村品牌。例如，浙江省横店影视城根据当地的戏曲文化和影视产业，成功打造具有地方特色的乡村旅游品牌。第二，发展文化体验项目。在乡村旅游中，游客不仅是来观光的，还想参与当地的文化活动。因此，在乡村品牌建设中，可以开展各种文化体验活动，这样既能满足游客的文化需求，也能够让当地居民更好地发掘和传承乡村文化。例如，景德镇就是通过展示当地的陶瓷艺术形式，吸引众多游客前来参观体验。第三，利用数字化手段。随着信息技术的快速发展，数字化手段成为推广乡村品牌的重要途径。可以通过建立网站、社交平台等数字化媒介，对乡村品牌进行宣传推广，让更多的人了解该品牌，从而提高品牌的知名度和美誉度。例如，云南省大理市利用微博、微信等新媒体手段成功打造有影响力的乡村旅游品牌，吸引众多游客前来参观游览。在塑造乡村品牌的过程中，文化是重要的因素之一，可以通过地域文化、文化体验项目和数字化手段等方式打造具有地方特色、鲜明文化内涵的乡村品牌，从而促进乡村的经济发展和全面振兴。

综上所述，乡村振兴战略的实施选择了重视文化对乡村振兴的价值引领这一路径，主要体现在文化作为乡村发展的重要支撑、促进乡村旅游发展的重要因素及塑造乡村品牌的重要手段上。在未来的乡村振兴过程中，文化仍将扮演重要的角色，需要保护和传承好乡村文化，促进乡村的全面发展。

第三节　乡村振兴战略下文旅融合的目标与路径

乡村振兴战略下文旅融合是促进我国农村发展的重要举措。乡村振兴旨在实现城乡发展一体化，提升乡村经济和社会文明水平，促进乡村可持续发展；而文旅融合则是推动旅游和文化产业相互促进、相互融合，实现经济效益、文化效益和社会效益的最大化。二者相辅相成、相互依存，有效衔接乡村振兴和文旅融合，不仅能推动经济高质量发展，还能为人们提供更好的生活品质和文化体验。

在乡村振兴基础上进行文旅融合的过程中，离不开全社会的共同努力。政府需要制定有利于文旅融合的政策措施，鼓励企业投资，促进文旅项目落地生根；同时，乡村居民需要积极融入文旅融合中，发挥自身优势，共同推动乡村经济发展和文化传承。通过大力推进文旅融合，可以实现乡村社会、经济和文化的全面发展，促进城乡融合发展，建设更加美丽、宜居的中国。

一、乡村振兴战略下文旅融合的政策目标

（一）推动乡村三大产业发展

乡村振兴是国家发展战略的重要组成部分，其目的是实现乡村产业结构的升级和优化，增强乡村经济的内生动力，提升农民的生活水平。文旅融合则将文化产业和旅游产业进行有机结合，通过挖掘地域文化资源打造独特的文旅产品，促进地方经济的发展和旅游产业的繁荣。乡村振兴和文旅融合之间存在内在的联系和相互促进的关系，其有效衔接可以推动乡村三大产业发展。

1.促进农业转型升级和农民增收

随着城市化的加速和人口结构的变化，以及消费升级和节假日旅游的兴起，社会对农副产品品质化和品牌化的要求越来越高。在这种背景下，文旅融合可以通过以下三个方面来促进乡村经济发展，同时带动现代化农业的发展，促进农业升级转型和农民增收。

首先，农业观光旅游。农业观光旅游是一种将观光与农业结合的新型旅游业态，将文化、自然、农业等元素有机结合，让游客感受到原汁原味的乡村风情及乡村人情味。乡村振兴和文旅融合可以通过农业观光旅游，将乡村风光、乡土特产与旅游有机结合，打造新的旅游消费模式，促进乡村经济发展。

其次，农家乐和特色美食。农家乐是指农民为游客提供食宿、休闲娱乐等服务的一种商业形态。乡村振兴和文旅融合可以通过发展农家乐，将乡村民俗文化、特色美食与农家客栈的住宿服务相结合，吸引游客前来品尝乡土美食，享受贴近自然的乡村生活，同时也可刺激当地农业和特色产业的发展。

最后，现代农业。乡村振兴和文旅融合可以促进农业转型升级，推动乡村现代化农业的发展，提高农产品的附加值。通过创新农业种植模式、加强科技成果转化，可以不断地提升农业的生产效益和竞争力，并带动本地农业的发展，增加农民收入。

综上所述，文旅融合可以带动农业转型升级和农民增收。通过推广农业观光旅游、发展农家乐和特色美食等，吸引游客前往乡村旅游，带动农民增收；

通过促进现代农业的发展，提高农产品的附加值，增加农民收入。此外，这些措施也能促进乡村经济的发展和壮大，提升乡村竞争力。

2.挖掘地域文化资源，打造特色旅游

乡村振兴战略下文旅融合发展可以通过挖掘地域文化资源和打造特色旅游，促进传统乡土文化的传承和发展，并带动本地旅游产业和文化产业的发展。在乡村地区，不同的地域文化和民俗风情有着不同的历史渊源和文化内涵。这些文化资源既是乡村经济的有力支撑，也是乡村旅游产品开发的重要素材。例如，江南水乡的古典园林和古运河、青藏高原的神山宝塔和著名寺庙、西安的汉唐文化遗产等，这些都是具有丰富的历史内涵和文化内涵的地域文化资源，可以开发成游客感兴趣的文旅产品。

同时，文旅融合也可以通过打造特色旅游促进乡村经济发展。可以通过具有创意性、差异性、特色性的产品开发，吸引游客前来乡村旅游，增加农民经济收入。例如，将农家村舍建设成能够体现当地民俗文化的景点，开展观赏当地民俗表演、品尝特色美食、花灯游园等活动。这些活动都可以成为独具特色的乡村旅游产品，促进乡村旅游产业的发展。

此外，文旅融合还能促进文化的传承和发展。乡村地区的文化底蕴相对而言比较深厚，但随着城市化进程的推进，乡村文化呈逐渐衰退之势。因此，通过文旅融合，可以保护和传承当地的文化遗产，防止其被忘却。例如，人们可以在村庄的传统建筑中布置文化馆、博物馆、手工制品展示等场景，这样不仅能够给游客带来独特的文化体验，也为当地文化传承提供有力支撑。

总之，乡村振兴战略下通过文旅融合能够挖掘和开发地域文化资源，打造具有吸引力的旅游产品，促进乡土文化传承和恢复，并带动本地旅游和文化产业的发展，从而促进乡村经济发展。

3.推动制造业和服务业的发展

文旅融合可以推动乡村制造业和服务业的发展。随着旅游产业的迅速发展，乡村的服务需求也在不断地增加。例如，乡村民宿需要进行装修和定制家具，这就涉及制造业和家居服务业。在文化旅游和生态旅游的带动下，乡村的餐饮、娱乐、交通等服务业也会逐渐发展起来，增加村民的就业机会，提升乡村的经济发展活力。同时，经过市场检验，乡村企业可以通过改进产品和服务，提高产品品质和竞争力。此外，基于乡村振兴战略下文旅融合的发展思路，一些具有投资价值和社会效益的项目可能涉及大规模的设施修建、设备采购和技术应用，这将促进地方制造业的发展，并且创造新的产业链。文旅融合可以引导乡村产业结构不断优化，推动乡村制造业和服务业的发展。这不仅可以扩大原有产业的规模和覆盖面，而且可以提升乡村的综合竞争力，实现乡村经济转型升级。

综上所述，乡村振兴战略下文旅融合是推动乡村三大产业发展的重要措施，通过合理利用乡村文化资源，打造独特的文旅产品，促进农业升级和农民增收，挖掘制造业和服务业的发展潜力，实现文旅融合和乡村振兴的良性互动。

（二）推动乡村人口回流

乡村振兴是当前我国政府积极推进的战略，而文旅融合则是其中的重要举措之一，目的是促进乡村经济发展和加快乡村现代化进程，实现城乡一体化发展。其中，乡村振兴注重发展乡村产业，提高农民生活质量；文旅融合则着眼于利用乡村资源，丰富乡村旅游文化产品，推动文旅产业的发展。乡村振兴战略下文旅融合发展是为了推动乡村人口回流。

首先，通过文旅融合，可以为乡村带来更多的就业机会和创业机会，改善乡村居民的收入水平和生活条件。这将吸引城市居民、外来人口等在乡村定居，并带动更多人口流入乡村。

其次，通过文旅融合，可以挖掘乡村的历史文化资源和自然资源，打造独特的文旅产品，提高乡村的知名度和吸引力。这将吸引更多的游客前往乡村旅游，促进当地经济发展，改善乡村基础设施和公共服务水平，提高乡村居民的获得感和归属感。第一，乡村具有悠久的历史和丰富的文化遗产，可以通过挖掘和保护这些文化资源，增强文化旅游的吸引力。例如，开展了解农耕文化、手工艺制作、传承民俗文化等活动，使游客了解乡村传统文化，增进文化交流和理解，让乡村文化焕发生机。第二，乡村拥有秀美的自然风光和丰富的自然资源，如山、林、田、湖、川等，可以通过将自然风光与文化元素相结合，打造一系列特色旅游项目。例如，在秀美的田园风光中开展农业观光、采摘体验等农业旅游活动，或者在乡村进行马术训练、户外运动等深度体验，让游客在享受乡村美景的同时了解当地的文化和历史。总之，通过文旅融合，可以发挥乡村资源的优势，提供丰富多样的旅游产品，吸引游客前来探索、投资、创业，推动当地经济发展，改善当地人民生活条件。

最后，通过乡村振兴和文旅融合的有效衔接，可以加强城乡之间的交流，让城市居民了解和认识乡村，以更加包容和理解的态度对待乡村发展。第一，文旅融合是一种形式多样的文化交流方式，可以通过旅游、展览、演出、创意工坊等方式将城市的文化和艺术带进乡村，同时也可以将乡村的传统文化、手工艺制品、美食等展示给城市居民。这种跨区域交流不仅可以激发双方的文化创造力，还能促进城乡居民之间的理解和交流。第二，乡村振兴和文旅融合也有助于城市居民了解和认识乡村的发展现状和发展需求，从而更加包容和理解乡村发展的必要性和重要性。这样就能够打破城乡之间的壁垒，实现城乡相互支持、协同发展。第三，文旅融合还可以促进城乡产业的协同发展。通过文旅融合，可以发掘乡村独特的历史文化资源和自然资源，并将其转化为旅游资源，推动乡村旅游业的发展。这不仅能够为乡村带来经济效益，还可以激活当地产业链，创造更多的就业机会。

总之，乡村振兴和文旅融合的有效衔接有助于打破城乡二元结构，促进城乡共同发展，让城市居民了解、认识、支持和参与乡村振兴，实现城乡融合共生的目标。因此，乡村振兴和文旅融合的有效衔接是为了推动乡村人口回流、实现城乡共同发展和建设美丽乡村。

（三）推动乡村环境改造

文旅融合模式可以将乡村的传统文化、历史遗迹、自然景观等地域资源进行整合并加以利用，提升乡村形象和吸引力，从而改善乡村环境，为乡村振兴提供更好的基础设施支持。随着城市化进程的不断加速，许多乡村地区的发展滞缓，不少地方的环境和基础设施状况也越发落后，这对提高乡村居民的生活质量和幸福感造成了巨大障碍。为了实现推动乡村环境改造这一目标，文旅融合必不可少。

1.改善乡村基础设施

在文旅融合中，乡村基础设施建设是至关重要的一环。优质的基础设施可以为乡村旅游提供便利，促进旅游消费，同时也可以切实改善农民的生活条件，提高农民的生产水平。一是加强乡村公路建设。乡村旅游需要良好的交通网络支持，以便游客能够方便快捷地到达乡村。政府可以加大对乡村公路的改造力度和修建力度，改善公路连接质量和道路交通安全问题。二是乡村供水、供电、通信等基础设施。这些设施对村民的生产和生活非常重要，因此政府和社会力量可以共同投资建设更加完善的供水、供电、通信设施，为乡村居民提供更加便利的服务和更高品质的生活环境。另外，乡村排水设施建设也非常关键。在乡村振兴和文旅融合中，推动乡村环境卫生改善是非常重要的一环，因此政府可以加大对乡村排水设施的投入力度，提高乡村环境卫生水平，营造优美整洁的乡村环境。改善乡村基础设施是推动乡村环境改造的基础，也是实现文旅融合发展的关键。政府和社会力量应该共同努力，加强对乡村基础设施的建设，为乡村振兴和文旅融合打下坚实的基础。

2.推广绿色低碳生活方式

文旅融合可以积极推动农业产业的转型升级，引导农民发展现代化、绿色低碳的农业生产方式。以保护生态环境和可持续发展为前提，使农业与旅游业相互融合，有益于乡村环境的改善。在传统的农业生产方式中，往往使用大量的农药、化肥、抗生素等，这些物质给环境和人体健康带来了巨大的危害。因此，发展绿色低碳的农业生产方式已成为全球发展的趋势。文旅融合提倡的是农业与旅游业相互融合的发展模式，同时也要求农业发展必须以生态保护为前提。这就需要引导农民采用更加环保、可持续的生产方式，如有机农业、生态农业等，避免使用有害物质，保护土地、水源和草原等自然资源。通过这种方式，不仅能够改善乡村环境，还能够把乡村打造成绿色生态旅游目的地，吸引更多游客前来游览，促进乡村旅游产业的发展。同时，这也能够提高农民的收入水平，改善他们的生活质量。因此，推广绿色低碳生活方式是文旅融合的核心内容之一。

综上所述，乡村振兴战略下推进文旅融合，可以促进乡村环境改造，提高农民的生活幸福感，实现乡村振兴的目标；同时，也可以带动乡村旅游、文化和创新产业的快速发展，形成全面的乡村振兴发展格局。

二、乡村振兴战略下文旅融合发展的路径

乡村振兴战略下文旅融合发展路径主要有四个方面，具体为投入保障、基础设施建设、产业规划及人才培养。

（一）投入保障

乡村振兴战略下文旅融合是我国当前社会发展的重点领域之一。为了实现乡村振兴和文旅融合的有效衔接，需要有投入保障。

（1）投入保障包括政策、资金、技术和人才等方面的支持。政府应制订具体的计划和措施，鼓励和引导大量的资金、技术和人才流入乡村振兴战略下文旅融合领域中，使其形成强有力的支撑。

第一，政策支持。政策支持是实现文旅融合发展的重要保障。政府需要出台相关计划和政策，为乡村振兴战略下文旅融合提供指导和支持。其中：①推动文旅融合与乡村振兴协调发展的政策包括鼓励和引导旅游企业走进乡村，推动乡村文旅产品开发和推广，增强乡村旅游吸引力和竞争力，促进文旅融合与乡村振兴协调发展；②完善乡村产业体系、优化乡村经济结构的政策包括加强农业现代化建设，推进乡村三大产业融合，注重特色产业和乡村品牌的打造，促进乡村产业的高质量发展；③加强公共服务体系建设和基础设施建设的政策包括提升乡村基础设施建设水平，加强公共服务设施建设，改善乡村生活环境，提高居民生活质量。

第二，资金支持。资金支持是实现文旅融合发展的重要保障。政府需要出台相关政策，为乡村经济和文旅产业的发展提供资金支持。其中：①加大财政投入支持力度。政府应当加大对乡村振兴和文旅融合的财政投入力度，用于乡村产业发展、公共服务设施建设、基础设施建设，以及文旅产品开发和推广等方面。②探索多元化资金筹措方式。除了财政资金支持之外，政府还应积极探索多元化资金筹措方式，如吸引社会投资、开展政府和社会资本合作模式等。

第三，技术支持。技术支持是实现文旅融合发展的重要保障。政府需要提

供支持，促进技术创新和应用，推动乡村产业和文旅产业的融合发展。其中：①加强技术创新和示范引领。政府可以建设乡村科技示范园、文化旅游示范区等，为推进技术创新和应用提供支持和引领。②提供技术培训和咨询服务。政府应当为企业和农民提供相关技术培训和咨询服务，加强技术知识普及，提高农民和企业的技术水平。

第四，人才支持。人才支持是实现文旅融合发展的重要保障。政府需要为人才的培养、引进和使用提供支持。其中：①扶持高素质人才创业。政府可以出台相关政策，鼓励高素质人才到乡村振兴和文旅融合领域创业，为地方经济发展注入新的活力。②加强培训和人才引进。政府应为乡村振兴和文旅融合提供专业化人才培训，同时积极开展人才引进工作，为乡村振兴和文旅融合注入新的人才资源。

（2）投入保障要注重优化资源利用和环境保护。在推进乡村振兴战略下文旅融合的过程中，要遵循可持续发展的原则，加强人与自然的和谐共生，实现资源和环境的优化利用，减少环境污染和资源破坏。

首先，对于乡村旅游开发过程中可能产生的环境污染和资源破坏问题，需要采取相应的防御性措施。例如，在旅游开发行为中加强环境监测和评估，严格规范旅游项目的建设标准，确保旅游业和乡村生产不会对环境造成破坏。

其次，应当加大对乡村资源保护的力度，包括保护历史文化遗产、生物多样性资源、自然景观等方面。可以制定政策推进资源利用的优化和重要区域的生态修复，同时加强对在这些区域内的开发施工等行为的审查和管控。

最后，应该加强宣传教育，提高人们对环境保护的认识程度和重视程度。可以鼓励旅游从业者采用环保自愿公约、绿色旅游等措施引导游客积极爱护环境，共同营造和谐发展的旅游环境。

综上所述，优化资源利用和环境保护是实现乡村振兴战略下文旅融合发展的重要保障之一，需要在政策、技术、制度、资金等方面加强支持，为可持续发展提供坚实基础。

（3）投入保障要注重产业协同和区域合作。要加强不同地区、不同产业之间的合作和协调，实现互利共赢，整合和优化资源，形成优质、高效的供应链体系和产业格局，提高乡村振兴战略下文旅融合的整体水平。

首先，产业协同是指将现有的产业资源整合起来，以形成更高效的产业供应链体系。乡村振兴和文旅融合可以发掘当地的农业、手工艺、民俗文化等特色产业，结合旅游业的需求打造一些特色产业项目，形成以旅游消费为支撑的产业链，达到产业发展和旅游业融合的目的。

其次，区域合作是指不同地区之间开展合作，以实现共同发展的目标。在推进乡村振兴战略下文旅融合的过程中，应注重区域联动和合作。发挥各地区的优势，形成区域性特色旅游产品和品牌，提高旅游消费的流动性和黏性，促进乡村经济的发展和文化旅游的融合。

最后，在建设合作平台的过程中也要注重政策的支持和制度的保障。政府应制定相关的政策，推进区域间的合作，形成对乡村振兴战略下文旅融合的全面支持和保障。同时，政府应完善法律法规和管理制度，保障各方的利益和权益，推动乡村振兴和文旅融合的可持续发展。产业协同和区域合作对乡村振兴战略下文旅融合的有效衔接尤为重要。政府应通过加强不同地区、不同产业之间的合作和协调，优化旅游资源配置，提高旅游消费体验和旅游市场竞争力，打造充满活力的乡村经济和文旅产业。

乡村振兴战略下的文旅融合需要注重政策、资金、技术、人才等方面的支持，积极开展协调发展、优化资源利用和注重环境保护、产业协同和区域合作等方面的实践探索，为实现乡村振兴战略下文旅融合的高质量发展提供坚实保障。

（二）基础设施建设

随着国家乡村振兴战略的实施，特别是在经济快速发展和城市化进程加速的背景下，文旅融合已成为促进乡村振兴的重要手段。基础设施建设是乡村振兴的基础，也是文旅融合的前提和支撑。

一方面，基础设施建设对乡村振兴至关重要。乡村道路、电力、水利、通信等基础设施的完善将极大地促进当地农业生产、交通运输、物流配送、信息传输等方面的发展，提高乡村经济发展活力，为文旅融合提供坚实的基础条件。基础设施建设对乡村振兴的作用不仅体现在促进当地农业生产和基础设施的完善方面，还会带来更多的就业机会、提高农民收入和改善农民的生活质量。例如，交通的完善能够方便农产品运输，降低物流成本，增加农民收入；电力和水利设施的建设能够提高农业灌溉率和生产效率，提升农产品的产量和质量；通信设施的完善能够为乡村经济的信息化建设提供更好的条件，增强乡村经济发展的竞争力。

另一方面，基础设施建设能够提高乡村人口的生活质量和环境，促进城乡融合发展。例如，在公共服务和基础设施方面，乡村与城市存在较大差距。建设公共文化设施（如文化活动中心、图书馆、博物馆等），可以让农民群众接触更多的知识和文化，促进文化传承和社会发展；建设公共卫生设施（如医院、社区诊所、防疫站等），能够改善农民的生活水平和健康状况，保障他们的身体健康和基本生存权益。因此，基础设施建设是乡村振兴的基础，也是文旅融合的前提和支撑。

在推进基础设施建设时，需要充分考虑当地的实际情况和市场需求，加强规划和协调，确保基础设施能够适应乡村振兴战略下文旅融合发展的需求，为当地经济和旅游业的发展提供坚实的基础条件。文旅融合也能推动基础设施的升级和改善。例如，在发展乡村旅游时，需要充分考虑当地环境保护和资源利用，这将促进水、电、气等方面基础设施的升级和改善；在发展观光农业时，需要注重当地农民的生活和工作，这会带动基础设施的升级和改善。此外，文旅融合所需的精品旅游线路、主题旅游产品和专业服务等也需要和基础设施建设相衔接，从而打造具有吸引力和竞争力的文旅产品。

因此，基础设施建设和文旅融合是相辅相成、相互依存的关系，只有将二者有机结合才能促进乡村振兴和文化旅游发展。同时，在这一过程中也需要注重统筹规划、坚持可持续发展原则，确保基础设施建设和文旅融合相互促进、共同发展，为实现经济、社会和环境的协调发展提供有力支撑。因此，有效衔接基础设施建设和文旅融合的关键就是在建设过程中充分考虑二者的关系，将双方有机结合起来。一方面，基础设施建设中应当加强对文旅融合需求的综合规划和协调，合理规划旅游路线、景点规模和设施布局，优化交通、住宿、娱乐等配套设施；另一方面，文旅融合中也需要考虑基础设施建设的实际情况，根据当地资源禀赋和市场需求，提高基础设施的适应性和服务水平，优化配套设施的功能。

总之，基础设施建设和文旅融合的有效衔接是促进乡村振兴和文化旅游发展的重要保障，必须在实践中注重创新、协同和可持续发展，为推进全面建设社会主义现代化国家、实现中华民族伟大复兴提供坚实的支撑。

（三）产业规划

基于乡村振兴战略下文旅融合的产业规划是指在中央和地方政府的发展战略指导下，通过运用市场化、规模化、专业化、品牌化等手段，将传统农业等产业和文化旅游等产业有机结合，并将其纳入可持续发展的整体规划中，从而实现乡村振兴战略下文旅融合的发展。

第一，产业规划是乡村振兴战略下文旅融合发展的前提。在制订产业规划方案的过程中，要充分考虑当地资源禀赋、人口分布、市场需求等因素，结合政府扶持政策，确定符合当地实际情况的产业类型和重点方向；同时，还应加强产业配套设施建设和技术支撑力量，提高产业竞争力。产业规划是乡村振兴战略下文旅融合的前提，首先，需要明确当地的资源禀赋。在乡村振兴战略下文旅融合的过程中，当地的自然资源、人力资源、文化资源、历史资源等都是非常重要的资源，这些资源将决定当地的产业发展方向和重点。例如，一些山区的自然资源特别丰富，那么当地可以选择以旅游产业或者林业为重点方向推动乡村振兴。同样地，一些历史悠久的地区可以充分利用当地的文化、历史资源，通过打造文化旅游产业来实现乡村振兴。其次，产业规划还需要考虑当地的人口分布情况。在制订产业规划方案时，要充分考虑当地的人口分布、职业结构和劳动力状况等因素，以便调整当地的经济结构和产业布局。例如，一些劳动力资源特别丰富的地区，可以选择以农业、畜牧业等传统农业产业为基础，根据当地的优势逐渐扩大规模和提高效益。同时，在人口分布方面，还要考虑当地的城乡差异和人口流动情况，以便在制订产业规划方案的时候合理安排产业布局和资源配置。最后，市场需求也是制订产业规划方案的重要影响因素。制订产业规划方案时，我们要充分考虑当地的市场需求和市场发展潜力，以便把握市场发展机遇。例如，当地的饮食习惯、消费能力等都会影响当地产业的发展方向和重点。因此，产业规划需要根据当地的市场需求和潜力引导投资和建设，以确保产业的发展与市场的发展相衔接，从而促进当地的经济繁荣和社会稳定。

第二，产业互补和协同发展是实现乡村振兴战略下文旅融合发展的关键。在产业互补和协同发展方面，乡村振兴战略下文旅融合的重点在于推动传统农业向现代化、多元化、复合型转型升级，并且与文旅产业有机融合。产业互补的协同发展可以从两方面实现：一方面是产业链延伸和产业集群建设。为了实现文旅融合，需要从以农业生产为主导开始，逐步延伸产业链，形成农产品加工、物流配送等配套服务产业。另一方面还要把更多相关产业纳入乡村振兴大格局中，形成产业链上下游相互依存、互利共赢的产业集群。

第三，政府要加强对乡村振兴战略下文旅融合的引导和支持。深入实施乡村振兴战略，需要加大对农业、林业、渔业等传统产业的扶持力度，同时注重推动文旅产业的发展，为乡村振兴和文旅融合提供更加优质、更有吸引力的服务。需要强调的是，政府不应过多干预市场，而应通过制定科学的产业规划、形成合理的产业布局等手段，为市场提供稳定的和可预期的经营环境，让市场主体有更大的自主决策权和创新空间。政府要加强对乡村振兴战略下文旅融合的引导和支持，需要在以下三个方面发挥作用：一是加大对农业、林业、渔业等传统产业的扶持力度。政府可以通过资金扶持、技术支持、市场开拓等手段提升传统农业生产的效益和质量，帮助当地农民增收致富；同时也需要注重林业和渔业的发展，并积极推进乡村集体经济发展，提高乡村社区的整体经济实力。二是推动文旅产业的发展。政府应重视乡村旅游产业的基础设施建设，提高旅游设施和服务的档次，引导传统文化和自然风景融合开发。政府还可以推出一系列扶持政策鼓励文化创意企业、旅游企业等向乡村聚集，扩大旅游市场规模；鼓励和支持乡村居民积极参与乡村旅游产业，增加他们的收入来源。政府还可以通过改善基础设施、优化税收政策等方式提高乡村产业的竞争力和吸引力，吸引更多的资本和人才进入该领域。三是制定完善的政策体系和服务模式。政府需要制定适合当地实际情况的政策体系和服务模式，并及时跟进调整。政府还需要加强信息公开和宣传推广工作，让更多的企业和民众了解相关政策和措施，积极参与乡村振兴和文旅融合事业。同时，政府还应注重对乡村产业发展过程中可能遇到的问题和风险进行监测和预测，并及时采取措施化解风险和解决问题，维护市场秩序和公平竞争环境。政府要加强对乡村振兴和文旅融合的引导和支持，不断地完善政策体系和服务模式，创造良好的发展环境，从而推动乡村振兴战略下文旅融合事业取得可持续的发展。

（四）人才培养

人才培养是乡村振兴的基础，也是文旅融合发展的关键。

首先，乡村振兴需要大量优秀人才支撑。在农业领域，现代化的农业种植和养殖技术需要专业的农业技术人才指导和支持。他们可以通过研究先进的农业技术和种植模式发掘更为稳定和高效的农业生产方式。此外，乡村也需要一批管理和经营方面的专业人才来推动农业企业化、规模化、市场化。他们可以整合农业资源，协调市场需求，使农产品从种植、生产到销售环节都能够更加规范和高效。同时，在社会管理方面，乡村振兴也需要行政管理、公共服务、人力资源管理、社会工作等方面的人才支撑。这些人才可以通过制定相关政策、提供公共服务、开展社会工作等途径，为农民的生活出行、医疗保健、教育培训等方面提供有效的支持。他们的介入不仅可以改善乡村的民生水平，还可以带动整个乡村社会的发展。总之，乡村振兴需要多方面人才的支撑，这些人才涉及多个领域。只有通过人才培养，充分发挥他们的作用，才能促进乡村社会发展和乡村文旅产业的蓬勃发展。

其次，文旅融合需要不同领域的高素质人才协同合作。文旅融合是指将旅游和文化产业相融合，实现经济和社会效益的提升。这需要旅游、文化、艺术、设计等领域的人才紧密合作。例如，旅游景点建设需要专业的规划师、设计师、建筑师和景观设计师等；文化产业需要策划师、编剧、导演、演员等。具体原因如下：第一，旅游产业和文化产业都是复杂而多元化的产业，文旅融合需要多个领域的专业人才相互协作。旅游产业涉及经济、地理、交通等领域的知识和技能，而文化产业则涉及文学、艺术、设计、传媒、营销等领域的知识和技能。因此，要实现旅游和文化产业融合，就需要不同领域的专业人才紧密合作，只有这样才能提供更加全面和专业的产品和服务。第二，旅游产业和文化产业的产品（服务）需要相互融合，需要多个领域的专业人才相互合作。

旅游产业和文化产业与人们的生活、娱乐和文化需求相关联，二者在很多方面存在交叉和互补。例如，旅游景区内常有文化展览、演出、文物修复等文化活动，而文化产品或场所也可以成为旅游的载体。这就要求旅游和文化产业的从业人员能够紧密协作，共同打造具有旅游体验和文化价值的产品和服务。第三，旅游产业和文化产业是高度竞争的产业，需要多领域人才的集合创新。旅游产业和文化产业是品质和创新至上的产业，有良好的竞争性和潜在风险。因此，要想在市场中获得成功，旅游产业和文化产业需要寻求不同领域的专业人才相互协作，共同进行创新研发，提升产品（服务）的差异化和竞争优势。

最后，乡村振兴战略下文旅融合需要紧密结合人才培养工作。针对乡村振兴战略下文旅融合的需求，各地应制订不同领域的人才培养计划，如农业专业人才培养计划、文化产业人才培养计划等。这些计划应与乡村振兴战略下文旅融合相结合，强调产学研合作，促进人才培养和经济社会发展的有效衔接。同时，政府和企业也要承担起重要职责，为人才培养提供条件和服务，以便将来更好地服务于乡村振兴战略下文旅融合的发展。一要注重产学研合作。在人才培养的过程中，学校、企业和科研机构需要紧密联系起来，通过引入企业与科研机构精英到学校任教、推动科研成果转化为生产力等方式，使人才培养更加贴近实际需求。同时，学校也应积极开展校企合作，将学生与企业结合起来，让他们在实践中更好地了解乡村振兴战略下文旅融合的需求。二要注重实践教学。乡村振兴战略下文旅融合的实践需要大量的实践经验和技能支持。因此，人才培养中应该注重实践式教学，让学生深入实际场景中，了解相关工作情况和生产过程，并进行实践操作。这种方式可以提高学生的实际操作能力和应变能力，帮助他们更好地适应乡村振兴战略下文旅融合发展的要求。三要注重综合素质教育。在人才培养中，不仅要注重专业知识和技能的培养，还要关注人才的综合素质提升。培养具有创新精神、团队协作和社会责任意识的人才，有助于推动乡村振兴战略下文旅融合的高质量发展，并为乡村振兴和文旅产业提供更多的发展动力。

总之，人才培养是乡村振兴战略下文旅融合的基础，在实践中需要紧密结合文旅融合的需求，注重产学研合作、实践教学和综合素质教育，这样才能培养出更多的优秀人才，促进乡村振兴战略下文旅融合的高质量发展。

第三章　乡村振兴战略下文旅融合发展现状分析——以A村为例

随着乡村振兴战略的深入推进，越来越多的人开始重视文旅融合发展对乡村振兴的作用。文旅融合发展模式将文化产业、旅游产业、体育产业等产业有机结合，通过共同发力促进乡村经济发展和民生改善。然而，当前的文旅融合发展在乡村振兴中面临诸多困境和挑战，如景区游客量饱和、资源浪费等问题。因此，本章旨在分析乡村振兴战略下文旅融合的发展现状，指出其中存在的问题，并探讨解决方案，以期为乡村振兴提供一些借鉴和帮助。

第一节　A村基本情况

A村历史悠久，早在先秦时期就有"先秦九塞""太行八陉"之一的美誉。这里自然环境优美，文化底蕴深厚，孕育了唐朝文化、关隘文化、水乡文化、红色文化、科幻文化及民俗文化等丰富的文化遗产。A村保存了许多古建筑，如长城、关城、兴隆古街、宿将楼和文昌阁等，这些都是游客喜爱的。此外，位于A村的万里长城第九关是关隘文化的代表，而A村的村名传说与唐代平阳公主率领娘子军在此地驻扎有关，形成了丰富的唐朝文化。此外，A村还经常举办民俗活动，如跑马排已入选国家级非物质文化遗产。在抗日战争时期，A村是山西的东大门，具有重要的战略地位。据悉，这里曾发生过许多激烈的战斗，无数英勇的士兵在保家卫国的战斗中牺牲了，为了纪念他们，A村建设了英雄纪念碑，成为红色旅游胜地。A村还以刘慈欣的工作生活之地闻名，他在这里完成了著名的《三体》小说。最后，A村还以其独特的地质构造和泉水资源而闻名，形成了"北方小江南"的水乡文化。

根据该地区的数据整理，截至2020年底，该村的户籍人口共有2019人，常住人口1340人，其中，男性有724人，所占比例为54.03%；女性有616人，所占比例为45.97%。除此之外，0到14岁儿童共计207人，所占比例为15.45%；15岁到35岁居民共计334人，所占比例为24.93%；35岁到59岁居民共计401人，所占比例为29.92%；60岁以上的老人共计398人，所占比例为29.70%。[1]

2022年，A村的总耕地面积为639.52亩（1亩≈666.67平方米），共有3家企业[2]，其中石灰氮厂和轻钙厂已转为私营，景区开发中心则归集体所有。养殖业包括梅花鹿厂和鸭厂，同时还建设了俄罗斯鲟鱼养殖厂。A村充分利用丰富的文化资源开发旅游产业，取得了显著成果。A村的旅游景区被认定为山西省和Y市的重点打造项目，也是省级重点文物保护单位和4A级景区，曾被评为"中国最具投资价值旅游景区"。景区的主要产权归属于A村，并于2018年在政府的支持下与山西文化旅游投资控股集团有限公司合作成立了山西娘子关旅游发展有限公司，实现了经济水平的快速提升，并在文旅融合发展方面取得了一定成绩。

第二节　A村文旅融合发展取得的成就

近年来，许多地方在积极开展文旅融合发展，以加快经济增长，促进文化传承和发展。其中，A村作为一个典型的文旅融合发展示范地，取得了令人瞩目的成就。本节通过对A村的文旅融合发展进行分析和探讨，可以从中了解到A村所取得的一系列成就，为其他地区提供借鉴和启示。

---

1 中共平定县委党史研究室，平定县地方志研究室 . 平定县鉴（2022）[M]. 北京：新华出版社，2022.

2 中共平定县委党史研究室，平定县地方志研究室 . 平定县鉴（2022）[M]. 北京：新华出版社，2022.

一、文旅产业融合发展制度较为完善

A村文旅产业建立了一套相对完整的政策、法规、规章和管理体系，并且将其落实到实际行动中，加强了对文旅产业的规范化和引导，促进了文旅产业的协同发展。

首先，在政策扶持方面，A村制定了一系列鼓励和引导文旅产业融合发展的政策，如给予旅游企业税收减免和优惠政策、设立文旅产业专项资金等。这些政策为文旅产业提供了有效的保障和支持，加强了政府对产业的引导和促进作用。

其次，在资源整合方面，A村文旅产业融合发展的重要手段是整合资源，发挥集聚效应，增强产业的核心竞争力。因此，A村设立了文旅产业融合办公室，负责协调各类文旅资源，将其有机地结合起来，打造多元化旅游产品和文化活动，并且提高了旅游产业与文化产业的协调发展性。

最后，在管理监督方面，A村加强了对文旅产业的管理和监督，制定了一系列的规章制度，如旅游购物场所管理制度、旅游咨询服务制度等，确保文旅产业有序、健康、可持续地发展；同时，加强对旅游从业人员的培训和管理，提高相关人员的业务水平和素质，为游客提供更好的服务体验。

例如，A村打造了"传统农家乐+景点游"模式，通过整合村内的农家乐餐饮、民俗文化、景点观光等旅游资源开展系列主题活动，吸引游客前来体验。村里的农家乐餐饮店也获得了政府给予的税收减免和资金补贴，提高了村民的参与度和积极性，进一步促进了乡村经济发展。这种旅游与文化融合发展的成功经验，也是A村文旅产业融合发展制度完善的一个具体体现。

二、文旅融合新业态得到大力发展

在过去的几年里，A村在文旅融合方面获得了大力发展。文旅融合是一种将文化产业和旅游产业紧密结合的新型业态，通过这种方式可以为当地经济注入新的发展动力，提高当地的知名度和吸引力。

首先，A村利用独特的自然风光和文化底蕴发展了一系列的旅游项目，如观光农业、民俗文化体验、美食街等。这些项目不仅满足了游客对美食和文化的需求，还为当地带来了可观的经济收益。

其次，在旅游业的基础上，A村积极推进文化产业的发展，如影视产业、传统手工艺品、文化创意产品等。这些项目不仅为当地居民提供了更多的就业机会，还提高了A村的文化软实力，为村庄的发展注入了新的活力。

最后，A村积极借助互联网的优势开发了"互联网+旅游"的新模式，如在线预订系统、移动支付等。通过这些新技术的运用，游客可以更便捷地进行旅游体验，同时也为A村的文旅融合业态注入了新的活力。

总之，A村在文旅融合方面得到了高质量的发展，这不仅为当地带来了可观的经济收益，还为当地居民提供了更多就业机会。通过不断创新和发展，A村的文旅融合业态将继续成为推动当地经济发展和社会进步的重要动力。

三、乡村环境得到进一步改善

近年来，A村的环境得到了进一步改善，提高了A村的环境品质和生活质量。A村从以下四个方面使乡村环境得到进一步优化。

第一，废弃物处理。A村加强了对废弃物的管理和处理，设立了垃圾分类站点，开展不同类型垃圾的分类储存和回收，减少了废弃物对环境的污染和危害。

第二，绿化建设。A村增加了植树造林项目，加强了公园和绿地的建设，提高了绿地覆盖率，减少了空气污染和城市热岛效应。

第三，排污管道建设。A村新建了污水处理厂，改善了污水排放管道，提高了污水处理和回收的效率，减少了排污对环境的影响。

第四，环境执法。A村加强了对环境违法行为的执法力度，建立了相应的处罚和奖励机制，促进了环保意识的普及和居民的自觉参与。

例如，A村在加强垃圾分类方面的举措包括设立垃圾分类站点，配备不同颜色的垃圾桶区分可回收垃圾、有害垃圾、湿垃圾和干垃圾等；开展"垃圾分类知识普及"宣传活动，向居民普及垃圾分类的正确方法和重要性，提高居民的环保意识和参与度；制定相关的管控措施和奖惩制度，给予垃圾分类工作做得好的居民相应的奖励，同时对违规行为采取罚款等措施。这些措施有效地促进了垃圾分类行为的形成和社区环境的改善。

四、促进农民实现共同富裕

A村的文旅融合发展不仅可以吸引游客，提高村庄的知名度和美誉度，还可以带动当地农民参与旅游产业、文化产业，增加农民收入，实现共同富裕。

首先，A村的文化资源得到了充分的挖掘和利用。A村具有丰富的历史文化积淀和人文景观资源，如古民居、传统手工艺等。在文旅融合发展过程中，这些文化资源得到了保护和发掘。通过开发旅游线路和旅游项目，A村吸引了大量游客前来游玩，同时也提高了当地居民对自身文化的自信心。

其次，文旅融合发展为当地农民创造了就业机会。旅游产业的发展需要大量餐饮、住宿、导游等服务人员，这些岗位可以为当地农民提供就业机会。同时，当地农民的手工艺品、农副产品等也可以通过旅游渠道销售，增加经济收入。

最后，文旅融合发展促进了当地农民的文化水平提升。随着文旅融合的深入推进，当地农民与外界交流的机会也更多，对外部观念和知识的接触也更加频繁。这有利于激发当地农民的学习意识和创新精神，同时也提高了农民对当代社会的认知能力和适应能力。

综上所述，A村文旅融合发展在吸引游客的同时，也为当地农民带来了实质性的经济收益和文化价值，有效地促进了当地农民共同富裕目标的实现。

第三节　A村文旅融合发展存在的问题

A村经过数十年的发展，目前在文旅融合发展方面已经形成了一定的规模，建立了自己的旅游品牌。但是从当前实际情况来看，A村在城市化进程持续发展的过程中，文旅融合发展出现了新的挑战和问题。

一、文旅产业融合发展的层次较低

当前A村文旅产业融合发展层次较低主要体现在以下两个方面。

（一）文旅融合产品和服务创新能力较弱

A村文旅融合产品和服务创新能力较弱主要表现在以下方面。

1.缺乏市场研究和分析能力

A村未能深入了解游客的需求和市场发展趋势，无法有效地设计适合市场的产品和服务，也无法根据市场需求进行针对性创新。这不仅是对游客的需求和对市场趋势缺乏了解，更重要的是缺乏对竞争对手的研究和分析。未能充分了解竞争对手的产品、服务、营销策略等信息，就很难开发出具有竞争力的产品和服务。

此外，A村的文旅企业也缺乏对游客消费行为和偏好的调查和研究。缺少更多数据支持下的决策，导致产品与服务的设计和实际需求不符。首先，没有派遣专门的市场调研团队去了解市场情况和竞争对手的动态，没有收集并分析包括用户访问量、用户评价数据、同行业其他企业的模式等方面的信息。其次，在开发或改进产品时，A村的文旅企业没有优先关注用户需求，积极通过调查问卷、访谈等方式了解用户的需求和意见；没有借助大数据及人工智能等技术对游客行为模式进行分析，从而优化产品和服务设计。最后，A村不重视市场监测和反馈机制，未能及时根据市场变化对相应机制作出调整和改进。只有了解市场需求和创新趋势，才能提高文旅融合产品和服务的创新能力，以更好地满足游客的不同需求。

2.缺乏技术创新能力

A村的文旅产品和服务大多采用传统的手工制作方式或经营方式，缺乏对新技术的探索和应用，这导致产品和服务水平比较低下。这一问题主要表现在以下几方面。

第一，缺乏数字化和智能化技术应用。A村的文旅产品和服务仍然采用传统的手工制作和经营方式，没有应用数字化和智能化技术进行改进。例如，在门票销售、预订和安排等方面还是采用传统的人工办理方式，效率低下。

第二，缺乏先进设备支持。A村未能引进高科技手段和设备，无法借助现代化工具和技术手段提升产品品质和服务水平。例如，在文化展示和演出方面，A村缺乏先进的音响和灯光系统，导致场馆设施陈旧，影响了游客的体验。

第三，忽视互联网和社交媒体。A村缺乏对互联网和社交媒体的了解和应用，未能挖掘这些平台的潜力，无法利用它们进行文旅产品和服务的推广和宣传；相反，A村大多是通过传统渠道进行推广，覆盖范围有限，难以吸引更多游客。这些问题导致A村的文旅融合产品和服务无法与市场上的竞争者相比较，难以满足游客的需求。

为了解决这些问题，A村需要加强科技创新和应用，推进产业数字化和智能化，引入高科技设备和系统，同时也需要加强对互联网和社交媒体的了解和应用，挖掘这些平台的潜力，提升文旅产品和服务的知名度和影响力。这些方法可以帮助A村提升文旅融合产品和服务的创新能力，更好地适应市场的需求和变化。

3.经济基础不稳固

A村作为一个小村庄，经济基础相对薄弱，经济发展主要依靠农业和传统手工业。与大都市相比，该地区的市场规模较小，交通不便，外部资源有限。这些因素制约了A村的发展，使A村居民的创新能力受到了很大的限制。

一方面，由于经济基础不稳固，A村缺少足够的资源去实施创新和提升服务品质。在新产品的开发和推广方面，A村需要投入大量的资金和人力，包括市场调研、产品设计、制造、营销等环节。而A村的经济规模相对较小，无法承担这些成本。这导致A村缺乏创新产业投资，无法引进新的技术和设备。

另一方面，A村缺乏外部资源的支持。由于地理位置、市场环境等因素，A村难以获得大城市所拥有的丰富资源和信息。例如，A村的旅游资源相比大城市较为单一，无法满足游客对多样化、高品质旅游体验的需求。此外，A村缺乏相关的合作伙伴和供应商，无法获得优质、高效的物资和服务，也影响了其经营效益。

因此，A村要提升文旅融合产品和服务创新能力，需要注重发展本地经济，吸引外部资源，保障稳定的经济环境。政府应加大对A村的扶持力度，促进当地企业的创新发展和与外部企业的合作。同时，A村也应该积极探索新的发展路径，主动开拓市场和寻找合作伙伴，提升自身的竞争力和创新能力。

4.缺乏团队建设和人才引进

缺乏团队建设和人才引进是A村文旅融合产品和服务创新能力较弱的重要原因之一。具体表现如下：一是人员构成单一。A村从业者大多是本地居民，缺乏多元化的文化背景、教育素养和行业经验，这导致在产品设计、市场营销和服务创新等方面的思路比较单一，难以跟随市场变化。二是缺少团队协作精神。A村从业者之间缺乏良好的沟通和合作机制，缺乏共同的目标和团队精神，影响工作效率和质量，使A村无法形成良好的服务体系和品牌形象。三是薪水低。由于A村的经济基础相对不稳固，地区内的从业者薪水普遍偏低，难以吸引有文旅行业经验和专业技能的人才。

以上是A村文旅融合产品和服务创新能力较弱的主要表现。为此，A村需要加强市场研究和分析能力、推进技术创新和探索、稳定经济基础、重视团队建设和人才引进等方面的工作，这样才能提高A村文旅融合产品和服务的创新能力，更好地满足游客的需求和市场的变化。

（二）文旅产业融合链条短

A村文旅产业融合链条短主要表现在以下四个方面。

1.产业结构单一

A村所依托的主要文旅资源为自然风光和传统乡村文化，缺乏多元化的文旅产品和服务，因此，该地区的文旅产业结构比较单一。产业结构单一是A村文旅产业链条短的主要表现。A村所依托的主要文旅资源为自然风光和传统乡村文化，虽然这些资源在一定程度上能够吸引游客，但无法满足市场多元化需求。此外，由于产业结构相对单一，当地文旅企业的经营模式难以适应市场变化，缺乏新兴产品和服务，难以抵挡来自其他地区竞争对手的冲击。

为改变这种状态，A村的文旅产业需要从产业结构方面进行调整，增加多元化产品和服务，形成更具竞争力的产品和品牌。可以通过开发多样化的旅游业态，如温泉养生、文化体验、户外探险等吸引更多类型的游客。营造多元化的文旅环境，整合和丰富当地的自然资源和人文资源，扩大产品和服务的品类，提升文化旅游的内涵和品位。同时，借助市场运作机制，鼓励和引导文旅企业进行创新，加速产品升级和品质提升，吸引更多消费者和游客对当地的文旅品牌产生认知和信任。这样一来，A村的文旅产业链就会更为完整，并形成具有竞争力的发展优势。

2.旅游服务链条不完整

由于A村的文旅产业规模较小，当地的旅游服务品质和水平相对较低，游客在旅游中的各类需求得不到充分满足。此外，A村在与旅游服务相关的交通、住宿、饮食等方面存在一定的短板，导致旅游服务链条不够完整。这一问题主要表现在以下几方面：

第一，交通服务不足。A村的交通路网较为单一，只有公路和乡村道路，缺乏高速公路、铁路、航空等多样化的交通手段，这导致游客来往相对困难，同时也降低了游客来访的频次和时间长度。

第二，住宿服务品质低下。A村的酒店、客栈等住宿服务设施数量不多，且存在管理混乱、环境脏乱差等问题，影响了游客的旅游感受和住宿体验。

第三，餐饮服务水平不高。A村的餐饮服务主要集中于小吃摊和农家乐等饮食小店，菜品种类单一、服务质量参差不齐，游客的餐饮需求得不到满足，也无法体验到地方特色美食。

第四，旅游娱乐项目不多。A村的旅游项目主要以观景、休闲为主，缺乏更多的旅游娱乐项目供游客选择，这导致游客的需求得不到全面满足，也无法增加地方旅游的吸引力和收益。

为解决这些问题，A村可以通过招商引资、政府扶持及开展多元化产品研发等措施，提升当地的旅游服务品质和水平。例如，在交通方面，可以尝试引进高铁站、飞机场等便捷交通设施；在住宿方面，可以推动优质酒店和客栈的建设，提升服务质量和管理水平；在餐饮方面，可以加强对当地特色美食的宣传和推广，提供多样化的菜品选择；在旅游娱乐项目方面，可以开发更多有趣的旅游项目，如互动体验、文化探索等，丰富游客的旅游体验。通过综合提升服务品质和水平，A村的文旅产业将会更具吸引力和竞争力。

3.品牌建设不足

A村未能形成具有市场竞争力的品牌形象和品牌效应，无法从根本上提升地区的知名度和美誉度。此外，当地文旅企业的品牌建设也存在一定的缺陷，难以为文旅产业赢得更多消费者的认同和信任。具体包括以下几方面：

第一，缺乏整体规划。A村的文旅产业发展缺乏整体规划，导致各个景区、民宿、特色小店等发展缺乏协调性和一体化，难以形成统一的品牌形象。

第二，品牌定位不清晰。A村的文旅品牌定位不够清晰，缺乏明确的价值主张和特色卖点，难以凸显自身的优势和独特性，也难以吸引更多的游客和投资者。

第三，营销手段单一。目前A村的文旅产业营销手段比较单一，主要依靠传统的宣传推广和口碑效应，缺乏创新的营销手段和数字化营销工具，难以抢占市场份额和提高知名度。

第四，服务质量参差不齐。在发展文旅品牌时，服务质量是至关重要的。但是，在A村的文旅产业中，服务质量参差不齐，存在景区、酒店、民宿等服务设施质量差，以及卫生和服务质量差等问题，影响游客满意度和口碑。

综上所述，A村的文旅产业融合发展品牌建设还存在多方面的不足，需要加强规划、定位、营销和服务水平等方面的改进，以提高自身的品牌认知度和市场竞争力。

4.协同发展尚未实现

A村的文旅企业之间互相独立，缺乏协同配合和互补发展，这导致当地文旅产业的规模难以扩大，市场份额难以增加，在激烈的市场竞争中处于劣势。这种状态往往会造成资源浪费、市场失衡、供需不平衡等问题，无法形成产业发展的良性循环。

首先，尚未建立文旅产业协会。通过建立文旅产业协会，可以促进各企业之间通过积极沟通和交流而形成共识和合作意愿，实现互利共赢局面。文旅产业协会可以通过组织交流会议、行业论坛、参观考察活动等方式，加强企业之间的合作与互动，推动文旅产业的协同向前发展，但是当前A村尚未建立文旅产业协会。

其次，未引入多元化业态。引入多元化业态，可以促进文旅企业之间的协同发展。例如，可以引入休闲娱乐场所、健康养生中心等，丰富当地的文旅产品和服务，增加游客停留时间和消费意愿，提高当地文旅产业的经济效益。当前A村尽管在这方面有所改善，但整体多元化业态发展较差。

最后，尚未建立良性合作机制。协同发展过程中建立良性合作机制非常重要。例如，可以通过文旅企业之间的联合营销、品牌联合推广等方式，形成协同效应，共同推动文旅产业的健康发展；还可以通过区域互利合作、跨界融合等方式，实现文旅产业协同发展的良性循环。A村目前没有建立自己的合作机制，导致该村无法联合不同文旅企业实现联合营销与推广。

因此，为了解决A村文旅产业融合链条短的问题，当地政府和企业需要加强资源整合、促进多元化产品开发、提升旅游服务品质、加强品牌建设和推进协同发展等措施。只有通过全方位的改革和创新，才能实现A村文旅产业健康、可持续地发展。

二、文旅资源利用不够充分

作为一个传统村落，A村拥有深厚的历史文化底蕴，但是由于各方面因素的影响，A村对文化旅游资源的利用不够充分。

（一）整合资源和深化利用资源能力较弱

A村文旅融合发展中整合资源和深化利用资源能力较弱，主要包含以下问题。

1.资源分散、互相独立

由于历史原因和行业习惯，A村的文化、旅游、餐饮、住宿等资源相对独立，缺乏协同运作和整合，导致资源利用效率低下。这一问题主要表现在以下几方面：

第一，资源利用效率低下。由于A村的文化、旅游、餐饮、住宿等资源分散、互相独立，难以有效整合和协同运作，导致资源利用效率低下，很难实现最佳的经济效益和社会效益。

第二，竞争激烈。各种资源之间没有很好的联系和协作，各自为政，导致在市场竞争中相互角逐，降低了整体市场竞争力，不利于整个文旅产业的发展。

第三，产生负面影响。由于文化、旅游、餐饮、住宿等资源之间缺乏联系和协作，容易出现不良现象，如环境污染、安全问题、服务质量差等，给整个产业带来负面影响，影响了品牌形象，降低了品牌价值。

第四，缺乏品牌形象。由于资源分散，A村的文化、旅游、餐饮、住宿等行业缺乏自身的特色品牌形象，这也使其在发展文旅产业时，缺乏统一的品牌推广策略和营销手段。

第五，经营模式单一。由于资源相对独立，各行业都依赖于传统的经营模式，难以深度挖掘不同行业的资源价值。

2.缺乏专业人才和相关管理经验

A村的文旅从业人员大多数是业余自发组织起来的，缺乏专业性和系统化的管理经验，难以有效地整合资源和深化利用资源。具体来说，缺乏专业人才和管理经验会导致系统化的管理方法缺乏。文旅融合发展需要一个统筹协调的管理体系，包括规划、组织、实施、监测等环节，而缺乏专业人才和管理经验会使这些环节变得零散和难以有效衔接，难以为游客提供高质量的文旅服务。缺乏专业人才和管理经验会影响到文旅从业人员的素质和能力，从而导致难以为游客提供高质量的文旅服务，不仅会降低游客满意度，还会影响A村文旅产业的形象和品牌价值。文旅融合发展需要在市场上打造自己的竞争优势，而缺乏专业人才和管理经验会导致无法进行有效的市场分析和竞争战略的制定，从而使A村的文旅产业在竞争中处于弱势地位。

3.资金短缺

A村的文旅产业起步较晚，吸引投资的能力还比较弱，导致资金短缺对资源整合与利用等方面的影响较大。同时，A村尚未拥有足够的资本积累和消费市场，面临来自其他行业和地区的激烈竞争，难以吸引足够的资金支持，而缺乏资金会导致以下问题：

第一，投资不足，难以打造品牌。A村的文旅产业尚处于初级阶段，若无法投入足够的资金来推出具有高知名度和影响力的品牌，将很难赢得市场和消费者的信任。

第二，发展速度缓慢。资金不足会让A村的文旅产业发展缓慢，难以快速扩大产业规模和市场占有率。

第三，营销活动受限。缺乏资金意味着A村的文旅产业在市场营销上的力度不足，无法投入足够的资金进行广告宣传，难以开展促销活动。

第四，对资源整合和利用的限制。缺乏资金也会限制A村的文旅产业在整合和利用资源方面的能力，如无法投入足够的资金对景区进行改造和提升，也难以为游客提供更好的住宿和餐饮服务。

因此，A村的文旅产业需要通过各种方式争取到更多的资金支持，以推动其发展，并加强整合利用资源的能力。

（二）文化资源保护不足

A村在文旅融合发展中对文化资源的保护不足。

1.文化资源的过度开发和利用会导致文化资源被破坏

一些文化景观可能因为观光客的涌入、建设工程的影响等而遭到破坏。例如，A村的传统建筑在文旅融合发展过程中，可能会被改建成商业建筑或者被发展成旅游景点，而失去其原有的历史文化价值。这种破坏包括直接的人为破坏和间接的环境破坏，它们都会影响文化遗产的原始性、完整性和真实性。

首先，直接的人为破坏指的是在文旅融合发展过程中，利益驱动和角色定位不清等可能会导致文化遗产遭到人类活动的侵害和破坏。例如，一些建筑物可能会被拆除、改造或粉刷成其他颜色以吸引游客；一些文物可能会被盗取、破坏或损毁以获取利益；一些景区可能会进行过度开发和商业化经营等，而失去其原本的自然与历史文化特色。

其次，间接的环境破坏是指由人类活动带来的环境变化而导致文化遗产被破坏。例如，旅游导致的垃圾污染、交通运输带来的振动和噪声污染等，都会对文化遗产造成不同程度的影响和破坏。由地质灾害等自然环境因素导致文化遗产的破坏，也是一种文化资源保护不足的表现。

综上所述，为了更好地保护A村的文化遗产，需要加强管理和监管，制定并执行相关规章制度，例如，制定旅游开发区域划定规范，明确文化遗产保护的标准和流程；加大公众教育和宣传力度，提高公众的意识，让乡村居民了解如何正确保护和维护文化遗产。此外，A村还可以利用新兴技术手段，如人工智能等，加强对文化遗产的监测与保护，同时可以探索电子化、数字化保护文化遗产的方法，以便更好地记录、保存与传承文化遗产。

2.影响文化传承

A村本应通过文旅融合来促进优秀传统文化的传承与弘扬，但是由于没有保障文化资源的完整性，从而造成文化断层。例如，为了满足游客需求和经济利益，一些传统文化可能会被改变或者丧失其原有的特点。在这种情况下，文化传承就会遭到破坏。例如，A村传统的手工艺品——竹编制品，由于受到现代化发展的影响，许多竹编制品的传统技艺已经失传或被淘汰。随着文旅融合的推进，一些手工艺品可能会被改造成批量生产的商品，从而失去其历史价值和文化价值。这样一来，优秀传统文化的传承就失去了它代表的历史时期和文化价值，从而导致文化断层和文化认同感下降。

此外，在文旅融合发展过程中，游客和旅游产业也需要与当地居民进行交流互动，以加强文化融合和传统文化的传承。如果当地居民不能参与到文旅产业的发展和文化保护中来，可能会出现疏离和不平等的情况。为此，需要加强对当地居民的教育，让他们了解、认同文化保护和传承的重要性，并让他们参与到本地文化的传承和发展中。这样一来，文旅融合发展就可以在保护传统文化的基础上，促进当地的经济和文化发展，实现双赢。

3.文化疏离现象可能出现

随着文旅融合的推进，一些本地居民可能会感受到身处自己的家乡却不能参与到发展过程中的无奈，出现文化疏离的情况。一些原本属于本地文化的场所可能被改建成吸引游客光顾的地方，对于本地人而言，相当于失去了自己的文化归属感和认同感。这种现象可能会造成很多潜在问题，具体如下：

第一，文化认同感下降。当地居民在长期的本土传统文化影响下，形成了自己的特定文化模式，而随着文旅产业逐渐成为主导产业，新的文化价值观、语言和思维方式持续涌入，这种文化冲击会引发一定程度的文化疏离，导致居民的文化认同感不断下降。

第二，当地居民无法分享经济利益。若文旅产业发展过程中出现文化疏离现象，那么当地居民无法与外来游客互动，就意味着他们与这个产业的联系越来越薄弱，不能分享经济利益。如果这种情况持续发展下去，可能会造成文旅产业无法真正地与当地社区融合，导致双方的失衡与矛盾。

第三，社区的治理与管理问题。文化疏离还可能导致社区管理与治理的难度加大。由于无法理解新文化的影响，当地居民也就难以参与到产业的管理和治理中，从而使产业运营的合法性和公正性遭到质疑。

因此，为了避免文化疏离现象的发生，A村需要采取一系列措施。一方面，政府和企业要注重文化交流与融合，通过文化教育、文化活动等途径加强本地居民与外来游客之间的互动。另一方面，政府和企业也需要听取居民的意见，将他们的需求纳入整个旅游产业的发展规划中，实现旅游产业和当地社区的互利共赢。总之，只有在实现文化资源保护和文化融合的基础上，才能真正实现文旅产业的可持续、有序发展。

综上所述，A村在文旅融合发展中必须注重文化资源保护，充分考虑历史和文化遗产的继承和传承，确保文化资源不受破坏；同时，需要加强本地居民的文化融合，确保他们能够与外来游客和文化产业人员进行交流互动，形成共同的文化认同和价值观念。

三、文旅产业市场一体化发展乏力

市场融合是文化产业与旅游产业发展的内在动力，但是当前A村文旅产业市场一体化发展乏力，竞争力明显不足。

（一）文旅一体化市场对接合作尚未形成固定模式

A村的文旅融合发展是指将文化产业和旅游产业有机结合，以此提升当地社会发展水平的综合性产业发展模式。其中，文旅一体化市场对接合作是推动A村文旅融合发展的重要手段。文旅一体化市场对接合作是指将文化资源和旅游资源通过市场方式进行有效整合、提升价值和获得经济效益的合作方式。这种合作方式在实践中尚未形成固定模式，这意味着参与者之间的利益协调机制并没有得到充分的建立和落实。在这种情况下，旅游企业有较大的议价能力，可以通过自己的渠道和资源占据优势地位，从而获取更多市场利润；相反，农村基层文化机构的话语权相对较小，这些机构缺乏足够的资源和渠道来推广自己的产品和服务，这使其很难在市场竞争中立于不败之地。由于市场没有形成稳定的竞争规则，因此这种不平等状况可能会导致市场利润的分配不合理，直接影响参与者的经济利益和市场发展的可持续性。

为了避免这种情况的发生，政府需要加强引导和规范，建立起统一的市场管理机制，确保市场竞争的公平性和透明度。同时，A村还应注重拓展农村基层文化机构的资源和渠道，增强对市场的参与权和话语权，从而促进市场的健康发展。

（二）文旅一体化市场竞争力不足

在A村文旅融合发展过程中，文旅一体化是一个重要的发展方向。在这个过程中，文化资源和旅游资源的互补性、交叉性和融合性将得到充分的发挥，并形成高度融合的产业链。尽管这样的发展对A村文旅业来说是非常重要的，但其中也存在很多问题，如市场竞争力不足。

首先，缺乏品牌影响力，导致A村文旅产业的竞争力不足。一个强大的品牌不仅能够赢得顾客的信任，还能够为企业带来长期的利润和市场份额，甚至成为行业领导品牌。然而，在A村文旅一体化市场中，由于产业发展不够成熟及宣传和推广力度不够大，A村文旅品牌的知名度和声誉相对较低。同时，由于市场竞争激烈，许多景区在积极进行品牌建设，通过各种渠道广泛推广品牌。这些景区扎根于市场，并且比A村更富有经验和实力。这些景区利用自己的优势，通过线上和线下渠道增加曝光率，提高知名度和美誉度，进而增强市场竞争力。此外，A村文旅产业的品牌定位也需要加强。目前，A村文旅产业并未明确目标消费群体和市场细分，也缺乏具有高识别度和差异性的品牌形象，使其营销宣传策略无法有效实施。为了提高文旅品牌的影响力，A村可以利用多方面的手段。例如，增加市场曝光率，选择适合自己的营销渠道和媒介，加强网络宣传、自媒体营销和本地化广告等。同时，A村还可以做好服务，提高游客满意度，让游客成为品牌的忠实支持者和传播者；注重对细分市场的研究，了解不同的消费群体需求，推出符合不同用户需求的产品和服务，并扎实地推动品牌定位，树立独具特色的品牌形象和风格。

其次，A村的文旅产业链条还未完全形成。文旅产业是一个覆盖面广、涉及领域多的综合性产业，需要主体的共同努力才能形成完整的产业链。在A村文旅产业发展初期，产业链并没有形成，仍处于零散分布的状态。由于缺少配套设施和供应商，不能满足游客的需求，旅游产品不够丰富，服务和管理等方面也存在不足之处。此外，由于A村文旅产业发展时间较短，缺乏管理经验，管理水平低下，难以有效地协调和整合资源，导致文旅产品的质量无法得到保障，影响了市场竞争力。为了解决这个问题，A村文旅产业需要加强产业链的建设和整合，包括开发更多的旅游景点和景区，增加旅游配套设施和服务设施，提高旅游产品的质量，严格规范旅游行业的经营和管理，建立健全的管理体系，确保游客获得高品质的旅游体验，进一步提升A村文旅产业的市场竞争力。

最后，A村的文旅一体化市场缺乏差异化竞争力。一些成功的文旅业园区或景区之所以能在激烈的市场竞争中脱颖而出，往往是因为其拥有独特的产品和服务，引领了市场趋势。但是，A村的文旅业还没有完全找到自己的差异化优势，缺少令人印象深刻的产品和服务，难以满足消费者对旅游体验的高品质要求，也容易被其他品牌取代。第一，A村文旅业的产品和服务缺乏创新性。当前市场上的文旅产业以其新颖、有趣、充满活力的特色吸引着越来越多的游客。但是，A村文旅业所提供的产品和服务仍然处于传统水平，缺少新颖性、创意性和个性化，难以满足消费者的需求，这使A村文旅产业无法在激烈的市场竞争中脱颖而出。第二，A村文旅产业的市场定位不够清晰。与其他城市的文旅产业相比，A村的文旅产业缺少独特性和较明确的市场定位。在市场上，A村的文旅产业还没有找到自己定位的契机，缺乏针对特定客户群体的产品和服务，这使A村的文旅产业很难赢得特定消费者的青睐，也难以构建自己独特的品牌形象。第三，A村文旅产业的营销宣传还不够精准。在当今市场上，营销宣传是文旅产业接触消费者的重要途径。然而，A村的文旅产业缺乏有效的营销宣传策略，无法针对目标消费者进行有效的推广。因此，A村就算拥有独特的产品或服务，也难以惠及大众，并获得更多市场份额。为了提高文旅产业的差异化竞争力，A村需要聚焦消费者需求，加强创新，明确市场定位，并采用全方位的营销策略提高差异化优势，提高品牌的影响力和美誉度，进而在市场竞争中获得更大的发展空间。

综上所述，A村文旅产业的融合发展面临市场竞争力不足的问题。为了解决这个问题，需要提高产业链的质量和规模，打造具有良好口碑和影响力的文旅品牌，以及提供具有独特性和高价值的产品和服务，增强文旅一体化市场竞争力。

四、文旅产业专业人才缺失

人才是文旅融合发展的重要支撑，但是当前A村存在文旅产业专业人才缺失问题。

（一）对高素质人才吸引力不足

由于地区经济落后、基础设施和公共服务水平不高等因素的影响，A村对高素质人才的吸引力相对较弱。

1.A村缺乏吸引人才的发展规划和政策

在文旅融合发展中，很多高素质人才希望有更好的机会和条件发挥自己的能力和才华。然而，如果A村的发展规划和政策不符合他们的期望，他们就会选择去其他城市或地区工作。

首先，A村尚未制定更加完善和具有吸引力的发展规划，没有详细阐述如何发挥当地的文化资源、历史资源、自然资源等优势来吸引投资，打造更加美好的生活环境和旅游景点。其次，A村尚未对相关政策进行相应的调整和完善，为高素质人才提供更多福利和支持，让人才在A村工作和生活拥有更好的保障。例如，建立一套条件优渥的人才引进政策，包括优惠的税收政策、住房补贴、医疗保险等，以及提供丰富的培训机会和职业发展支持。此外，A村没有探索一些新的吸引人才方式，如与当地高校合作，吸引青年学者、科研人员、毕业生等前来考察、实习和就业。吸引人才到来不仅可以为当地的科技企业带来新的血液，还可以促进文化交流、技术创新和知识共享，提高A村的整体竞争力和吸引力。

综上所述，制定更为完善和具有吸引力的发展规划，完善人才引进政策，与高校合作等措施都是可能提高A村对高素质人才吸引力的手段。只有在政策和规划上制定和实施明确有力的举措，A村才能获得更多的高素质人才资源，从而推动当地文旅产业的融合发展。

2.A村的社会环境和文化氛围缺乏吸引力

高素质人才往往倾向于居住和工作在具有丰富文化氛围和优美自然环境的城市或地区。但是，A村的社会环境和文化氛围相对落后，这也会让一些高素质人才望而却步。在现代化城市中，丰富的文化氛围是吸引高素质人才的关键因素之一。这些城市有着多样化的文化活动、丰富的历史和文化遗产，以及多元社会和宽松的社交环境等特点。但是，相对于这些城市来说，A村的文化氛围还比较薄弱。例如，如果高素质人才希望观赏艺术展览、听音乐会或欣赏戏剧表演等文化活动，他们需要到更大的城市或地区，而不是在A村本地，这就说明A村存在文化氛围较弱的问题。另外，在一些高素质人才眼中，A村的文化和思想观念可能相对落后，这也会影响该地区对他们的吸引力。为了解决这个问题，A村可以通过多种方式提升其文化氛围。例如，A村可以组织多种形式的文化活动，如艺术展览、演出和文化节等，来吸引高素质人才；还可以鼓励和支持当地艺术家和文化机构的发展，以提高本地文化创意产业的水平和质量。此外，在社交环境方面，A村可以通过建立更多的社区活动场所，为高素质人才提供更多的沟通和交流机会，从而改善该地区的社交氛围。

综上所述，提升文化氛围是解决A村对高素质人才吸引力不足的关键因素之一。A村通过组织多样化的文化活动、支持文化创意产业发展和改善社交环境等方式，可以提高文化吸引力，从而更好地吸引高素质人才。

3.A村的公共服务和基础设施水平不高

在现代社会中，高素质人才追求高品质的生活体验和工作体验，这需要良好的公共服务和基础设施支持。但是A村的公共服务和基础设施水平有限，无法满足高素质人才的需求。第一，交通出行不便。A村的道路建设和公共交通设施需要进一步完善，交通出行不便会限制高素质人才的选择和活动范围。第二，教育和医疗水平低下。教育和医疗是高素质人才最为关注的两个领域，而A村的教育和医疗资源相对稀缺，教育和医疗水平相对较低，这也会限制高素质人才的发展。第三，生活配套设施不完善。文旅产业发展需要有完善的生活配套设施，如商场、餐饮、娱乐等场所，但是这些设施在A村可能相对落后，无法满足高素质人才的需求。第四，环境污染和生态环境破坏。环境和生态状况也是高素质人才关注的重要问题。如果A村存在环境污染和生态破坏问题，就会影响高素质人才对A村的认可和选择。因此，为了提高对高素质人才的吸引力，A村需要加强公共服务和基础设施建设，提高教育和医疗水平，完善生活配套设施，改善环境和生态状况，为高素质人才提供更好的工作环境和生活环境。同时，A村也需要引导和支持文旅产业的发展，增加高素质人才的职业选择空间，打造全方位、多元化的人才发展环境。

综上所述，A村文旅融合发展对高素质人才吸引力不足的原因主要来自规划和政策缺乏吸引力、社会环境和文化氛围缺乏吸引力，以及公共服务和基础设施水平不高等方面。因此，A村应加强发展规划和政策的引导和支持，提升社会环境和文化氛围，完善公共服务和基础设施建设，从而提高对高素质人才的吸引力。

（二）青壮年劳动力不断减少

在A村文旅融合发展过程中，青壮年劳动力的不断减少可能受到以下因素的影响。

1.人口老龄化

随着社会的发展，很多年轻人选择离开A村，前往大城市寻找更好的发展机会。人口老龄化是指总人口中年轻人口数逐渐减少、年长人口数逐渐增加而导致的老年人口比例上升的态势。这种趋势在现代社会中越来越普遍，也是A村青壮年劳动力不断减少的一个重要因素。人口老龄化的原因有很多，其中最主要的是医疗技术的发展和生活水平的提高，使人均寿命不断增长。同时，由于计划生育政策的实施，人口数量也得到了一定程度的控制，进一步加剧了人口老龄化。对于A村来说，由于人口老龄化的趋势，青壮年劳动力不断减少，对当地经济的发展带来了影响。因为青壮年是劳动力的主要来源，他们的劳动力水平和生产活力对经济发展至关重要。如果青壮年人口比例过低，就可能导致当地经济失去竞争力，缺少劳动力，从而影响到文旅产业的发展。为此，A村可以采取针对性政策，如鼓励年轻人回乡创业，提高受教育水平，提供更多有吸引力的工作机会等，以扭转青壮年人口减少的趋势，推动当地的经济发展。

2.教育资源匮乏

A村教育资源不足，难以培养出高素质、专业化的青年劳动力，导致青壮年劳动力不断减少。第一，学校教育资源的匮乏。A村没有足够的学校和教育资源，无法给年轻人提供高质量的教育和培训机会。如果当地的教育水平不高，那么年轻人可能会选择离开A村，去其他城市或地区寻找更好的教育资源。第二，职业教育的缺乏。A村中职业教育资源较少，不能满足年轻人对一定专业知识和技能的需求。因此，他们很难找到适合自己的职业，从而选择离开当地。第三，缺乏科研机构和创新环境。A村缺乏科研机构和创新环境，年轻人认为在当地无法得到足够的科学研究和创新机会。而这些机会将有助于年轻人发掘自己的才能和潜力，从而实现职业方面的成长。因此，要解决教育资源匮乏的问题，应从提升学校教育水平和职业教育水平、建立科研机构和创新环境等方面入手，以吸引年轻人留在当地。同时，当地政府要加大对教育事业的投入，以培养并留下高素质人才。

3.缺乏有吸引力的工作机会

A村文旅融合发展中青壮年劳动力不断减少的原因之一是缺乏有吸引力的工作机会。第一，传统农业产业的萎缩。在过去，A村的主要经济来源是传统农业。随着城市化进程不断加速，很多人离开乡村前往城市寻找更好的工作机会，这导致A村的传统农业产业逐渐萎缩，缺少为年轻人提供职业发展机会的环境。第二，文旅产业发展还不够完善。虽然A村正在尝试发展文旅产业，但由于缺乏足够的资金和经验，文旅产业的发展水平还不够高。这意味着当地能够提供的工作岗位少，要吸引更多年轻人到A村就业就变得困难。第三，技术和教育水平较低。现代文旅产业对技术和教育水平的要求较高，但是A村当地的教育水平和技术水平较低，当地年轻人就很难找到与旅游和文化产业相关的高薪工作。第四，社会保障体系不完善。由于A村是一个相对较小的乡村，缺乏健全的社会保障体系，这意味着当地劳动力面临医疗和福利等方面的风险，而这些会让年轻人失去留在A村工作的动力。综上所述，所有这些因素都可能造成A村青壮年劳动力的不断减少。要解决这个问题，需要从教育、经济、社会保障等方面入手来加以改善。

第四节　A村文旅融合发展问题的原因

在A村，文旅产业的发展面临许多新的挑战和问题，这些挑战和问题背后的深层次原因是多方面的。制约和影响A村文旅融合发展的原因，包括文旅产业融合程度不够、资源可持续利用意识缺乏、文旅产业融合规模较小及人才引进工作和培育工作不到位。

一、文旅产业融合程度不够

A村的文旅产业融合发展层次低，主要是由于文旅产业的融合程度不够深入。造成文旅产业融合程度不够的原因有很多，如该村的文化产业开发深度不足、文旅产品融合深度不足。

（一）文化产业开发深度不足

A村文旅融合发展中文化产业开发深度不足的原因有以下三点。

1.缺乏创新意识和创新能力

文化产业需要不断地创新，但是在A村，许多文化企业缺乏创新意识和创新能力，导致其产品和服务无法满足市场需求。

首先，许多文化企业的管理者和从业人员缺乏创新意识。这些人过于依赖传统的经验和模式，对新技术、新产品、新市场等缺乏敏感性和适应能力，导致其在文化产业领域的创新能力相对较弱。

其次，文化企业所面临的风险较大，也影响了人们的创新能力。由于文化产业的回报周期较长，一些企业或投资者缺乏足够的耐心和信心，不愿承担风险，这样企业就难以积极探索新技术和新模式，限制了文化产业的创新能力和深度开发。此外，文化产业需要持续不断地投入和创新，而这些需要投入大量的时间、人力和物力资源。在经济效益不明显的情况下，很多企业难以坚定地投入足够的资源和精力，这使文化产业的创新能力和深度开发成为一项困难工作。

最后，A村的文化产业规模相对较小，也影响了其创新能力。在规模较小的情况下，企业难以积攒足够的资本和资源进行创新和开发。这样，企业只能选择"量少而精"的创新与开发，从而限制了其创新空间和深度开发能力。

针对这些问题，A村需要采取多种措施，提升文化产业的创新能力和深度开发水平，如加强创新教育、引导企业组建研发团队、加大政府扶持力度等。这些措施可以帮助企业更好地探索市场和技术，为文化产业的创新和深度开发提供有力支持。

2.投资力度不够

在A村文旅融合发展过程中，尽管文化产业在创造经济效益、推动城市文化建设、促进社会和谐发展等方面意义重大，但投资文化产业的资金却相对较少。

首先，文化产业的回报周期较长。从投资角度来看，文化产业需要持续投入和长期发展才能逐步实现商业价值，这使许多投资者缺乏耐心和信心。

其次，文化产业的商业化探索仍处于初级阶段。由于文化产业领域的特殊性，其商业模式和运营模式的探索需要时间和资源的投入。当前，很少有成功的商业化案例可以供投资者参考，这也限制了A村文化产业的规模和深度。

再次，资源分配不均。在当前资源不均衡的情况下，绝大多数投资倾向于传统的产业领域。政府和企业对文化产业的支持力度相对较弱，无法吸引更多的投资者进入该领域。

最后，缺乏有效的资金投入渠道。在目前的融资市场中，文化产业的资金投入渠道有限，难以满足文化产业企业的资金需求，所以文化产业企业在拓宽投资渠道和融资渠道方面也存在诸多困难。

因此，为了加强文化产业深度开发，A村需要加大对文化产业的资金投入，同时加强投资者对文化产业的认知和理解，鼓励更多的资金流入文化产业领域。政府可以出台更多收益保障、税收优惠等政策激励企业投资文化产业，建立多元化的投融资机制，提高资金使用效率，从而推动文化产业经济的持续发展。

3.政府支持力度不够

政府在文化产业领域的支持力度不够，很少推出有力的政策、措施扶持文化产业，这使文化产业企业难以获得足够的政策支持和资源保障，限制了其深度开发。

第一，缺乏明确的政策支持。尽管文化产业在国家经济发展中扮演着重要的角色，但是政府对文化产业的支持却很少，没有出台明确的政策、措施来扶持该领域。

第二，资金支持不足。政府在资金方面对文化产业的支持力度相对较弱，导致许多文化企业难以获得足够的资金支持，因此限制了文化产业的深度开发。

第三，缺乏专业人才培养。政府在专业人才培养方面的支持力度不足，导致文化企业缺乏高素质的专业人才进行管理。

第四，缺乏基础设施建设。政府对文化产业基础设施建设的投入不足，导致文化企业在场地、设施等方面面临困难，限制了其深度开发。

第五，缺乏对市场需求的了解。政府部门缺乏对市场需求的了解，导致政策支持不足，如未能及时了解何种文化产品和服务受人们欢迎等。

针对这些问题，政府需要加强文化产业方面的政策支持，出台明确的政策、措施来扶持文化产业的发展。同时，政府也应增加资金投入，加强人才培养，完善基础设施建设开发，提供市场信息支持，从而促进文旅产业的深度开发，提升文旅产业的整体水平。

综上所述，A村文旅融合发展中的文化产业开发深度不足的原因主要包括缺乏创新意识和创新能力、投资力度不足、市场竞争激烈，以及政府支持力度不够等方面。针对这些问题，A村需要采取有效措施来加强文化产业的深度开发，提升文化旅游的整体水平。

（二）文旅产品融合深度不足

A村文旅融合发展存在问题的原因之一是文旅产品融合深度不足。文旅融合是指将文化产业和旅游产业结合起来，产生新的价值和经济效益。A村虽然文化资源和旅游资源丰富，但是由于产品融合深度不足，难以发挥更大的潜力。

1.文化资源单一

在A村，文化资源主要集中在传统建筑、历史文化遗迹等方面，这些文化资源虽然有独特性，但是缺乏多样性和创新性。如果能够将文化资源与旅游资源融合在一起，生产具有个性化和创新性的文旅产品，A村就能够吸引更多的游客，增强旅游的吸引力和竞争力。具有创新性的文旅产品往往具有自己的特点，在吸引游客的同时，还能为当地带来不少的财富。而创意十足、特点突出的文旅产品需要各类专业人才合作完成，包括文化与旅游专家、艺术家、设计师及市场营销方面的人才等。传统文化可以融合现代科技或创新手段，让游客有强烈的体验感和互动感。以A村为例，可以将历史建筑与亲子旅游融合，开发一种特殊的亲子文化体验项目，让孩子与家长一起参与其中。这样的产品既结合了传统文化，又满足了现代旅游市场的需求，具有较高的市场认同度。另外，文化产业和旅游产业的结合还有助于丰富当地文化内涵。通过文旅产品的融合，A村可以从不同的角度、不同的层面去诠释当地的文化与历史，让游客有更深入的了解和感受，进一步提升当地的文化价值和文化吸引力。

综上所述，如果能够加强文旅产品的深度融合，A村就能够创造出更多丰富多彩且具有特色的文旅产品，为推动文旅融合发展提供新的动力。

2.旅游业和文化产业分离

旅游业和文化产业的分离，具体表现在以下三个方面：

第一，旅游业和文化产业的发展缺乏协调。在A村，旅游产业和文化产业的发展相对独立，没有进行有效的协调与整合，导致二者之间缺少有效的互动、合作和共赢机制。旅游资源的开发和经营往往忽略了文化价值的传承和挖掘，而文化产业的发展也未能有效地考虑旅游市场的需求和变化。

第二，文化资源利用不充分。在A村，许多文化资源集中在历史建筑、古迹、民俗文化、传统手工艺等方面，这些资源虽然独特，但由于与旅游需求不相匹配和融合，很难被充分利用。因此，这些文化资源往往处于闲置状态，无法为旅游业提供更多的资源和吸引力。

第三，旅游市场的细分程度不够。在A村，旅游市场的主要细分是观光旅游和度假旅游，相对单一。在这种市场细分模式下，如文化创意、主题旅游等更具新颖性、个性化和深度性的旅游形态往往缺少市场支持。因此，在旅游市场的规划和推广中，A村应该更多地考虑到文化资源的融合和创新开发，加强细分市场的建设和营销。

综上所述，只有通过加强旅游产业和文化产业之间的协调与整合，充分利用文化资源，深入挖掘文化内涵，加强市场细分和多元化发展，才能实现文旅融合的深度和协同效应，使A村文旅产业获得更加可持续的发展。

3.旅游消费体验单一

在A村，旅游消费主要集中在观光和购物方面，缺少更加深入的、具有互动性的文化体验。A村如果能够将文化和旅游结合起来，开发出更多的文旅产品，就能够为游客提供更加多元化和个性化的旅游消费体验。

第一，没有将传统文化和现代文化进行融合。A村具有丰富的传统文化资源，在发展过程中也应该考虑将传统文化与现代文化相结合，推出具有时尚感和艺术感的文旅产品。例如，A村可以将传统民俗表演与现代音乐相结合，推出更具吸引力的文化表演，以吸引更多的年轻游客，但是该村目前尚未做到这一点。

第二，没有将文化资源融入旅游项目中。除了在景区内新增文化相关产品外，A村还可以通过在旅游项目中引入文化元素，从而激发游客的兴趣。例如，A村可以开展传统手工艺体验活动，让游客亲身体验传统技艺，打造独特的人文氛围，但是该村没有实现文化资源和旅游项目的深度融合。

第三，没有发展文化创意产品，为游客提供更加个性化的购物体验。A村没有引入当地特色文化元素，将其融入手工艺品、纪念品等产品中，打造独具特色的文化创意产品。事实上，这类产品不仅仅是纯粹的商品，还是一种文化传承和推广方式，既能丰富游客的购物体验，也能推动文化旅游的发展。

综上所述，A村文旅融合发展存在的问题之一就是旅游消费体验单一。要解决这一问题，A村应该在文旅产品开发方面大胆创新，创造更多多样化和个性化的旅游体验，让游客在享受旅游景观的同时也能感受到当地独特的文化氛围。

二、资源可持续利用意识缺乏

首先，由于缺乏资源可持续利用意识，A村未能充分认识到自然资源的价值和重要性，过度开发和消耗自然资源，导致环境被破坏和生态平衡失调。例如，在旅游开发中，A村没有注意对自然景点的保护和管理，造成许多资源受到破坏和污染，使游客大幅减少，旅游收益也随之下降。第一，自然景观遭到破坏。由于旅游业的发展，A村的自然景点需要不断地维修和建设以保持吸引力，同时也需要提供足够的旅游配套设施。这些都需要消耗大量的自然资源，如木材、水源等，而过度砍伐会使生态环境遭到破坏。第二，自然资源被浪费。由于A村缺乏资源可持续利用意识，许多资源被过度开采和使用，而没有得到恰当的利用和保护。例如，很多水源被用于旅游设施的建设和维修，导致水源枯竭和水污染问题恶化。类似情况也发生在土地、矿藏、森林和野生动植物等领域。第三，自然环境遭受污染。由于A村缺乏资源可持续利用意识，一些旅游从业者并没有把环保放在首位，用不合理的方式处理垃圾和污水，导致环境遭受严重污染。例如，在一些食品饮料店、景点等地方存在乱倒垃圾等现象，不仅环境脏乱差，还影响游客的体验，进而对旅游业产生负面影响。因此，解决A村文旅融合发展中存在的自然环境问题的关键是加强资源可持续利用意识的普及和教育，使当地居民充分认识到资源开发和利用的限度，并引入环境保护和生态平衡的理念，共同推动文旅产业的可持续发展。

其次，由于缺乏资源可持续利用意识，A村在发展文化产业时没有考虑到社会和文化的可持续性，导致文化遗产受到破坏和文化传承面临危机。例如，为了追求短期经济利益，A村在进行文化旅游开发时破坏了一些古建筑和历史遗迹，以及当地居民的传统生活方式，导致文化遗产的流失和传承面临挑战。具体来看，缺乏资源可持续利用意识在文化产业发展中的表现是文化遗产受到破坏和文化传承面临危机。文化遗产代表着一个地方或一个民族的历史和文化的重要物质文化遗产和非物质文化遗产。A村是一个有丰富文化遗产的地区，但在文旅融合发展中，A村没有注意到文化遗产的保护与传承问题，导致文化遗产被破坏。第一，由于缺乏资源可持续利用意识，A村在旅游开发过程中过分强调短期经济利益，而忽略了对文化遗产的保护。例如，A村为了吸引更多游客，对一些古建筑进行了大规模的改造和修缮工作，这些改造和修缮工作虽然使历史古建筑焕发了新的生命力，但也破坏了原有的历史文化遗产，无法保证文化遗产的传承和完整性。第二，由于缺乏资源可持续利用意识，A村在文化产业发展中缺少文化自信，过于注重外来文化的引进，而忽略了本土文化。例如，A村在发展文化旅游业时忽视了传统节日和民间艺术，直接导致当地文化消失或者受到破坏，这样就在客观上影响了当地居民的身份认同感与价值观。综上所述，缺乏资源可持续利用意识是A村文旅融合发展存在问题的重要原因之一。只有加强资源可持续利用意识的教育和培训，重视文化遗产和传承问题，才能实现文旅融合发展，推动文化产业健康、可持续发展。

最后，由于缺乏资源可持续利用意识，A村在规划和建设时没有考虑到人口发展和乡村发展的可持续性，导致社会资源不足。如今，随着旅游业的蓬勃发展，越来越多的游客涌入A村，城市化进程加快了。但是由于未能预先规划乡村扩张和人口增长，乡村的规划和建设没有跟上，导致当地的住房、交通、水电等基础设施无法满足不断增长的人口需求。此外，在发展过程中，A村的传统特色文化和社区文化也受到了影响。一些传统文化场所、商铺和居民区被拆除和改造，许多当地居民的生活方式和文化传承受到了影响。对于A村来说，乡村的变化并不仅仅是经济上的变化，更是社会和文化方面的变化，甚至可能导致社会秩序混乱。因此，为了发展文旅产业，A村必须重视资源可持续利用意识，规划和建设时必须考虑到人口和城市化的可持续性。A村需要采取一系列措施，如完善乡村规划、增加基础设施投入、提高生活质量等，以实现有序的乡村发展进程和可持续的社会发展。同时，A村也需要保护和传承当地的传统文化，促进社区文化的繁荣，为文旅产业的健康发展提供有力保障。综上所述，A村文旅融合发展中存在问题的根本原因是缺乏资源可持续利用意识，只有加强资源可持续利用意识的教育和培训，才能解决A村文旅融合发展中存在的各种问题，促进可持续发展。

三、文旅产业融合规模较小

（一）没有形成品牌集聚效应

A村文旅融合发展中存在问题的主要原因是没有形成品牌集聚效应。

1.缺乏品牌战略规划

A村在文旅融合发展中缺乏明确的品牌战略规划和定位，导致品牌建设和推广方面相对较为混乱。各自为政的品牌经营模式增加了宣传推广和市场开发的成本，也影响了消费者的品牌认知度和忠诚度。A村在品牌战略规划方面具体存在以下问题：

首先，缺乏对目标市场和消费者的深度洞察。在制定品牌战略时，A村需要考虑到目标市场所需的文旅产品和服务的特点，并确定与之相匹配的品牌定位和推广策略。然而，对于A村而言，由于缺乏对目标市场和消费者的深入了解，因此难以确定适合其定位和特点的品牌战略。

其次，缺乏统一的品牌标准和品牌形象。在建立品牌时，A村需要确定一系列品牌标准和品牌形象，以确保品牌在宣传推广过程中具有一致性和连贯性。由于A村的文旅企业之间没有建立统一的品牌标准和品牌形象，因此市场上的文旅产品出现了各种各样的品牌名称和形象，这增加了宣传成本，并且影响了消费者对品牌的认知度和忠诚度。

最后，缺乏品牌发展的长远意识。在品牌战略规划中，A村需要考虑到品牌的长期发展规划和目标，以及如何保持品牌的竞争力和市场地位。然而，在A村文旅融合发展过程中，许多企业缺乏对品牌发展的长远眼光，更注重眼前利益和短期回报，这使这些企业在品牌定位、品牌形象、品牌传播等方面缺乏统一性和连贯性，难以形成品牌集聚效应。

因此，为了解决文旅融合发展中缺乏品牌集聚效应的问题，A村需要加强品牌战略规划和定位，建立品牌标准和形象，注重品牌发展的长远性，加强对目标市场和消费者的深入洞察，提高市场竞争力和知名度。只有这样，才能真正地实现品牌集聚，推动A村文旅产业的健康发展。

2.品牌营销力度不够

A村在品牌营销方面缺乏力度，缺少全面、系统、针对性的品牌推广策略，使消费者对A村的文旅产品及其文化内涵的认知度和情感认同度相对较低。这导致消费者对文旅产品的定位不明，难以形成品牌集聚效应。

首先，A村在品牌营销方面缺乏整体规划，缺乏对品牌推广的投入和重视，这导致其在市场竞争中处于下风。文旅产品需要进行大量的宣传推广和市场开发，才能得到消费者的认同和接受。而A村在品牌营销方面只是零散地宣传，没有进行整体而有针对性的品牌推广，也就难以形成知名度和美誉度。

其次，A村的品牌传播渠道有限，仅仅通过传统媒体进行宣传推广，无法发挥新媒体的优势。当前，社交媒体已经成为人们获取信息和表达自我的主要渠道之一。而A村仅仅在传统媒体上进行宣传，忽视了互联网时代的新型媒介，所以无法吸引更多年轻消费者参与其中，难以增强品牌的认知度。

最后，A村的品牌缺少独特性和个性化，文旅产品的体验感较为单一。这导致消费者对产品缺乏差异化认知，A村的旅游产品无法在同类产品中脱颖而出。A村若能在品牌建设方面进行更多精细化设计，强调文化内涵、特色体验等方面的吸引力，不仅能够提高消费者对品牌的认知度和情感认同度，还有助于吸引更多消费者前来消费，从而带动品牌集聚效应的形成。

因此，在文旅融合发展中，A村需要加强品牌营销力度，整体规划并制定针对性品牌推广策略，发掘新型媒介渠道，同时要注重提升文旅产品的特色和体验感，从而吸引更多的消费者和游客，以促进品牌集聚效应的形成，推动文旅产业的可持续发展。

综上所述，要想解决文旅融合发展中存在的问题，A村需要提高品牌营销力度，构建完整的产业链，制定明确的品牌战略规划，并加强与周边城市的交流合作。只有如此，才能形成真正意义上的品牌集聚效应，从而推动A村文旅产业向着更为成熟和稳定的方向发展。

（二）交通和用地方面存在限制

A村作为旅游资源丰富的地区，推进文旅融合发展有着极大的潜力。然而，在实际的发展中，我们发现A村面临着交通和用地方面的限制，这给文旅产业融合发展带来了很大的挑战。

1.交通限制

第一，运输成本过高。由于交通不便，许多物资需要从外地运输到A村，这增加了物流成本，影响了A村的发展。

第二，旅游接驳系统缺失。由于交通不便，A村内部缺乏完善的旅游接驳系统，无法给游客提供便捷的交通服务。这使游客在A村旅游时感受到极大的困扰，也限制了A村文旅融合发展的空间。

2.用地限制

第一，土地资源短缺。由于土地资源有限，要想实现文旅融合发展，A村需要对土地进行充分利用。然而，由于土地资源短缺，A村很难满足文旅融合发展的需要。

第二，地域环境复杂。A村周围是山区和湖泊，这些地域环境给文旅融合发展带来了很大的挑战。如何在这样的地域环境中发展文旅产业，既不损害自然环境，又能满足游客的需求，这是一个非常复杂的问题。

第三，城市规划限制。A村所在的城市有着一定的规划限制，不能随意改变土地用途，这给推进文旅融合发展带来了一定的困难。

总之，交通和用地方面的限制阻碍了A村文旅融合发展的步伐，必须寻找新的解决方案来解决这些问题。同时，政府应加强对A村的支持，提供更多的政策和资源，促进文旅融合发展。

四、人才引进工作和培育工作不到位

（一）缺乏对留守群体的系统培训

A村缺乏对留守群体的系统培训，具体表现在以下三个方面：

首先，留守群体缺乏文旅融合发展的知识和技能。由于他们长期在家务农，缺乏与旅游相关的知识和技能，对文化和旅游的理解和认知比较薄弱，不了解文旅产业的发展趋势和市场需求，也不知道如何开发本地的文化资源，缺乏与文旅企业的联系，因此对文旅融合发展的积极性和主动性不高。

其次，留守群体缺乏管理能力和经营能力。在文旅融合发展中，留守群体需要承担重要的经营和管理工作，如客户接待、产品设计、营销推广、物资采购等。由于缺乏相关管理经验和经营经验，他们往往难以做好这些工作，导致文旅产品的质量和服务水平不佳，进而影响到整个文旅产业的发展。

最后，留守群体缺乏与游客沟通的技巧和能力。在文旅融合发展的过程中，游客是非常重要的资源，他们对产品质量、服务水平等提出了更高的要求。留守群体如果不能有效地与游客进行沟通和交流，就很难达到游客的期望，从而影响整个文旅产业的发展。

只有通过系统的培训和教育，提升留守群体的知识、技能、能力，才能更好地推动文旅融合发展，促进A村的经济繁荣和社会进步。

（二）人才培养和市场需求不匹配

A村文旅融合发展中存在问题的原因之一是人才培养和市场需求不匹配，具体主要体现在以下三个方面：

第一，教育培训方面。当地教育培训机构未能及时地了解市场需求及变化趋势，无法提供与实际需求相匹配的专业知识培训和专业技能培训，导致培养的人才难以适应市场需求。

第二，用人单位方面。许多用人单位往往忽视对岗位需求的深入分析和了解，招聘人才缺乏精准性和针对性，从而造成了人才的错位安排和培养，使人才无法发挥最大潜力，甚至对用人单位的业务发展产生影响。

第三，产业升级方面。传统文化产业模式不能满足市场发展新需求，A村需要不断地开拓新的产业模式，并寻求与其他行业的跨界融合，但人才的技能和知识水平与市场需求不符，无法适应这种变化和需求的更新。

因此，为了解决人才培养和市场需求不匹配的问题，我们需要加强对市场需求趋势的了解和研究，及时调整教育培训机构的教学内容和方法，鼓励跨界合作，提升人才的专业技能和综合素质，推动产业升级和创新发展。同时，用人单位也需要在招聘人才时更加注重对岗位需求的深入分析和了解，确保单位的业务发展与人才发展相互促进。

第四章　乡村振兴战略下文旅融合高质量发展对策

旅游产业是乡村振兴的重要引擎之一。如何将文化产业与旅游产业融合发展，促进乡村振兴和经济转型升级已成为乡村振兴战略的重要问题。因此，本章从文化旅游与乡村振兴的角度出发探讨乡村振兴战略下文旅融合高质量发展对策，以期为推进乡村振兴、促进区域经济发展提供参考。

第一节　规划设计方面

加强规划和顶层设计是促进文旅融合发展的基础环节，所以需要对文旅融合进行布局，充分盘活文旅资源，实现产业升级。

一、加强文旅项目的整体统筹

（一）整体统筹规划村落与周边景区发展

随着旅游业的快速发展，越来越多的文化旅游景区涌现出来，而这些景区往往需要依赖周边乡村地区发挥最大的价值。因此，文化与旅游融合发展已成为当前的趋势，但是要实现真正意义上的融合发展，则需要整体统筹规划村落与周边景区的发展。整体统筹规划村落与周边景区的发展的具体措施如下：

首先，整体规划需要强调景区与乡村的亲密联系。建立旅游产业链，在保护和传承当地文化的基础上，将其作为景区开发的重点。这可以通过打造有特色的民俗文化、农业文化、地质文化等方式实现。

其次，整体规划需要注重生态环境保护。村落和周边景区作为文化遗产的代表，不仅要保护好文化资源，还要保护好生态环境。在规划中，乡村需要结合行业特点，科学地确定合理的旅游路线，防止因人流、车流等带来的环境破坏、生态破坏等问题。

最后，整体规划需要考虑村落和周边景区的宣传。乡村需要将当地文化、特色产品和旅游资源全部展现出来，让更多的游客了解和体验，从而促进当地经济的发展。乡村在宣传的同时，还需要强调安全保障和旅游服务，提高游客的满意度和忠诚度。

综上所述，整体统筹规划是实现文旅融合发展的核心。乡村只有在规划中充分考虑村落与周边景区之间的协作关系，在文化传承、生态环境保护及宣传三个方面采取具体措施，才能使文旅产业逐步发展壮大，为当地带来更多的经济效益和社会效益。

（二）贯彻文旅融合理念，打造景区村落

随着旅游业的迅速发展，景区村落成为热门的旅游地。然而，许多景区村落还存在一些问题，如基础设施薄弱、文化传承不足、旅游产品单一等。因此，贯彻文旅融合新理念、打造景区村落已经成为一个重要的发展方向，具体措施如下：

第一，着力推进城乡文化一体化。传统村落是乡村文化的载体，而乡村文化是一个国家的灵魂和特色。因此，我们可以通过在景区村落中打造文化，包括传统建筑、传统工艺、传统文化表演等，将城市文化与农村文化结合。这样不仅能促进城乡文化一体化，还能让游客感受到当地的历史韵味和人文风情。

第二，挖掘景区村落特色文化。每个景区村落都有独特的历史和文化，因此，我们需要深入地挖掘景区村落的特色文化，打造具有地方特色的旅游产品和文化体验。例如，黄山脚下的屯溪老街就有许多具有浓郁徽州文化特色的建筑、美食和民俗活动，这些将成为吸引游客的重要因素。

第三，加大投入，提升景区村落的基础设施水平。作为旅游目的地，景区村落的基础设施建设至关重要。我们需要加大提高景区村落的基础设施投入水平，包括道路、环境卫生、交通运输等。这样不仅能提升游客的体验感，还能

让当地居民生活得更加舒适。

第四，深化产业融合，打造文旅产品。在景区村落中，传统农业、手工业、旅游业等产业之间存在天然的联系。我们可以通过深化产业融合，打造文旅产品，如农家乐、手工艺品制作和销售等，使景区村落成为旅游业和农业发展的新亮点。

总之，贯彻文旅融合新理念、打造景区村落是一个长期而艰巨的任务。打造景区村落需要依靠全社会的力量来推进城乡文化一体化、挖掘景区村落特色文化、提升基础设施水平和深化产业融合，为游客打造更好的旅游体验，也为当地的经济发展和文化传承做出更大的贡献。

二、完善紧密型利益联结机制

（一）加强农民对文旅产业全链条的参与

第一，引导农民以景区为核心，提升农民参与文旅产业和相关加工产业中的积极性。首先，需要加强对农民的宣传教育工作，向他们传递景区经济和文旅产业的利好消息，让他们从中了解自己可获得的收益和机会，并明确认识到参与景区及相关产业的重要性。其次，可以开展一些针对农民的相关培训，以提高他们参与景区和文旅产业的专业技能、管理和经营水平。例如，可以组织一些关于餐饮、娱乐、住宿等方面的培训，帮助他们更好地开展农家乐、民宿等业务，同时也可以提升他们对景区文化、历史故事、生态环保等方面的了解程度，增强他们的服务意识和文化素养。为了使农民更好地参与到文旅产业中来，还需要鼓励农民和文旅企业建立更加紧密的联系和合作关系。还可以借助政府和社会各界的资金支持和评价，促进农业和旅游业的融合发展，加大农民参与文旅产业的培训和奖励力度。最后，还可以通过一些激励措施来提高他们的积极性。例如，可以采取税收和金融创新政策，通过贴息、减免或者提前补贴等方式鼓励农民投入现代化农业生产和观光农业活动，从而实现农民参与景区和文旅产业的收益最大化。

第二，为创业农民群体提供政策、资金及用地等方面的扶持，从而提升农民参与文旅产业全链条的积极性。政策是扶持创业农民群体发展文旅产业的基础，只有通过出台相应的政策措施，才能有效地鼓励和促进农民参与文旅产业。具体而言，政策方面的扶持主要包括以下几点：一是出台优惠税收政策。政府可以针对农民从事文旅产业所得的税收进行优惠，如减免营业税、个人所得税等，从而降低创业成本，鼓励更多的农民参与到文旅产业中来。二是提供财政补贴和补助。政府可以在资金方面给予农民一定的支持，如提供创业贷款、资金补贴和补助等，从而帮助农民更好地发展文旅产业。三是加强政策引导和指导。政府可以通过制定相关的政策，引导和促进农民参与到文旅产业中来。此外，政府还可以为农民提供相应的咨询、培训和指导服务，帮助农民更好地了解文旅产业的发展趋势和市场需求，从而提高农民在文旅产业中的竞争力。资金是创业农民群体发展文旅产业的重要支撑，因此，政府应该在资金方面给予一定的扶持。具体而言，资金方面的扶持主要包括以下两点：一是提供低息贷款。政府可以通过发放低息贷款，帮助农民更好地发展文旅产业，降低创业成本，提高创业成功率。二是设立基金和奖励机制。政府可以设立文旅产业发展基金，为农村地区的文旅产业提供资金支持。同时，政府还可以设立文旅产业奖励机制，鼓励农民在文旅产业中创新、发展、进步。农民从事文旅产业需要合适的场所和土地资源，因此，政府应该在用地方面给予一定的扶持。具体而言，用地方面的扶持主要包括以下两点：一是提供土地使用权和租金减免。政府可以为农村地区的文旅项目提供土地使用权，并在租金方面给予一定的减免，从而降低创业成本，促进农民参与文旅产业。二是加强土地规划和管理。政府应该加强对土地的规划和管理，确保文旅项目的用地符合相关规定和标准，同时保护农村地区的生态环境。总之，政策、资金及用地等方面的扶持是提升农民参与文旅产业全链条的积极性的重要手段。只有政府和社会各界共同努力，才能为创业农民群体提供更好的条件和支持，让他们更好地参与到文旅产业中，推动整个文旅产业的快速发展。

（二）政府搭建乡村文化旅游交流线上、线下学习平台

随着文旅融合发展的加速，乡村旅游也逐渐得到了重视。政府在这方面可以通过搭建方便乡村文化旅游交流的线上、线下学习平台，促进乡村文化旅游的发展和乡村振兴。

首先，政府可以建设乡村文化旅游线上学习平台，提供有关乡村文化、历史、风俗、民间艺术等方面的在线课程，让游客在网上学习和了解乡村文化。同时，政府还可以开发线上社交平台，让游客交流乡村旅游的经验和感受，分享他们的故事和照片。

其次，政府可以在乡村旅游景区建设乡村文化旅游线下学习平台，开展乡村文化旅游的展览、讲座、演出等活动。这些活动可以让游客深入地了解当地的传统文化和历史，加深游客对当地文化的认识和体验。

最后，政府可以将线上、线下学习平台结合起来，推出一系列旅游研学活动。例如，政府可以在网上发布一些有关当地文化和历史的知识问答，让游客参与答题，赢得奖励。同时，政府也可以在乡村旅游景区设立一个和在线活动相关的展览或互动区域，让游客获得更深刻的体验。政府应该在这个区域加大投入，在现有基础上进一步完善和扩张，为乡村旅游提供更好的服务和保障。

（三）优化村民分红制度

在乡村旅游中，村民分红制度是一种重要的分配方式，可以激发村民的积极性和参与性，提高其收入和生活水平。因此，如何优化村民分红制度已成为文旅融合发展中不可忽视的问题。

第一，建立科学的分红机制。优化村民分红制度首先需要建立科学的分红机制，包括红利分配标准、分配比例、分配方式等。村里在制定分红机制时需要考虑到各种因素，如村民的投入比例、贡献程度、资源占有情况等；同时，需要根据实际情况调整分红机制，确保村民的合法权益得到保护。

第二，提高村民的参与度和积极性。村民的参与度和积极性是影响分红制度效果的重要因素。为了提高村民的参与度和积极性，可以通过充分宣传分红制度的好处、建立激励机制、营造良好的氛围等方式，让村民产生参与的意愿，积极促进文旅融合发展。

第三，完善管理和监督制度。优化村民分红制度还需要完善管理和监督制度，建立健全的管理机制和监督体系，以确保公平、合理、透明地分配和使用分红资金，杜绝各种违规行为。

第四，注重人才培养和创新。人才和创新是文旅融合发展的关键要素。注重人才培养和创新可以提高村民的素质，增强他们的创新能力和竞争力，促进乡村发展。

综上所述，优化村民分红制度是实现文旅融合发展的重要手段之一。建立科学的分红机制、提高村民的参与度和积极性、完善管理和监督制度，以及注重人才培养和创新等措施都是实现优化分红制度的重要内容。

第二节　资源整合方面

乡村地区的文化资源与旅游资源十分丰富，但是乡村资源本身的抗干扰能力较差，具有脆弱性。因此，人们在乡村振兴背景下必须推动乡村资源整合，实现文化资源和旅游资源的融合。

一、提高全民文旅资源保护意识

（一）制定文旅资源保护规章制度

在文旅融合发展过程中，保护文旅资源避免过度开发和破坏是至关重要的，这需要制定一系列规章制度。下面将从四个方面进行详细论述。

一是法律法规的制定。制定针对文旅资源保护的专门法律法规，明确企业、单位和公民在使用文旅资源时应遵守的法律法规，明确文旅资源的保护和利用方式，防止文旅资源被过度破坏和浪费。例如，《中华人民共和国旅游法》《中华人民共和国文物保护法》等法律法规的制定。

二是文旅资源管理机构的建立。建立文旅资源管理机构，对文旅资源进行全面管理和监督。由于文旅资源涉及多个领域和行业，因此需要建立跨部门协作机制，整合相关单位和部门的资源和力量，形成联合保护和管理模式。例如，建立文化遗产保护和旅游管理部门协调机构，加强对文化遗产和旅游景区的管理和保护。

三是规划编制和审核制度的制定。制定文旅资源保护的规划编制和审核制度，对文旅资源的保护和利用进行规划和指导。规划编制和审核制度应该包括文旅资源的分布情况、开发利用方案、环境影响评价等内容，以确保文旅资源的合理利用和可持续发展。例如，制定文化遗产和旅游景区的保护规划和环境影响评价制度。

四是监督和反馈机制的建立。建立监督和反馈机制，及时发现和处理文旅资源保护中存在的问题和不足之处。监督和反馈机制需要由专门的监督机构负责，并将监督结果向相关单位和社会公众公开，形成舆论监督和社会监督机制。例如，建立旅游景区和文化遗产保护监督机构，对旅游服务质量、景区环境保护、文物保护等进行监督。同时，还需要加强公众教育和宣传，提高公众对文旅资源保护的重视。

（二）加强文旅资源保护宣传

1.教育宣传

为了提高全民文旅资源保护意识，教育宣传显得尤为重要。教育宣传不仅能扩大农民的知识面，还能提高农民参与文旅资源保护的积极性。具体来说，可以从以下三个方面进行教育宣传。一是文旅资源保护的重要性和意义。要向农村居民普及文旅资源保护的重要性和意义，让他们认识到文旅资源对促进农村经济增长、保持文化传承和改善景观生态环境等方面的重要作用。二是文旅资源保护的技术和方法。要向农村居民普及文旅资源的保护技术和方法，让他们掌握如何科学地保护文旅资源的知识和技能。三是成功案例和典型经验。通过案例分析和经验分享等形式，向农村居民普及成功的文旅资源保护案例和经验，让他们了解保护文旅资源的实际成效和挑战。通过以上宣传，可以增强农村居民对文旅资源保护的认识和理解，提高他们保护意识的自觉性和主动性；也可以增强农村居民的文化自信和文化认同感，进一步增强他们对文旅资源的保护意识。

2.发挥媒体作用

利用电视、广播、网络等媒体平台，广泛宣传文旅资源保护的重要性。可以制作宣传片、微电影等，向农村群众普及相关知识，并以生动有趣的方式呈现，提高吸引力和影响力。农村居民的文化接触面相对较窄，对文旅资源的认知有限。因此，利用广播、电视、网络等媒体平台，大力推广文旅资源保护的理念和成果，是非常有必要的。具体而言，可以在乡村之音、县级电视台等媒体平台，推出相关节目或栏目，如"乡村游记""历史文化遗迹探秘""农家美食故事"等，将文旅资源与农村生态、文化、经济和社会生活联系起来，展现其实际意义和价值。这种方式不仅可以让农村居民了解文旅资源的重要性，还可以增强他们对本地文化的自豪感和认同感。此外，可以在微博、微信等新媒体平台上开设专栏，定期发布文旅资源保护的最新消息和活动信息，与农村居民互动，回答他们的疑问，分享他们的故事。这样可以将文旅资源保护的话题推向更广泛的社交圈子，让更多的人了解和参与文旅资源保护。

二、保障文化旅游资源的科学合理开发

（一）始终坚持文旅资源的必要保护

文旅融合发展是指将文化资源、旅游资源、体育资源等进行有机结合，形成新的发展模式。在这一过程中，文旅资源保护显得尤为重要。

首先，文旅资源是国家宝贵的文化遗产和重要的文化软实力。这些资源包括历史古迹、文化景点、自然风光等，代表一个国家的历史底蕴和文化底蕴。如果这些文旅资源没得到必要的保护，就会被破坏甚至毁灭，导致严重的文化损失。

其次，文旅资源是旅游业的重要组成部分。旅游业是国民经济的重要支柱产业之一，而文旅资源则是旅游业的核心驱动力。如果文旅资源受到破坏，旅游业也会受到影响，导致经济损失。

最后，文旅资源的保护与可持续发展密切相关。文旅融合发展的本质是追求经济、社会和环境的协调发展，而文旅资源的保护是可持续发展的前提条件。如果不保护好文旅资源，就会破坏自然生态环境，影响未来的可持续发展。

因此，在文旅融合发展中，我们必须始终坚持对文旅资源的保护，包括保护历史遗迹和文化景点的原貌，保护自然生态环境，防止过度开发环境，等等。只有这样，才能实现对文旅资源的可持续利用和长期保护，促进文旅融合发展的良性循环。

（二）实现文旅资源的深度开发

在文旅融合发展过程中，实现文旅资源的深度开发是至关重要的一环。

首先，挖掘文旅资源。要实现文旅资源的深度开发，首先要深入挖掘文旅资源。这里的文旅资源包括历史遗迹、自然风光、文化传统、民俗文化、艺术作品等。人们可以通过专业考查、文献资料调查、采访调查等方式了解资源情况，并根据其特点对资源进行分类整理。

其次，整合文旅资源。整合文旅资源，即将挖掘到的各种资源整合起来，打造具有特色的文旅产品。这需要将历史、文化、艺术等进行跨领域融合，发掘资源的历史渊源、内涵价值及旅游价值，同时考虑旅游市场需求，把这些资源整合为更为丰富的文旅产品。

再次，优化文旅产品。优化文旅产品，即对整合的文旅产品进行再次加工，让其更符合消费者的需求。这需要根据目标市场的特点和需求，进一步优化文旅产品的设计、内容、形式、服务等，增加旅游的创意性、趣味性、互动性等，从而吸引更多的游客。

最后，完善文旅配套设施。完善文旅配套设施是让文旅链条更为完整的保障措施，包括交通、住宿、餐饮、购物等方面的配套设施，以及导游、翻译、安全监管等方面的配套服务。只有在充分考虑现代旅游行业特点和消费者需求的前提下，才能打造出可持续发展的文旅项目。

总之，在文旅融合发展中，要实现文旅资源的深度开发，需要通过深入挖掘资源、整合资源，打造独具特色的文旅产品，并对文旅产品进行优化，同时完善文旅配套，以此来打造更有吸引力的旅游项目。

第三节　融合质量方面

对于文旅融合而言，产品、业态两方面的融合是实现文旅融合发展的重要基础。要想实现文化产业和旅游产业融合质量的提升，就需要从丰富文旅产品的供给及加快构建完备的产业生态等方面入手。

一、丰富文旅产品的供给

（一）充分了解游客需求，升华文化资源

在文旅融合发展过程中，游客需求的重要性不言而喻。充分了解游客需求，可以帮助文化资源实现更好的升华和传播。一方面，了解游客需求能够使文旅资源更贴近群众。通过调查问卷、访谈等方式，了解游客的兴趣爱好、文旅背景、心理需求等信息，有利于定向推出符合游客期望的文旅产品和服务。例如，在景区开设互动体验区，可以吸引更多游客参与其中并深入了解文旅内涵。另一方面，了解游客需求也能促进文旅资源的升华。游客需求往往是多元化的，不同游客可能对同一文旅资源产生不同的认知和感受。通过与游客互动，可以深入了解游客对文旅资源的看法和理解，发现文旅资源中存在的缺陷和不足，并通过改进和创新等手段提升文旅资源的价值和影响力。了解游客需求是文旅融合发展中非常重要的环节。只有深入了解游客需求，才能更好地升华文旅资源，提高文旅产品和服务的质量和水平。

（二）形成满足不同人群需求的文旅产品体系

在文旅融合高质量发展过程中，建立满足不同人群需求的文旅产品体系是非常重要的，可以帮助旅游企业更好地满足消费者的需求，提升产品竞争力，推动文旅融合发展。具体来说，形成满足不同人群需求的文旅产品体系需要从以下四个方面着手。

第一，多元化产品设计。基于不同人群的需求分析，旅游企业应设计多元化文旅产品，这些产品涵盖历史文化、民俗风情、生态环境、艺术表演等方面，以满足消费者的多样化需求。

第二，提高产品品质。产品品质是吸引消费者的重要因素之一。旅游企业需要提高产品品质，包括景区环境、服务水平、旅游设施等，从而提升产品的吸引力和竞争力。

第三，丰富旅游体验。除了提供传统景点游览服务之外，旅游企业还应通过推出一系列文化体验活动，如互动式文化展示、文化体验教育等，让消费者更加深入地了解当地的历史文化和民俗风情。

第四，科技创新。随着科技的不断发展，旅游企业可以利用科技手段进行创新，如使用虚拟现实技术、增强现实技术等技术手段带来更加真实的旅游体验，提供更多的智能化服务，满足不同人群的需求。

总之，在文旅融合发展过程中，旅游企业需要从消费者需求出发，设计多元化文旅产品，提高产品品质，创新旅游体验，以满足不同人群的需求，从而推动文旅融合的发展。

二、加快构建完备的产业生态

（一）加大融合方式的创新，提升融合质量

在文旅融合发展过程中，要加大融合方式的创新，以提升融合质量。传统文旅融合方式主要是单一的景点或文化遗产与旅游观光相结合，而在现代社会，人们对文化体验和旅游需求的多样化已经推动了文旅融合方式的多元化发展。

首先，创新文旅融合的目标和意义。文旅融合的目标是通过旅游活动传播文化，加深游客的文化认识，让游客在感受美景的同时也能领略历史、民俗、风俗等方面的文化内涵。文旅融合的意义在于促进旅游业发展的同时促进文化跨界融合，提升文化软实力。因此，在创新文旅融合方式时，我们应注重旅游与文化相结合的目标和意义，同时考虑市场需求和消费者的独特体验需求。

其次，创新文旅融合的内容与形式。新时代文旅融合方式不仅包括单一景点的服务，还可以结合多个景点、文化活动、体验式旅游等形式。例如，文创产品的推出、主题公园的建设、文艺演出的举办、美食和住宿等多元化服务的开展，这些都可以丰富游客的文化体验和旅游收获感。同时，利用现代科技手段进行创新，如利用虚拟现实技术、增强现实技术、智能导览技术等技术手段让文化和旅游实现多元化互动，提高游客的参与感和沉浸感。

最后，创新文旅融合的营销策略和管理模式。在营销策略方面，应注重文旅融合的主题性和个性化，通过传统渠道的宣传和网络营销等形式挖掘文化深层次的内涵，吸引更多的游客参与其中。在管理模式方面，应创建平台式文旅融合生态系统，整合资源，实现信息的共享和协同发展，提高组织效率和服务

质量。

综上所述，要加强文旅融合方式的创新，需要关注目标和意义、内容和形式及营销策略和管理模式等方面。只有不断创新，才能加强文化和旅游的融合，提升文旅融合的质量和水平。

（二）拓宽资金来源渠道，培育发展动力

随着文旅融合的快速发展，资金来源和发展动力也成为当前的热门话题。要想推进文旅融合事业的发展，就需要拓宽资金来源渠道，从而培育发展动力。

1.多元化募资

通过各种途径，如发行股票式债券、向金融机构贷款、引入社会资本、利用政策支持等方式多元化募资，以满足文旅融合事业的高额资金需求。

第一，发行股票或债券。文旅融合企业可以选择通过发行股票或债券来募集资金。发行股票可以通过上市融资或非公开发行方式进行，债券则可以是企业债、公司债等。发行股票或债券需要遵守相关法规及监管要求，通过这种方式可以获取大量资金。

第二，向金融机构贷款。文旅融合企业可以向银行、保险公司、信托公司等金融机构贷款，以获取资金。此类贷款通常拥有较低的利率和较长的还款周期，因此对企业财务状况的影响较小，同时也能够帮助企业获得更多的流动资金。

第三，引入社会资本。文旅融合事业需要大量的社会资本支持，因此企业可以通过引入社会投资者、基金、私募等进行融资。这样不仅可以帮助企业获取更多资金，还能够通过社会资本的参与来提升企业的管理水平、拓宽营销渠道等。

第四，利用政策支持。政府对文旅融合事业的发展给予了很多政策支持，企业可以通过申请政策性融资、贴息贷款等方式获取资金。政府还会提供一系列优惠政策，如税收减免等，进一步促进企业的发展。在多元化募资的过程中，需要注意风险控制和筹资成本控制，以确保企业不会陷入资金链断裂的风险，并保证企业未来的可持续发展。

2.政府支持

政府在支持文旅融合发展过程中扮演着重要角色，政府可以通过提供专项基金、税收优惠政策等方式向文旅融合企业提供资金支持。要想在文旅融合事业中发挥重要作用，政府需要采取以下措施：

第一，设立专项基金。政府可以设立文化旅游专项基金，以支持文旅融合相关企业和项目的发展。同时，该基金也可以协助文旅企业获得银行贷款等其他融资渠道。

第二，提供税收优惠政策。政府可以通过给予文旅企业税收减免或者退还等方式，降低企业的运营成本，从而提高企业的盈利能力。

第三，建立政府和企业合作模式。政府可以与文旅企业建立长期合作关系，通过共同开展项目、共享资源等方式实现双方共同受益。

第四，给予政策倾斜。政府可以制定差异化政策，对发展成效突出的文旅融合企业给予奖励和激励，从而增强它们的发展动力。

第五，促进文旅融合产业发展。政府可以通过推出具有地方特色的文旅产品、扶持文化创意产业、组织文旅融合活动等方式刺激文旅融合产业的发展，从而推动文旅融合事业向更高水平迈进。

3.利用地方资源

利用地方资源是培育文旅融合发展动力的重要途径之一。在文旅融合发展过程中，地方资源是独特且不可替代的，它们能够给游客带来独特的体验，也能够向文旅融合企业提供源源不断的创新动力和市场竞争优势。

第一，挖掘文化内涵。当地的自然景观、人文景点等资源应当被充分开发，挖掘其文化内涵，以此打造独具特色的文旅产品。

第二，开发多元化产品。开发多元化文旅融合产品，如主题公园、特色餐饮、文化演出等，让游客能够全方位地了解当地的文化风貌，在游玩中感受到深厚的文化内涵。

第三，引入产业链。将当地的地方资源引入文旅融合产业链中，形成全新的文旅融合产业模式，带动相关产业发展，从而培育更多的文旅融合发展动力。

总之，要想充分利用地方资源推动文旅融合发展，就必须深入挖掘地方的文化底蕴，创新开发出多元化的文旅融合产品，并将当地资源引入产业链中，培育出更多的文旅融合发展动力。

第四节　产业市场方面

推动乡村文旅市场发展是促进文旅融合的重要基础，要想实现文旅产业的转型升级，需要培育文旅融合市场主体，并拓宽文旅消费的广度与深度。

一、培育发展文旅融合市场主体

（一）以高质量发展为主题

文旅融合发展是当前文化产业的重要趋势之一，培育发展文旅融合市场主体是实现文旅融合发展的关键。在这个过程中，充分以高质量发展为主题具有重要的指导意义。

首先，高质量发展是文旅融合发展的内在要求。文旅融合作为一种新型的经济增长方式，必须在高质量发展的基础上才能真正实现可持续发展。只有充分发挥文旅融合市场主体的行动力和创造力，推进高效率、高质量、高水平的文旅融合发展，才能实现文化和旅游的互补共赢，促进经济社会发展。

其次，高质量发展是文旅融合市场主体的生命线。市场主体是文旅融合发展的关键力量，其发展质量直接决定了文旅融合市场的规模和发展状况。如果市场主体不能以高质量发展为主题，就很难赢得消费者的信任和支持，也难以获得政府的支持和享受优惠政策。反之，只有不断地提升服务质量、产品品质和管理水平，才能在激烈的市场竞争中脱颖而出，赢得更多的市场份额。

最后，高质量发展是文旅融合市场主体的发展方向。文旅融合市场主体需要不断地创新，才能满足消费者的需求和市场变化。只有以高质量发展为目标，才能在文旅融合市场中不断探索新模式、新业态，不断提供新产品、新服务，保持市场活力和市场竞争力。同时，人们也需要注重文化传承和文化创新，既要传承和弘扬优秀传统文化，也要推动文化创新和文化产业转型升级。在文旅融合发展过程中，培育发展文旅融合市场主体需要充分以高质量发展为主题，这是实现文旅融合发展的内在要求、市场主体的生命线和发展方向。只有始终坚持高质量发展，才能够实现文旅融合市场主体的健康发展和文旅融合的可持续发展。

（二）结合文旅消费市场态势与文旅融合发展动向

近年来，文旅融合发展成为中国旅游产业的重要发展方向之一。因此，培育发展文旅融合市场主体具有重要意义。在这个过程中，需要结合文旅消费市场态势与文旅融合发展动向来进行分析。

一方面，文旅消费市场态势对培育文旅融合市场主体有重要影响。当前，文旅消费市场呈多元化、差异化趋势。游客的旅游需求已经不再局限于传统的景点、酒店、旅游纪念品等，而是更加注重个性化、多样化的旅游体验。因此，文旅融合市场主体需要适应和引领消费市场的变化，开发更具特色、创新的文旅产品和服务，以吸引游客的眼球，增强市场竞争力。

另一方面，文旅融合发展动向也对培育文旅融合市场主体具有重要作用。随着文旅产业的崛起和国家政策的扶持，文旅融合发展正变得越来越热门。文旅融合产品逐渐成为旅游市场的主流，文旅融合市场主体也日益多元化。

因此，培育文旅融合市场主体需要考虑其发展趋势和市场格局，选择更适合自身定位和优势的发展方向。培育并壮大文旅融合市场主体需要结合文旅消费市场态势与文旅融合发展动向。只有深入了解市场变化趋势和消费需求，创新发展符合市场需求的产品和服务，才能在竞争激烈的市场中立于不败之地，实现长期、稳健的发展。

（三）针对传统文化场所进行改造升级

随着文旅融合发展的深入推进，越来越多的传统文化场所开始成为旅游景点和文化活动的热门地点。然而，这些传统文化场所往往存在一些问题，需要对其进行改造升级，以便更好地满足市场需求，促进文旅融合发展。

首先，传统文化场所的内容需要更具吸引力和互动性。传统文化场所往往只是简单地展示一些文物、艺术品等，缺乏互动性和趣味性，难以吸引更多游客前来参观。因此，需要对这些文化场所进行改造升级，增加一些互动体验设施，如虚拟现实技术、增强现实技术等高新技术，让游客可以更加深入地了解和体验传统文化。

其次，传统文化场所的服务质量需要得到提升。在过去，传统文化场所的服务质量往往比较低，缺乏专业性和个性化。因此，需要培训文化场所的工作人员，提高他们的专业素养和服务态度，让游客在场所内可以享受到更好的服务。

最后，传统文化场所的营销手段需要创新。随着互联网的普及，营销手段已经发生了巨大变化。因此，传统文化场所需要采用创新的营销手段，如通过社交媒体、短视频等，以便吸引更多的游客前来参观和体验。对于在文旅融合发展中培育并壮大文旅融合市场主体的目标来说，改造和升级传统文化场所是非常重要的一步。只有这样，才能更好地满足市场需求，促进文旅融合发展，为文化产业发展注入新的活力和动力。

二、拓展文旅消费广度和深度

（一）大力推进消费过程和消费内容的融合

在文旅融合发展过程中，推进消费过程和消费内容的融合是非常重要的。第一，建设多元化的文旅消费场景。要想推进消费过程和消费内容的融合，需要建设多元化的文旅消费场景，可以通过打造主题街区、文化创意园区、艺术街区等多种形式来实现。在这些场景中，可以设置文化展览、演出、互动体验等活动，让消费者在购物、用餐、娱乐等场所中与文化产业互动，从而增加文旅元素的内容和价值，提升消费体验。第二，推广文旅主题产品。要想拓展文旅消费的广度和深度，必须推广具有文旅主题的产品。可以通过定制化商品、文化衍生品、地方特色小吃等形式来推广文旅主题产品，让消费者在购物的同时体验到当地文化特色和历史文化。这样的文旅主题产品可以成为游客留念的纪念品，从而将消费内容和文旅消费融合在一起。第三，联合文化活动和消费促销。联合文化活动和消费促销可以吸引更多的消费者参与到文旅消费中来。可以通过推出文旅消费大礼包、折扣券等形式，将文化活动和消费促销有机结合起来，吸引消费者前来消费。同时还可以推出一些文化互动活动，如知识竞赛、摄影比赛等，让消费者在深入了解当地文化的同时，也能享受到娱乐的乐趣。

（二）整合文化旅游型乡村的研学游资源

文化旅游型乡村的研学游资源整合，需要从以下四个方面入手：第一，资源收集。要整合文化旅游型乡村的研学游资源，第一，收集相关的资源。可以通过网络查找相关的信息、收集当地居民的口述历史和传统故事，以及收集一些历史资料、文献等。第二，确定主题。在收集到足够的资源后，要根据当地的特点和文化，确定研学游的主题。例如，可以选取当地的农业、手工艺、民俗文化等作为主题，从而更好地突出当地的文化特色。第三，规划路线。根据选定的主题，规划旅游路线，包括参观景点、体验当地生活、品尝当地美食等活动，同时也要考虑交通、住宿等方面的安排。第四，配备专业人员。在进行文化旅游型乡村的研学游时，必须配备专业人员，包括当地的导游、文化专家、历史学家、语言专家等。这些专业人员可以为游客提供深入的文化解读，并保证整个行程的顺利进行。

第五节　人才培养方面

农村产业兴旺和人才建设的关键在于以人才为本，因此在文旅融合人才培养方面需要完善人才引进政策及强化校企合作等，这是促使农村地区人才队伍建设的重要动力，也是农村地区实现人才建设的关键所在。

一、完善人才引进政策

（一）提高人才引进标准，完善乡村教育基础配套设施

文旅融合发展是当前社会发展的重要趋势之一，而乡村教育资源基础配套和人才引进标准的完善则是文旅融合发展中不可或缺的组成部分。下面将从两个方面展开讨论。

1.完善乡村教育资源基础配套设施

随着城市化不断发展，乡村地区的青少年逐渐向城市迁移，导致乡村地区的教育资源日益匮乏。因此，完善乡村教育资源基础配套设施是实现文旅融合发展的关键之一。

首先，需要加强乡村学校基础设施建设。应当加大对乡村学校的投入，完善乡村学校的校舍、实验室、图书馆等基础设施，使其不仅具备教学功能，还能作为文化展览、体育活动等场所使用，以符合文旅融合发展的要求。

其次，需要增加教师数量和提升教育质量。乡村地区的教育资源相对匮乏，教师的数量和教育质量与城市相比也存在一定的差距。因此，应增加乡村地区的教师数量，提升教育质量，为乡村青少年提供更好的教育，并且要注重提高教师的业务能力和素质，从而确保教育质量的提升。

最后，应当发展乡村特色教育。例如，开展农村特色课程、农村艺术培训等，通过这些特色教育吸引城市居民前来体验，促进文旅融合发展的进一步推进。

2.提高人才引进标准

乡村旅游的发展需要大量人才的支持，而提高人才引进标准则是实现文旅融合发展中的另一关键。

首先，需要加大对人才的培养和引进力度。应当通过高校、职业学院等培养有专业技能和实践经验的人才，并通过政策、待遇等手段吸引他们进入乡村旅游行业，从而提升行业整体水平。

其次，需要建立人才评价机制。只有建立公正、科学的人才评价机制，才能真正激发人才的工作积极性和创造力，为乡村旅游行业引进更多的优秀人才。

最后，应当注重人才的培训和交流。建立行业内部的技能培训、经验交流等机制，加强人才之间的交流与互动，以促进行业水平的整体提升。

综上所述，文旅融合发展需要完善乡村教育资源基础配套和提升人才引进标准，这不仅是文旅融合发展的关键，也是实现乡村振兴的重要方式之一。

（二）优化创业就业政策

随着文旅融合发展的不断推进，越来越多的创业者将目光投向这个领域。然而，当前的文旅创业就业政策仍存在不足，需要进行优化，以更好地促进文旅融合发展。

第一，完善政策体系。为完善文旅创业就业政策，在"政府引导、市场主导"的思想引领下，建立以政府为引导的创业就业服务体系，同时制定符合文旅融合发展的政策法规。

第二，加强金融支持。文旅融合发展的投资远远超出了传统产业，因此，政府应加大对文旅融合发展的金融支持，帮助有潜力的创业团队获得必要的资金支持，鼓励文旅行业向互联网化、智能化、模式化、品牌化飞速发展。

总之，优化创业就业政策是促进文旅融合发展的重要手段，只有政策科学合理，才能有效地推进文旅产业的融合发展。

二、加强校企合作

（一）建立长期稳定的合作关系

学校应该积极地与文化和旅游企业建立长期稳定的合作关系，双方应签订正式的合同或协议，明确各自的责任和义务。首先，确定合作方向和目标。学校和文旅企业在合作前应明确合作方向和目标，确定共同的利益点和希望达到的成果，以避免双方在合作过程中出现误解或利益分歧。其次，建立联络渠道。学校和文旅企业应建立联络渠道，以便及时沟通和协商合作事宜。学校可以指定相关负责人与企业进行沟通，企业也可以指定专门的联系人与学校进行联络。再次，互相赠送资源。建立长期稳定的合作关系需要互相赠送资源，并在合作中实现双赢。学校可以为企业提供人才、技术、研发支持等资源，企业则可以为学校提供实践机会、就业岗位、科研项目等资源。最后，制订合作计划和管理制度。学校和文旅企业应制订详细的合作计划和管理制度，包括合作内容、合作方式、责任分工、时间节点、风险防控等方面，以确保合作有序开展并取得预期成果。

（二）增加合作投入

在文旅融合发展过程中，加强校企合作需要学校和企业的资金投入。政府可以通过设立专项经费、项目拨款等方式，向学校和企业提供资金支持，帮助企业开展更多的校企合作项目。同时，学校也可以联合企业参与政府部门和非政府组织举办的文化和旅游项目申报，以争取更多的资金支持。此外，学校和企业还可以通过共同研究和开发新产品或服务，实现技术创新和转化。学校可以提供研究人员和技术支持，企业则可以提供生产环境和市场测试资源，双方共同出资，分摊风险，共同分享收益。最后，学校和企业还可以开展联合培训项目，为文化和旅游行业培养更多的专业人才。学校可以提供课程设置和教学资源，企业则可以提供实训基地和实践指导，共同打造高素质的人才队伍，为文旅融合发展提供有力的支持。

（三）整合多方资源打造人才建设平台

随着文旅融合发展的深入推进，人才建设逐渐成为关键因素之一。为了打造人才建设平台，我们需要整合多方资源，并从以下两个方面入手。

第一，整合行业内外机构资源。建立文旅产业联盟，整合文化、旅游、酒店、餐饮、设计等行业的主要企业和机构，形成资源共享、协同创新的格局，共同推进文旅融合发展。

第二，打通文旅教育和实践渠道。建设文旅人才培训和交流平台，促进高校、培训机构、文旅企业和政府部门之间的互动合作，从多维度提升产业人才的综合素质。

因此，构建文旅融合人才建设平台需要整合多方资源，通过共同协作、实践和政策引导等手段，打造符合行业需求的人才培养和交流平台，为文旅融合发展注入强劲的人才支撑力量。

第六节　交流与营销方面

交流与营销是文旅融合发展的重要内容，只有不断地加强对外交流和营销推广，才能在乡村振兴战略的基础上推动乡村文旅融合发展，从而实现乡村振兴。

一、推动对内、对外的交流合作

随着文旅融合发展的不断深入，对内、对外的交流合作越来越重要。推动对内、对外的交流合作可以通过以下路径实现。

（一）加强国内地区间的交流合作

文化旅游是地域性产业，各个地区都有自己独特的文化资源和旅游资源。在文旅融合发展的进程中，应该积极倡导地区之间的交流合作，在资源共享、项目合作等方面加强合作，并共同开发旅游产品；同时，还可以通过组织文化旅游节庆活动、培训认证、展览交流等方式，促进各地文化产业和旅游产业的交流与合作。

一是促进旅游资源共享和互补性开发。不同地区之间的旅游资源存在差异性，有些地方的文化、景观等资源非常有特色，可以与其他地区进行合作，实现资源的共享和互补性开发。例如，某个地区的美食文化可以与其他地区的景点、民俗文化等相结合，打造一条特色发展路线，提升游客的体验感和吸引力。

二是推动跨区域联合开发。随着城市化进程的加速，城市群、经济区的发展已成为一种趋势。这些区域之间的联系日益紧密，文旅产业也应该积极跟进。通过跨区域联合开发，可以将各地的优势资源整合起来，开发更多旅游产品和服务，吸引更多游客。

三是落实文旅融合政策。文化和旅游部门应在政策层面将文旅融合作为重要的发展方向，制定相关的政策和措施，鼓励企业和地方政府进行文旅融合发展。例如，可以出台一些优惠政策，鼓励文化企业和旅游企业之间的合作，同时也要加大对中小企业的扶持力度，推动文旅产业向更广范围拓展。

四是加强文化交流与合作。各地有着不同的文化背景，文化的多样性正是促进文旅融合发展的重要因素。在这一点上，可以通过举办各种文艺、文化节庆活动，推进文化交流，让不同的地区互相了解、学习，并在此基础上实现优势互补，共同促进文旅融合发展。

（二）加强国际文旅交流合作

在文旅融合发展的过程中，要加强国际交流合作。可以通过开展文化旅游节庆、组织文旅交流团队、举办文旅推广会等方式，深化与国外国家或地区的合作；可以探讨更多的合作模式，如联合开发旅游线路、打造跨境旅游品牌等，增强国际交流合作。加强国际交流合作是文旅融合发展至关重要的一个方面。

一是搭建平台，促进交流合作。可以通过各种形式平台的搭建，如国际文化旅游博览会、文化旅游交流论坛等，以促进文旅产业在国际上的交流合作。这些平台不仅可以提供展示机会，还能让产业内的专业人士接触产业最新发展动态，促进人们对国际市场的深入了解。

二是制定优惠政策，吸引外资。根据国际惯例，各国政府都会推出一系列的优惠政策来吸引文旅产业的外资。我国也应该借鉴这种做法为外来投资者提供更好的投资环境；此外，还可以给予相关行业企业税收减免、资金扶持等优惠政策，从而吸引更多的外来资本进入我国文旅产业。

三是开发新市场，扩大国际影响。通过深入研究国际市场需求和发展趋势，精准地开发符合国际标准的文旅产品，进一步推广中华文化，从而扩大中华文化和旅游产业的国际影响力。在创新实践中，不断地探索新的文旅产品、文化旅游线路及营销推广策略，使中国文旅产业在国际市场上逐渐扩大影响力。

四是积极参与跨国合作，打造国际品牌。通过加强与外国政府和企业的合作，共同制定跨境旅游标准，将中国文旅产业推向全球；此外，还可以联合海外旅行社和酒店，共同开发跨国文化旅游项目，打造具有国际影响力的品牌，让世界了解更多的中华文化和旅游资源。

二、构建文旅智慧服务体系

文旅智慧服务体系是指在文旅领域运用智能技术和数据分析手段，实现信息精准传递、产品个性化定制、客户全方位满意度提升的一套服务体系。该体系以提升旅游业和文化产业的发展为目标，实现对文化和旅游资源的高效利用，同时为游客提供更为优质的服务。

（一）搭建智慧文化服务平台

随着文化旅游业的快速发展及数字技术的不断创新，智慧文化服务平台已成为文旅融合发展中必不可少的组成部分。

1.整合数据资源

要建立一个智慧文化服务平台，第一步就是要整合各类数据资源。这些资源包括历史文化遗产、旅游景点、文化场馆、文化节庆等。通过综合利用各类数据，实现对文化资源的有效管理和优化配置，为用户提供更加便捷、高效的文化服务。

2.提供数字化服务

基于互联网技术及移动端、智能终端等多元化的数字化渠道，为用户提供线上购票、预约、导览等全方位、个性化的数字化服务，实现从门票预订到出行导航等全流程的服务。

3.利用大数据实现精准营销

通过对用户数据进行收集分析，在行为、偏好等方面进行深度挖掘，实现文旅产品的精准营销。例如，在用户预订门票时，根据其历史购买记录和兴趣爱好进行定向推荐，并可以通过短信、微信公众号等多种方式对用户进行个性化服务。

4.运用人工智能提供智能化服务

在人工智能技术的支持下，可以实现更加智能化的服务。例如，利用语音识别和语义理解技术，为用户提供更加自然、智能的语音导览服务；通过机器学习和自然语言处理技术，为用户提供更加智能化的客户服务。

总之，要建立一个真正智慧的文化服务平台，需要整合多种资源和先进技术手段。只有不断地推进数字化转型，深度融合信息技术和文化产业，才能真正实现文旅融合发展的目标和效果。

（二）完善智慧文旅服务体系

随着旅游业和文化产业的融合发展，智慧文旅服务体系已成为推动文旅融合发展的关键因素之一。完善智慧文旅服务体系，可以提高旅游和文化消费的用户体验，提升服务质量，促进文旅产业的创新发展和转型升级。具体可以从以下五个方面来完善智慧文旅服务体系。

1.建设智慧文化遗产保护和旅游管理系统

文化遗产保护和旅游管理系统是实现文旅融合发展的重要基础设施。通过应用物联网、云计算、人工智能等先进技术构建文化遗产保护和旅游管理系统，可实现文化遗产数据的数字化和智能化管理，提高游客和管理者的体验感。

2.推广移动支付和智能导览设备

移动支付和智能导览设备是提高文旅服务质量和效率的关键工具。通过普及移动支付，可以方便游客在景区内消费；而智能导览设备则可以依托虚拟现实技术、增强现实技术等为游客提供更加丰富的游览体验。

3.建立在线预订和门票系统

通过建立在线预订和门票系统，可以提高游客预订和购买门票的效率和便捷度，缓解景区门票的售卖压力，降低景区的管理成本。

4.推广数字化文旅产品

数字化文旅产品是实现文旅融合发展的创新之一。通过运用人工智能、大数据等技术打造数字娱乐、数字展览、数字演出等新型文旅产品，并在线推广和销售，可以更好地满足游客的需求。

5.建立智慧服务监管机制

建立智慧服务监管机制能够有效地提高服务质量和监督管理效率。通过应用大数据和人工智能技术，开发智能投诉处理系统，快速响应和解决游客的投诉问题。

（三）推动智慧景区试点建设

智慧景区是文旅融合发展的重要措施之一，可以提高景区运营效率，提升游客满意度，促进地方经济发展，因此推动智慧景区试点建设非常重要。具体内容如下：

一是推动政策支持。政府部门可以制定相关政策法规和专项资金支持计划，包括财政补贴、税收优惠、人才培训等，鼓励文旅企业创新发展，推进智慧景区建设。

二是发展信息技术。智慧景区建设需要依赖前沿的信息技术，如云计算、大数据、人工智能等。景区可以积极引进相关技术，建设完善的通信网络和数据中心，并与信息技术公司合作共同开发智慧应用平台。

三是提升服务品质。通过智慧景区建设，依据游客需求提供精准、个性、实时的服务，如智能导览、VR/AR游戏、停车场智能引导等，同时利用设备互联等手段提升景区安全管理水平和游客体验。

四是建立标准管理体系。智慧景区需要按照标准化、系统化、信息化的要求进行规划建设，如安全管理标准、数据共享标准、技术标准等，建立智慧景区的专业化管理体系和完善的运营模式。

五是加强宣传推广。景区可以通过建立微信小程序、旅游电子商务平台、社交媒体等形式进行宣传推广，提高智慧景区的知名度和美誉度，吸引更多游客前来参观、旅游。

推动智慧景区试点建设需要政府部门和企业多方协作，制定有力的政策，加强信息技术建设，提升服务品质，建立标准化管理体系，加强宣传推广，构建智慧景区发展的良性循环。

（四）探索智慧文旅示范企业建设

随着旅游产业和文化创意产业的快速发展，文旅融合已成为大势所趋。在这种背景下，创办智慧文旅示范企业可以推动文旅融合发展，提高行业的整体发展水平。

第一，探索文旅融合发展新模式。文旅融合发展需要不断探索新的模式。智慧文旅示范企业应该具备领先的技术、创新的业务模式及优秀的管理团队，这样才能实现文旅融合、信息化和智能化的深度融合。同时，智慧文旅示范企业也必须具备高度的社会责任感，做到以人为本、可持续发展。

第二，探索新的商业模式。智慧文旅示范企业要发挥其技术和管理优势，探索新的商业模式。智慧文旅示范企业可以利用互联网技术打造全新的文旅消费生态圈，利用智慧旅游、智慧城市等技术手段打造集"游、住、购、娱"于一体的便捷消费模式，构建全新的文旅产业链。

第三，开发新产品。智慧文旅示范企业要不断地创新，打造符合市场需求的文旅产品。智慧文旅示范企业还可以依托互联网技术和大数据手段开发各种具有个性化特色的文旅产品，如文化旅游、主题旅游、城市观光旅游等。同时，智慧文旅示范企业还可以加强旅游服务的智能化水平，通过引入人工智能技术、虚拟现实技术等，为游客提供更加智能、便捷的服务。

第四，探索新的管理模式。智慧文旅示范企业应该注重管理创新，打造高效、精细的管理模式。智慧文旅企业可以依托互联网、大数据、人工智能等技术手段，构建信息化管理系统，实现管理的全流程、全方位的可视化和智能化。同时，智慧文旅企业还可以通过引入优秀的管理团队和先进的管理理念，不断地提升管理水平。

总之，智慧文旅示范企业是文旅融合发展的重要推动力量。建设智慧文旅示范企业需要不断创新、跨越式发展，以便促进文旅产业的协调发展，推动经济和社会的可持续发展。

三、实施文旅产品精准营销

（一）聚焦潜在客户，制定针对性营销策略

为了实现文旅融合发展目标，需要聚焦潜在客户，并制定针对性营销策略。

第一，定义潜在客户群体。首先需要确定潜在客户的基本特征，如年龄、性别、受教育程度、收入水平等，还需要考虑他们的兴趣爱好、消费习惯、旅游方式等因素。

第二，研究市场情况。通过市场调研、竞争情报等手段积累市场信息，以确定潜在客户的需求、购买动机、行为特点等。

第三，制定针对性营销策略。根据上述信息确定营销策略，包括产品设计、价格策略、营销渠道、宣传推广等方面。例如，如果潜在客户是大学生，可以开展学术讲座、艺术展览等活动，吸引他们的兴趣；如果潜在客户是家庭，可以设计亲子主题活动，提供家庭游玩套餐等。

第四，策划推广活动。根据营销策略的方向精心策划各种推广活动，如路演、展览、特别促销等，以吸引潜在客户的关注和参与，还可以通过社交网络等新媒体推广获取更多的市场曝光度。

第五，定期调整和优化。营销策略需要持续监测和评估，要定期对市场情况进行跟踪分析，根据市场反馈及时调整和优化策略。这样可以不断地提升营销效果，更好地满足潜在客户的需求。

（二）加大广告投入和与渠道商合作力度

文旅融合发展是指以旅游、文化、体育等为基础，通过多元化的产业融合和协同效应来发展产业链，增强经济竞争力。其中，广告投入和与渠道商合作是文旅融合发展非常重要的一部分内容，它们可以帮助企业提高知名度和影响力，吸引更多的游客和客户，促进产品销售。

（1）广告投放方面：一是制订明确的广告投入计划。企业需要制订具体的广告投入计划，包括预算、投放时间、投放媒介、投放区域等，确保广告投入的针对性和有效性。二是选择恰当的广告媒介。企业需要根据目标群体和产品特点选择恰当的广告媒介，如电视广告、户外广告、网络广告等，让广告更加精准地传递给目标客户。三是打造独特的品牌形象。在广告投入的过程中，企业需要打造独特的品牌形象，通过品牌传播塑造自身的形象和口碑，从而提高知名度和影响力。四是鼓励消费者积极参与。企业可以通过各种方式鼓励消费者参与广告投入活动，如举办创意征集、分享中奖信息等，增加品牌曝光率和有效传播范围。

（2）与渠道商合作方面：一是确定合作的目标和规模。企业需要确定合作的目标和规模，包括合作的产品、销售渠道、市场范围等，以便有针对性地选择渠道商进行合作。二是选取可靠的渠道商。企业需要通过评估渠道商的信誉度、销售能力、市场影响力等指标，选取可靠的渠道商进行合作。三是提供支持和培训。企业需要为渠道商提供必要的支持和培训，包括产品知识、营销策略、售后服务等，确保合作顺利进行。四是建立良好的合作机制。企业需要和渠道商建立良好的合作机制，包括市场监控、销售管理、信息共享等，加强双方之间的沟通和合作，提升合作效果。

综上所述，文旅融合发展中加大广告投入和与渠道商合作力度，可以帮助企业提高品牌知名度，开拓销售渠道，促进业务协同发展，是实现文旅融合发展的重要手段。

（三）建立影视营销体系

随着文化产业和旅游产业的不断发展，影视作为其中非常重要的组成部分，已成为人们生活中不可或缺的角色。影视营销能够帮助旅游目的地提升知名度，增加游客数量，促进当地经济发展。因此，建立一个科学合理的影视营销体系至关重要。

第一，制订营销计划。制订具体的营销计划，要根据旅游目的地的实际情况和影视营销策略进行详细规划，包括目标、方法和预算。营销计划应该是明确的、可衡量的，如增加游客的数量、提高旅游消费水平等。在制订计划时，应考虑目标受众、优势资源、市场环境等因素。

第二，搜集资源。营销活动需要一定的资源支持，如旅游景点、民俗文化、历史古迹、自然景观等，这些资源可以被用于影视营销中。通过搜集这些资源，可以丰富影视作品的内容，增加吸引力，增强推广效果。

第三，合作与投资。与电影制片公司、影视明星和媒体达成协议，建立合作关系，以影视营销为契机推广本地旅游资源和文化资源。投资影视制作也是一种选择，可通过制作优秀的影视作品提高城市知名度和美誉度。

第四，联合推广。联合推广是指旅游目的地与影视制作公司之间建立长期合作关系，通过相互促进、协同合作实现共赢。例如，在电影、综艺等节目中宣传旅游目的地，或在旅游目的地打造影视制作基地，吸引更多的电影制作公司前来取景拍摄。

第五，分析数据。建立数据分析系统，对影视营销活动的效果进行评估和反馈。通过对数据的分析，可以不断地优化旅游目的地的影视营销策略，提高推广效果，增加游客数量和旅游消费量。

总之，建立影视营销体系需要全面考虑影视作品、资源搜集、合作与投资、联合推广及数据分析等方面，只有这样才能更好地将影视与旅游结合起来，实现文旅融合发展。

第五章　乡村旅游文化建设助推乡村振兴

乡村旅游文化建设是当前推动乡村振兴的重要手段之一。随着城市化进程的加快和城市生活方式的改变，越来越多的人开始关注乡村文化和风土人情，愿意到乡村去感受自然、放松身心，从而促进地区经济的发展。同时，乡村旅游也能够保护和传承乡村传统文化，塑造地域特色文化品牌，为国家和地方的形象和软实力提供支持。

在乡村旅游文化建设中，人们需要深入挖掘乡村文化资源，打造独特的文化产品和旅游体验；需要加强基础设施建设，提高旅游服务质量；需要注重保护和传承乡村传统文化，加强乡村文化教育，提升乡村文化气息。只有这样，才能更好地推动乡村振兴，在促进地方经济发展的同时让更多人了解和喜爱乡村文化。

第一节　乡村振兴战略下乡村旅游文化建设现状

一、乡村旅游文化产品开发现状

（一）利用本土遗址开发旅游小镇的乡村旅游文化产品

在乡村旅游文化产品的开发中，本土遗址被广泛利用，成为吸引游客的一种重要手段。这些遗址包括传统村落、古建筑、历史文物、民俗风情等，它们蕴含着丰富的文化内涵和历史价值，可以作为资源加以利用。利用本土遗址开发旅游小镇的文化产品，是指在具有一定历史背景和文化背景的地区，将当地的传统文化、历史遗迹等元素融合应用到旅游产品中，以吸引游客前来体验。

通过这种方式，不仅可以保护和传承本土文化，还可以促进当地经济的发展。

首先，对于传统村落而言，其独有的风貌和人文环境是乡村旅游文化产品所需的基本元素。通过对传统村落进行改造和保护，将其打造成具有吸引力的旅游城镇，可以吸引大量游客前来观光、度假和购物。例如，我国的西递村、宏村等都利用本土遗址和传统村落成功进行了乡村旅游产品开发，成为众多游客向往的旅游目的地。对于传统村落的旅游文化产品开发，我国采取了多种方式：第一，对传统村落进行改造和保护，让其成为一个具有吸引力的旅游城镇。例如，改善基础设施和环境卫生状况，修缮和复原古代建筑，以及完善餐饮、住宿、娱乐等服务设施，让游客在村落中寻找乡愁、感受当地特色，从而有全新的旅游体验。第二，通过组织各类活动和展览来增强村落的文化氛围。例如，举办文化节庆、民间艺术展演、手工艺品展示等，促进民间文化交流和传承。同时，传统村落可以利用当地自然资源和人文景观，开展户外探险、徒步旅行、摄影创作等活动，让游客更好地感知当地文化和风土人情。此外，将传统村落作为完整的旅游目的地，结合当地的美食、特产、民居、民俗等元素，形成区域性旅游品牌。例如，可以推出乡村休闲游、生态农业游、文化体验游等多种主题产品，实现乡村旅游的多元化和有机性。总之，传统村落作为本土遗址，在乡村旅游文化产品中具有不可替代的作用。当前我国很多地区通过充分利用本土遗址，开发出各类有特色、有魅力的乡村旅游文化产品，不仅可以促进当地经济发展，也可以提升旅游体验的品质，推动中华民族文化的交流和传承。

其次，古建筑和历史文物也是乡村旅游文化产品的重要组成部分。利用这些本土遗址进行开发，创造出丰富多彩的旅游体验。例如，可以打造主题酒店、博物馆、纪念馆等，让游客更深入地了解当地的历史和文化，如湖南岳阳楼、山西平遥古城等都是成功的例子。在利用本土遗址开发乡村旅游文化产品时，我国很多地区充分考虑了如何充分利用这些资源，打造具有吸引力的旅游产品。第一，保护和修复古建筑和历史文物。在开发乡村旅游文化产品时，保护和修复古建筑和历史文物是首要任务。一方面要做到保护原有的文化遗产，另一方面要确保游客能够安全地参观和体验。对于那些被破坏或已经失修的古建筑和历史文物，需要进行必要的修复和整治，以保证其安全性和可持续利用。第二，整合和优化旅游资源。对于古建筑和历史文物的利用，需要从整体角度出发，将其编排为完整的旅游线路。这需要对相关的旅游资源进行整合和优化，使其成为一套具有吸引力和可行性的旅游产品。例如，可以将不同历史时期的建筑、文化遗产、传统民俗等编排为主题式旅游线路，或者将相关资源打造成特色景点，以供游客前来参观和体验。第三，创新旅游产品。在开发乡村旅游文化产品时，需要不断创新和提升旅游产品的品质和层次。这可以通过加强旅游配套设施的建设、提高服务水平、引入新的科技手段等方式来实现。例如，可以开发VR/AR游戏、增加交互式展示等科技手段，以吸引更多的游客前来参观和体验。总之，利用本土遗址开发乡村旅游文化产品是一项系统工程，需要在保护遗址的前提下创新、整合旅游资源，提高旅游产品的品质和层次。只有这样，才能充分挖掘当地的历史和文化内涵，为游客创造更好的旅游体验。

最后，民俗风情也是乡村旅游文化产品的重要组成部分。我国很多地区通过对本土遗址中的传统习俗和文化进行挖掘和展示，可以为游客创造非常具有吸引力的体验。例如，组织传统节日庆典、展示民间工艺和表演等，让游客在感受当地风情的同时也能更好地了解当地文化。第一，展示传统节庆文化是一种常见的方法。通过组织节日庆典、表演传统舞蹈和音乐等活动，可以让游客领略到当地传统文化的精髓，并且深入了解当地人的生活方式和习俗。例如，湘西土家族老年节、江苏扬州瘦西湖灯会等都是成功的案例。第二，展示民间艺术和手工艺品也是一种常见方式。不同地方有不同的民间艺术和手工艺品，如剪纸、刺绣、民间乐器等。通过组织民间工艺展示和教学等活动，可以让游客在感受具有地方特色的民俗文化的同时，也有机会参与其中学习或体验。例如，云南大理石雕、四川邛崃红瓦房等都是非常具有吸引力的民间艺术。第三，让游客参与到当地的传统文化活动中也是一种重要的方式。例如，可以安排游客学习当地的手工技能，制作传统的食品或手工艺品，让游客亲身体验当地的文化魅力。这样的活动不仅可以让游客更好地了解当地的文化，还可以促进游客与当地居民的交流和沟通，搞好人际关系，从而提升游客的旅游体验感。

综上所述，展示和体验本土遗址中的民俗风情是乡村旅游文化产品开发不可或缺的一部分。通过展示当地的传统节庆、民间艺术和手工艺品等，可以让游客深入了解当地的文化底蕴和民俗魅力，促进旅游产业发展。例如，浙江省桐乡市的乌镇古镇就是一个很好的案例。乌镇是一座有着1300多年历史的古镇，保存了明清时期的水乡建筑、运河、街巷、桥梁等众多文化遗迹。为了开发旅游业，当地政府利用乌镇独特的历史文化资源和自然资源，推出一系列乡村旅游产品，包括古镇游览、民俗表演观看、特色美食品尝、手工艺品制作等。同时，当地也将传统建筑改造为旅店、客栈等住宿场所，为游客提供便捷的住宿条件。此外，乌镇还推出一些具有浓郁乡村特色的主题活动，如龙舟赛、荷花节、水灯节等，吸引大量游客前来体验。这些活动不仅为游客提供了乐趣，还为当地经济注入了新的活力。同时，通过乡村旅游文化产品的开发，乌镇也成功传承了浓郁的水乡文化，成为中国乃至世界闻名的旅游城镇之一。总之，利用本土遗址开发乡村旅游文化产品，不仅可以促进当地旅游业的发展，还有助于保护和传承本土文化，是一种具有广泛应用价值的旅游开发方式。

（二）利用本土文化遗产打造原生态文化村寨

利用本土文化遗产打造原生态文化村寨是指在保护和传承本土文化遗产的基础上，通过挖掘、整合和创新，将其应用于旅游业开发中，以实现经济效益和文化价值的双重收益。这种模式在我国已经得到广泛的应用，并且在一些地方取得了很好的效果。一个成功的原生态文化村寨应该具备以下特点：一是保护本土文化遗产。原生态文化村寨的建设应以保护本土文化遗产为基础，防止由于开发过度导致传统文化的流失和破坏。二是传承本土文化遗产。通过挖掘和整理本土文化遗产，建立展览馆、博物馆、文化街区等展示空间，让游客更好地了解当地的历史、文化和民俗风情。三是创新。在保护和传承本土文化遗产的基础上进行创新，让旅游资源在文化上更加鲜活有趣，从而吸引更多游客。

以我国云南省的丽江古城为例进行说明：丽江古城是我国著名的旅游胜地，也是一个被列为世界文化遗产的小城镇。在丽江的旅游开发中，充分利用本土文化遗产成功建立了一个原生态文化村寨。首先，在保护本土文化遗产方面，丽江古城采取了许多措施。例如，在古城范围内禁止机动车辆通行，使千年古城不受汽车等现代交通工具的破坏。同时，古城还建立了专门的维修、保护机构，对古建筑进行维修和保养。这些措施有助于保护丽江古城的历史文化遗产。其次，在传承本土文化遗产方面，丽江古城建立了文化博物馆、文化广场、文化街区等展示空间，其中文化博物馆是一座以"丽江文化"为主题的博物馆，展示了丽江的历史、文化和民俗风情，吸引了很多游客前来参观。最后，在创新方面，丽江古城采用了一些特色的旅游开发方式，如销售传统服装、在古城内开展民俗表演活动等，让游客在享受文化旅游的同时也可以购物、娱乐。

综上所述，利用本土文化遗产打造原生态文化村寨是可持续发展的旅游模式。通过保护和传承本土文化遗产，创新旅游产品和服务，可以实现经济效益和文化价值的双重收益。

二、乡村旅游文化传承主体现状

（一）旅游城镇文化传承主体为实物和记载

乡村旅游文化传承在旅游城镇方面主要涉及实物和记载两种方式。实物传承包括传统建筑、工艺美术、服饰、食品等，这些实物可以通过保存和展示来传递乡村文化的历史和价值。记载传承则是通过文献、音像资料、口述传说等方式来记录和传递历史和文化、传统知识、技艺和技术等方面的内容，其传承的范围有限。

首先，实物和记载在传承过程中容易被破坏、遗失，需要投入大量的时间和资源进行保护和修复。例如，由于自然灾害或长期的日晒雨淋等原因，一些历史建筑、文物和民俗用具可能会出现裂缝、腐朽、断裂等问题，进而导致其形态和功能丧失。此外，在乡村旅游高速发展的背景下，有些地区的传统文化和文化遗产受到大量游客涌入等社会压力的影响，导致文化资源受损或被破坏。面对这些问题，人们需要采取一定的措施来保护和修复实物遗产。例如，可以通过设立专门的文化遗产保护机构，加强监管和管理，制定相应的规划和措施，进行科学、系统、有效的保护和修复工作。

其次，记载也容易受到破坏或遗失。在乡村旅游文化传承中，记载包括口头传说、文字记录、音像资料等多种形式，它们记录了当地的历史知识、文化知识和传统知识，但是记载也存在很多困难和挑战。例如，口头传说容易因为传承环境的变迁、内容的误解或遗忘而逐渐消失；文字记录和音像资料则需要考虑保存环境和技术手段的问题。在这方面，需要采取适当的措施来加强记载的保护和传承。可以通过升级数字技术，将记载转化成数字文档等形式进行保存，从而提高保存和传播的效率和可靠性；也可以通过开展文化普及教育活动、组织文化活动等方式，加深民众对本土传统文化的认识和热爱，促进其传承和发展。

最后，传承主体的范围只限于实物和记载本身，而不涵盖它们所代表的文化内涵、历史背景和时代价值等方面的深入阐释和研究。在乡村旅游文化传承中，传承主体通常只是某个历史遗迹、民俗文化节日、手工艺品等具体实物或书面记载。这些实物和记载可以作为历史文化的载体，帮助人们了解乡村的历史背景、文化传统、民俗风情和生活习惯等。然而，这些实物和记载本身的信息有限，难以完整地呈现复杂的历史文化场景，更难以推导出其中的深刻思想和时代价值。例如，某个乡村传统的民俗节日可能会以一定的形式被保留下来，成为传统文化的一部分，但只有节日的一些具体环节、礼仪和风俗习惯被呈现出来，往往缺乏对其背后的意义和象征的解释和探讨。这种情况下，乡村旅游文化的传承就显得不够丰富和深入。要真正传承乡村旅游文化，需要对传承主体进行系统化的研究和分析，突出文化内涵、历史背景和时代价值等，让人们更好地理解乡村文化的多样性和复杂性。

整体来看，我国乡村旅游文化传承存在一定的局限性，以我国的传统城镇为例，由于受到城市化和现代化的冲击，许多村庄已经失去了原有的传统建筑、生产方式等，严重影响了乡村旅游的文化体验和吸引力。即便是保存下来的传统建筑和手工艺品等实物，也仅限于表面的展示和介绍，难以将其历史渊源、文化价值和生活方式等方面的内涵传递给游客。因此，乡村旅游文化传承需要在实物和记载方面进行深入挖掘和研究，通过对传统文化内涵的深度解读来提高传承主体的广度和深度，促进乡村旅游文化的保护、传承和创新。

（二）原生态村寨文化传承主体为老传承人

乡村旅游的发展与推广需要充分挖掘和利用当地的文化资源。在原生态村寨方面，传承主体为老传承人。这是因为原生态村寨具有浓郁的地方特色和文化底蕴，而老传承人通常是该地区最有经验和知识的人，能够更好地向游客传递本地的文化和历史。老传承人有着深厚的文化内涵和经验，通常将自己的技能、知识和经验传承给下一代，让他们继续保持本地文化传统。

此外，在原生态村寨方面，老传承人还能够扮演向游客提供服务的角色。例如，湖南省宁乡市的潇湘故事主题街区打造了明清印象、民国时代、建国三十年的情景式体验街区风貌，深度呈现了一批具有湖湘代表性的老工匠、老作坊、老艺人，但展示高超技艺的是一些老传承人，难以看到一些青年传承者，即使有一些青年传承者，也是来自他乡的就业者或小部分留乡创业者。因此，老传承人在原生态村寨的文化传承中扮演着重要的角色，他们不仅是文化传承的主要力量，还是向游客提供服务和传递当地文化资源的关键人物。因此，保护和传承原生态村寨的文化遗产，需要更加重视和尊重老传承人的智慧与贡献。

（三）民族风情传承主体为非专业演员

在乡村旅游过程中，民族风情表演是不可或缺的环节，它可以让游客深度了解当地的文化风俗、习惯和历史背景。然而，在传承民族风情方面，乡村旅游存在一定的欠缺。第一，传承主体是非专业演员。由于乡村地区的资源相对较为贫乏，很多演员没有接受过专业的音乐、舞蹈、表演等方面的培训，他们往往只是在自己家乡随便进行练习之后就参与表演，这样的传承方式肯定无法保证传承的质量。第二，由于传承主体是非专业演员，他们在表演中会存在一些问题，如技艺不够娴熟、唱跳不够协调、服饰造型不够精美等问题。这些问题会影响到游客的观感和体验，导致游客的满意度降低。

在乡村旅游文化传承中，民族风情表演是旅游活动中的一个重要环节。乡村地区自然资源丰富，而且有着独特的历史、文化和民俗风情，因此吸引了大量的游客前来参观和体验。在这个过程中，民族风情表演可以让游客更加深入地了解当地的文化背景和特色，体验到不同于城市旅游的感受。然而，目前在传承民族风情方面存在一定的欠缺，其中之一就是表演者技艺的欠缺。表演者技艺的欠缺主要表现在以下三个方面：第一，很多表演者没有接受过专业的培训。他们通常是凭借个人喜好和兴趣，在家里自学自练，通过翻阅村里的老歌谱和舞蹈册子等提高自己的技能。这样一来，他们的表演技艺自然难以达到专业水平，无法完全满足游客的观赏需求。第二，很多表演者的技艺水平虽有所提高，但仍存在一些欠缺，如舞蹈精度不够高、唱歌音准有偏差、演奏乐器技巧不够熟练等。这些问题会影响到游客的观感和体验，使他们的旅游体验受损。第三，在服饰造型和舞台布景方面，很多表演者也存在缺陷，如服饰样式不够时尚美观、舞台场地限制较大、灯光音效不够逼真等。这些问题也会影响游客的观赏体验，使他们无法真正地感受到当地文化的独特魅力。

针对这些问题，在传承民族风情方面应注重培训演员，提高他们的技艺水平和审美素养，同时加强对服饰、舞台等方面的设计，让表演更加精彩生动，给游客留下深刻的印象。只有这样，才能保证乡村旅游的可持续发展，给游客带来更好的旅游体验。例如，某个少数民族村寨在旅游旺季时会有各种表演活动，其中非常受欢迎的一个节目是民族歌舞表演。然而，在观看表演的过程中，很多游客发现演员的唱跳技巧不够娴熟，服饰造型和舞台布景也缺乏特色，这让他们的观感大打折扣。因此，传承民族风情方面应该注重培训演员，提高他们的技艺水平和审美素养，同时加强对服饰、舞台等方面的设计，让表演更加精彩生动，给游客留下深刻的印象。

三、乡村旅游文化传承方式现状

（一）旅游城镇文化传承方式中融入了现代元素

旅游城镇文化传承方式中融入了现代元素，主要表现在以下三个方面：

第一，数字化传承。利用互联网技术和多媒体手段对乡村旅游的历史文化进行记录、整理、传播。例如，在旅游城镇建设数字博物馆，通过音频、视频、图片等形式展示当地的历史文化、民俗风情等，为游客提供更加丰富的观光体验。这种方式主要表现在以下方面：一是数字博物馆。数字博物馆是运用现代科学技术将博物馆内的文物、实物、图片、视频等资料进行数字化处理、储存、展示和管理，并通过互联网与公众进行互动和交流的一种形式。例如，安徽黄山建设了黟县数字博物馆，游客可以通过数字博物馆的平台观看当地的历史文化展示和介绍，深入了解乡村文化的发展历程。二是多媒体展示。多媒体展示是指结合音频、视频、图片等形式，将当地乡村文化以生动形象的方式呈现给游客。例如，在云南西双版纳，当地通过建造"蛮荒印象"舞台，利用民族舞蹈、歌曲、音效等多媒体手段将当地的历史、文化、风情生动地展现出来，让游客产生身临其境的感觉。三是虚拟体验。利用虚拟现实等技术建造以当地乡村文化为主题的虚拟游乐场、虚拟博物馆等。例如，海南儋州利用虚拟现实技术打造了"华夏神州·儋州传承"虚拟游乐场，让游客可以在虚拟场景中深入了解当地的历史文化，并感受乡村旅游的魅力。数字化传承通过运用现代技术手段可以更加高效、精准、全面地记录和展示当地文化，给游客带来更加丰富的观光体验，并为当地乡村旅游的发展提供新的方式和途径。

第二，生动化呈现。传承方式中融入了丰富多彩的表现手法，如利用文艺演出、文化展览等活动形式生动地展现了当地文化、历史及乡村旅游发展的前景。例如，山西省开展"太行山魂"戏曲等文艺演出，通过戏曲表演的形式向游客展示当地先人的智慧和历史传承。具体来说，生动化呈现在乡村旅游文化传承中有以下作用：一是增强文化吸引力。生动化的呈现方式可以更好地展示乡村文化的独特魅力，增强游客对当地文化的了解，进而促进乡村旅游的发展。二是保护历史文化遗产。利用文艺演出、文化展览等手段，可以将历史文化遗产更好地呈现出来，帮助游客全方位地了解当地的历史和文化，提高游客对文化遗产的认识和保护意识。三是提升乡村旅游的品质。通过生动化的呈现方式，可以为游客提供更加丰富的观光体验，从而提升乡村旅游的品质，增加游客的回访率和口碑效应。四是促进优秀传统文化的传承和创新。生动化的呈现方式可以为优秀传统文化的传承和创新提供更多的思路和灵感，如通过舞蹈、音乐等形式创新演绎历史故事和民俗传说，吸引更多游客参与到优秀传统文化的传承和创新中。因此，在乡村旅游文化传承过程中，生动化的呈现方式是非常重要的，它可以帮助游客更加深入地了解当地文化和历史，同时也能够为乡村旅游的发展和优秀传统文化的传承与创新提供有力的支持。

第三，互动参与。乡村旅游文化传承不仅向游客展示历史和文化，而且让游客亲身参与进来，感受文化的魅力。具体来说，互动参与是指游客可以通过各种方式直接参与到乡村旅游文化传承的过程中。在现代元素的融入下，这种参与形式更加多样化和个性化。例如，在广西桂林的漓江风情园，游客可以参与划竹筏、赛龙舟等传统文化活动，并在亲身体验中了解和感受船工文化的内涵和历史渊源。此外，游客还可以观看精彩的船工表演，了解这一传统职业的技艺和表演内容。除了传统文化活动之外，现代科技也提供了更多个性化的互动参与方式。例如，在北京市通州区的大运河文化园中，游客可以通过虚拟现实技术穿上特殊设备，就仿佛置身于大运河的历史场景中，亲身感受当时的生活和环境。此外，一些乡村旅游还设置了DIY手工制作坊、民俗文化体验馆等，让游客可以亲身参与到传统手工制作和民俗文化中，学习和掌握一些传统技艺和文化知识。这样不仅可以满足游客的个性化需求，还可以推动乡村旅游的发展和文化传承。

总之，在乡村旅游文化传承方式中融入现代元素，不仅是为了更好地推广当地文化和乡村旅游资源，还在一定程度上满足了游客对更加丰富的观光体验的需求。

（二）原生态村寨传承方式主要为多要素结合类型

多要素结合类型是指在文化传承过程中，采取多种方式，如口头传授、文字资料展示、文物展示等，从多个角度开展传承工作。原生态村寨传承方式主要为多要素结合类型。这是因为原生态村寨通常缺乏书面历史记录，口头传承更为重要，同时还需要通过实物文物和展览等形式进行辅助传承。例如，云南省丽江市束河古镇是一个保存完好的纳西族传统村落，是世界文化遗产的一部分，吸引了大量的游客前来旅游。为了促进文化传承，当地政府成立了束河古镇纳西民俗文化研究院，开展纳西文化研究和保护工作，同时还建设了纳西族自治县博物馆和纳西传统村落展示中心等文化设施。通过多种方式进行文化传承，将纳西传统文化传承下去，并为乡村旅游提供了更加完善的文化服务。总之，在原生态村寨方面，采取多要素结合类型的文化传承方式对促进乡村旅游发展和当地文化传承具有重要意义。

（三）民族风情传承方式具有自发性和不确定性

民族风情传承方式具有自发性和不确定性。

一方面，传承方式具有自发性。在乡村旅游活动中特别是在一些文化节庆活动中，游客可以亲身感受当地民族文化的独特魅力。这些活动一般是由当地村民自发组织、策划和执行的，旨在展示当地的民族文化，让游客沉浸其中。这种自发性传承方式是基于当地群众的热爱和积极性，但缺乏系统性和持续性，往往需要不断地完善和改进。

另一方面，传承方式具有不确定性。在不同的民族风情展示中，传承方式很可能因为当地居民的不同文化背景和历史传承而有所不同。例如，某个少数民族的生日庆典上既可能出现传统歌舞演出，也可能出现当地村民自编自导的现代舞蹈。这种不确定性使民族风情在传承和展示过程中，缺乏一定的统一性和规范性。例如，苗族的"跳花龙"表演活动。每逢农历三月三举行，游客可以看到由当地居民精心编制的花龙头有十分繁复的结构，头上戴有各式各样的装饰品，身上穿着彩色衣裳，提着竹制架子在当地的镇街巷道中载歌载舞，热闹非凡。同时，整个活动也包含丰富的乡土文化元素，如本地特产、民音等。这种传承方式既有自发性的因素（当地居民主导），又非常注重多样性和变化性（每年庆典节目都不尽相同），但也存在一些问题，如传承方式的分散性和规范性不够等。

总的来说，在乡村旅游文化传承中，民族风情所体现的自发性和不确定性与其原有文化的基础紧密相关，需要积极引导和完善，以保护和传承好当地的民族文化。

四、乡村旅游文化建设中存在的问题

（一）乡村旅游文化产品较为单一

乡村旅游文化产品较为单一的问题主要表现在以下三个方面：

第一，产品类型单一。在乡村旅游文化产品开发中，产品类型单一是一个比较突出的问题。很多地方的乡村旅游文化产品只是简单地展示当地的自然景观和人文景观，缺乏创新性和独特性，不能满足不同游客的需求。这主要表现在以下几方面：一是缺乏主题和故事。许多乡村旅游文化产品缺乏主题和故事，无法引导游客深度了解当地的历史、文化和生态环境。例如，一些乡村旅游景区只提供简单的景区介绍和路线图，没有更深层次的内涵。二是体验项目单一。许多乡村旅游产品只提供单一体验项目，如农家乐、采摘、垂钓等，难以满足不同游客的需求。游客需要更加立体、全面的旅游体验，从而感受文化产品的吸引力。三是产品过度商品化。由于市场需求和商业竞争的影响，一些乡村旅游文化产品过分追求快速消费和商品化，忽略了文化的传承和创新，这种现象不利于乡村旅游业的长期发展。

因此，要加强对乡村旅游文化产品开发的创新和策划，制定标准和规范，提高产品质量和服务水平。通过多元化的产品类型和体验项目更好地营造具有吸引力的乡村旅游氛围，让更多游客来到乡村旅游，深度了解当地的文化和生态环境，促进乡村旅游文化传承和乡村旅游业的持续发展。

第二，内容受限。由于乡村旅游文化传承的历史背景、地域环境和社会文化等因素的限制，很多乡村旅游文化产品的内容受限，无法拓展更广阔的市场。乡村旅游文化产品内容受限的原因表现在以下方面：一是文化传承的局限性。乡村文化的传承往往存在中断、衰变等情况，这导致当地文化传统的表现形式缺乏多样性和深度，旅游产品也就缺乏足够的内容支持。二是地域资源不足。许多乡村地区的自然资源、人文资源比较单一，难以开发多样而丰富的旅游产品，这也限制了乡村旅游文化产品的开发空间。三是社会文化的制约。某些乡村地区的文化和社会习俗可能与游客的需求产生冲突，也可能因为法律法规等原因受到限制或禁止。四是出于经济收益的考虑。有些乡村旅游行业的从业者只关注经济利益，忽视了产品的文化内涵和价值，这导致产品质量参差不齐，内容受限。针对这些原因，乡村旅游文化传承需要在发掘区域特色、挖掘当地文化资源、通过创新加强文化衍生品的开发等方面寻找解决办法。同时，也需要重视文化传承和保护，鼓励当地居民积极参与，提高乡村旅游文化产品的质量和可持续性。

第三，缺乏行业标准。乡村旅游文化产品的开发缺乏统一的规范和标准，因此很多产品的质量和服务标准不尽相同，难以保证游客的安全和文化体验。这主要表现在以下几方面：一是产品质量参差不齐。由于缺乏行业标准，各地的乡村旅游文化产品质量参差不齐，有的产品服务周到、设施齐全，而有的产品则存在安全隐患、服务不到位等问题。二是行业发展不规范。缺乏行业标准会导致乡村旅游文化产品的开发不规范和混乱，让行业无法健康、有序地发展。三是消费者体验感降低。缺乏行业标准，乡村旅游文化产品的服务质量无法保证，消费者的旅游体验往往会受到影响，并且可能会对整体的乡村旅游形象产生负面影响。为了解决这些问题，需要制定和实施乡村旅游文化产品开发的规范和标准，包括场地建设、服务流程、服务人员的素质等方面。同时，需要加强对乡村旅游文化产品的监管和评估，确保各项标准得到严格执行，并加强市场宣传和品牌推广工作，为乡村旅游文化产品的开发打下良好的基础。

乡村旅游文化的传承需要加强对文化产品开发的创新和策划，制定标准和规范，提高产品质量和服务水平，以满足广大游客的不同需求，促进乡村旅游文化的传承和乡村旅游业的持续发展。

（二）乡村旅游文化传承方式受到限制

在实践中，乡村旅游文化传承方式受到了限制。

首先，受到经济因素的制约。由于乡村地区的经济相对落后，旅游设施和旅游服务品质难以与城市媲美，从而影响了乡村旅游的吸引力和竞争力。这种经济现实导致乡村旅游文化资源的开发和利用存在较大困难，文化传承方式也受到限制。乡村旅游文化传承方式受到经济因素的制约主要表现在以下几方面：第一，由于乡村地区的基础设施和旅游设施不完善，在进行乡村旅游开发时需要进行大量的基础设施建设和旅游设施改善。这些工程既需要巨大的投资和长时间的建设周期，也需要政府和企业在投资和策划方面做出非常细致的规划和考虑。这就限制了乡村旅游文化传承方式的多样性和实用性，使很多有价值的传统文化无法得到展示和传播。第二，缺乏资金是乡村旅游文化传承方式受到限制的重要因素。由于乡村地区的经济水平相对较低，当地居民的收入水平也不高，旅游消费能力相对较弱，因此乡村地区发展旅游业需要大量的资金，以保证旅游设施、公共设施和经营管理等方面的正常运作。然而，目前政府和企业对乡村旅游经济的重视程度依然不够，对投资乡村旅游业的意愿和投入程度有待提高。第三，乡村地区缺少专业人才是乡村旅游文化传承方式受到限制的重要原因之一。因为乡村地区的经济发展相对较弱，大部分具有一定技能的农村居民会选择到城市谋求更好的工作机会和生活质量。这就导致乡村地区的人才流失和人力资源不足，影响了乡村旅游文化传承方式的多样性和实用性。第四，乡村地区的文化缺乏商业化利用是乡村旅游文化传承方式受到限制的重要原因之一。传统文化资源的开发和利用需要大量的资金和新的营销策略，但是由于乡村地区的文化资源在商业利用方面缺少相关经验和品牌形象，因此无法得到有效的商业化利用。

其次，受到人力资源不足的制约。乡村地区的人口密度相比城市较低，且年轻人外出打工、上大学等的比例也较高，导致乡村地区缺乏专业人才，甚至旅游规模较小的地区连一个专业的导游都难以招募，这种人力资源短缺导致乡村旅游的开发和利用受到限制。同时，乡村旅游需要的不仅是导游，还需要有专业的旅游规划师、投资人、营销人员等，这些人才的缺乏会直接影响乡村旅游的发展和文化传承。此外，传统乡村文化的传承者多为老年人，他们普遍没有岗位职责，收入也较低，这些条件很难吸引年轻人加入传承队伍。这种情况长期发展下去就会导致优秀传统文化传承的中断，甚至失传。为了解决人力资源不足的问题，需要采取以下措施：一方面，政府可以通过资助培训机构、提供相关就业计划和补贴等方式，鼓励青年人才回到乡村发展；还可以采用志愿者服务等方式，吸引更多热心人参与乡村文化传承，提高传承队伍的素质和数量。另一方面，学校可以积极开设相关专业课程，培养更多乡村旅游从业人员。总之，只有打破人力资源的限制，才能让乡村旅游真正地融入当地社会和文化生活中。

最后，受到文化环境不完善的制约。乡村地区传统文化的底蕴较为深厚，但是在现代社会的冲击下，传统文化的遗失和流失非常普遍。这使乡村旅游文化的传承方式受到了限制，对游客也缺乏足够的吸引力。主要体现在以下几方面：第一，传统文化资源的流失和遗失。随着现代化进程加快，许多乡村地区的传统文化资源逐渐流失和遗失，如传统建筑、民俗风情等。这种现象导致乡村旅游文化传承方式的选择受到限制,因为缺乏传统文化资源,不能提供有吸引力的文化体验。第二,乡村地区居民教育水平较低。由于受到经济发展的制约和教育资源相对匮乏,乡村地区的教育水平普遍较低。这使乡村旅游文化的传承方式受到影响。因为文化教育水平的低下,对传统文化的认知不足,导致文化资源的开发和利用困难重重。第三,乡村地区旅游服务市场还不完善。乡村地区旅游服务市场还不够成熟,对乡村旅游文化传承方式的发展和推广产生了一定影响。缺乏专业的旅游服务人才、旅游产品不够丰富等都会影响乡村旅游的发展和文化传承。第四,缺乏相关法律法规的保障。在乡村旅游文化的传承方面,缺少相关法律法规的保障,使文化资源的开发和利用面临很大的不确定性。对于传统文化的保护和传承,有必要制定相关的法律法规,保障传统文化资源的合法性和可持续性。因此,提高乡村旅游文化传承方式的有效性,需要政府加强文化建设,提高教育水平,并为乡村旅游业提供优惠政策和资金支持。同时,企业需要积极发掘传统文化资源,提高旅游产品的品质。社会也需要积极参与乡村旅游文化传承,保护和传承传统文化资源,促进旅游文化的创新和发展。

综上所述,在乡村旅游文化传承中,其传承方式受到多种限制,这些问题需要政府、企业和社会共同努力来解决。政府应该加大对乡村旅游开发的支持力度,促进旅游业发展。同时,企业要注重人才培养和技术提升,提高乡村旅游的服务质量,从而增强其竞争力。社会应积极参与乡村旅游文化传承,推动优秀传统文化的保护和传承。

(三)乡村旅游文化传承主体较为欠缺

乡村旅游文化传承主体较为欠缺主要表现在以下四个方面:

第一,传承主体意识不足。许多乡村旅游从业者缺乏对本土文化传承的认识和重视,甚至对当地的历史、传统文化、民俗风情一无所知,这是导致乡村旅游文化传承主体较为欠缺的一个重要原因。一方面,这些从业者普遍存在文化素养不高的问题。他们对当地的历史、传统文化、民俗风情等方面了解甚少,往往仅限于外表形式的展示,缺乏深入挖掘和理解。另一方面,这些从业者在经营中过于追求商业利益,忽略了文化传承的重要性,没有将当地文化元素融入当地产品中去。这些都导致了本土文化传承的空缺。

第二，传承机制存在不足。在乡村旅游发展过程中，缺乏完善的传承机制保护和传承本土文化。乡村旅游项目大多属于小型农家乐或乡村民宿，经营者往往缺乏资金和技术支持，无法建立和维护完整的传承体系。首先，传承机制涉及多个方面的内容，包括政策、法律、人才、资金等，需要各方协同合作才能建立完善的传承体系。然而，政府部门、企业和社会组织间的协调机制不够健全，导致传承机制无法得到有效的推进和实施。其次，传承机制需要大量的资金和技术支持。在乡村旅游发展初期，基础设施薄弱、技术水平低下，缺乏资金和技术支持，难以建立完善的传承机制。尤其是在一些经济欠发达地区，资金和技术更加匮乏，这导致乡村旅游文化传承难以持续。最后，传承机制需要长期的时间和精力投入。文化传承不是一蹴而就的事情，需要长期的积累和传承，也需要付出大量的精力和心血。然而，在现实中，许多乡村旅游从业者往往难以长期从事传承工作，这导致传承机制无法得到充分的发挥和利用。综上所述，建立完善的乡村旅游文化传承机制需要政府、企业和社会组织的协同合作，涉及资金、技术、人才等方面的问题。只有在全社会的共同努力下，才能建立起健全的乡村旅游文化传承体系，保护和传承本土文化，推动乡村旅游的可持续发展。

第三，传承人才短缺。传承人才短缺是乡村旅游文化传承中的一大难题。乡村旅游文化传承需要具备丰富的本土文化知识和传承技能的传承人才，但现实情况是许多年轻人对本土文化传承的参与度不高，缺乏传承意识和相关专业技能。首先，年轻人缺乏参与感。随着现代社会的发展和城市化进程，越来越多的年轻人离开家乡，在城市工作和生活。他们对本土文化的了解和关注逐渐减少，甚至缺乏传承本土文化的意愿，这导致乡村旅游文化传承中传承人才的短缺。其次，传承人才机制不完善。乡村旅游发展中缺乏为传承人才提供培训和支持的机制，使传承人才难以获得专业的培训和技能提升。此外，一些传承人才缺乏经济来源和保障，无法全职从事传承工作，因此也无法将传承技能发挥到最大的作用。最后，传承人才的职业前景不明朗。乡村旅游文化传承工作大多由非营利性组织或政府部门管理，传承人才的职业前景不够明朗，缺乏吸引力。这使一些有潜力的传承人才无法获得应有的支持和激励，从而无法发挥其潜力。因此，乡村旅游文化传承中需要通过建立完善的传承机制、提供专业的培训和技能提升，以及构建有吸引力的职业前景，来吸引更多的年轻人参与本土文化传承，从而推动乡村旅游文化传承的发展。

第四，文化传承观念落后。部分乡村旅游从业者的文化传承观念比较陈旧，认为本土文化传承只是一种"保护主义"，不太重视其在旅游发展中的作用。这种观念导致乡村旅游文化传承工作往往处于被动状态，难以有效地开展。首先，部分旅游从业者认为本土文化传承只是一种"保护主义"，在旅游发展中并不重要。这种观念使他们往往不会将本土文化和乡村旅游联系起来，缺乏对本土文化的认识和重视。这导致本土文化无法在乡村旅游中体现，也无法传承给游客和后人。其次，乡村旅游发展追求经济利益的倾向较为明显。一些旅游从业者在追求经济利益的过程中忽略了对本土文化传承的关注和支持，导致本土文化的传承工作难以开展。同时，这种做法也会使乡村旅游变得相对单一和同质化，缺乏对不同地区文化多样性的呈现和保护。因此，解决乡村旅游文化传承中传承观念落后的问题，需要加强旅游从业者的文化意识培养和传承观念转变，让他们认识到本土文化的重要性和乡村旅游与本土文化相互依存的关系。同时，这一过程也需要政府的引导和支持，鼓励乡村旅游企业在文化传承方面多下功夫，促进本土文化和乡村旅游的融合发展，实现经济效益和文化传承的双赢。

综上所述，乡村旅游文化传承中的文化传承主体存在问题。为解决这一问题，相关部门需要加强文化遗产保护、开展文化传承培训、鼓励乡村青年回乡创业、加大宣传力度等方面的努力。只有这样，才能营造出真正具有文化魅力的乡村旅游环境。

第二节　乡村振兴战略下乡村旅游文化建设案例分析

通过问卷调查法，本节以宁乡炭河古城为案例对该地的旅游文化建设情况进行分析，包括传承载体、传承主体、传承方式、传承效益等方面，为解决我国乡村旅游文化建设存在的问题提供实践支持。

一、宁乡炭河古城乡村旅游文化建设概述

位于湖南省宁乡市黄材镇的炭河古城是一个历史悠久、文化丰富的地方，这里有宁乡炭河里国家考古遗址公园和湖南宁乡炭河里西周城址。宁乡炭河古城是中国首个周文化主题公园，作为乡村旅游文化建设的代表，它以青铜文化和历史文化为基础，致力于打造魅力乡镇，提高文旅产品的开发水平。同时，它以民族民间文化遗产为载体形成了一些具有地方特色的文化，如宁乡山歌、青山花鼓等。宁乡炭河古城坐落于"四羊方尊"出土地，被誉为"活着的西周古城"，成为人们了解周文化的重要窗口。通过深入挖掘本地文化资源，宁乡炭河古城为当地的文化产业和旅游产业注入了新的活力和发展动力。

二、宁乡炭河古城乡村旅游文化建设模式与特征

（一）文化旅游综合体

宁乡炭河古城以炭河里遗址所蕴含的悠久历史为支撑，成功构建了轻资产输出的演艺文化旅游综合体。该综合体主打以"四羊方尊"为代表的历史文化演艺，其中包含令人动容的巾帼红颜、生离死别、家仇国恨及武王伐纣等西周王朝时期的故事。这些演艺生动地呈现了西周时期的社会场景、文化场景和生活场景，使观众仿佛穿越到千年前的中国古代。通过宁乡炭河古城这一舞台，许多游客可以亲身感受西周文化的独特魅力，更加深入地了解和掌握中华文化的博大精深。

（二）多元化旅游

宁乡炭河古城位于湖南省宁乡市黄材镇，是该地区的核心景区；是宁乡炭河里文化主题公园的核心产品，以此为中心辐射了全域旅游。该景区深度挖掘湖南文化的根，以西周古城为蓝本将编钟古乐、诗礼周风等元素融入其中，探寻文化血脉。景区内有十大演艺秀，其中包括编钟乐舞等精彩表演，让游客体验到真正的古代文化。此外，景区还融入了当地的民俗文化，如花痴节、泼水节、辣椒节等，为游客带来了更加多元化的旅游体验。

三、宁乡炭河古城乡村旅游文化建设绩效分析

（一）提升乡村经济收入水平

炭河古城景区是宁乡炭河古城乡村旅游的瑰宝，开园一周年就已经接待游客超过400万人次，为宁乡全域旅游注入了强大的动力。这个独具魅力的景区已经成为宁乡旅游业的主要增长点，2022年其营业收入近2亿元，带动宁乡全域旅游超过6亿元的产值。[1]同时，炭河古城景区也成为周边餐饮、民宿等100家企业的发展引擎。这些企业的发展不仅给当地经济带来了可观的收益，更重要的是它们为乡镇村民创造了大量的就业机会，也帮助村民实现了致富。因此，可以说，炭河古城景区既是宁乡炭河古城乡村旅游的核心支柱，也是宁乡繁荣发展的重要支撑。

（二）带动当地就业

宁乡炭河古城是一座历史悠久、文化底蕴深厚的古镇，也是当地旅游业的重要组成部分。随着文化旅游行业的不断发展，该古镇为当地居民提供了许多就业机会。例如，每年《炭河千古情》演出活动都能上演1000余场，直接带动周边5000余名人员就业。据调查，宁乡炭河古城每年可提供300多个岗位，其中80%以上来自当地，除了管理人员之外，还包括大量的接待、保洁、保安人员及店铺经营人员。值得一提的是，宁乡炭河古城作为一个古镇，其优秀传统文化也在不断地传承和弘扬，因此还有很多与传统文化相关的就业机会，如工艺品、传统美食制作等。可以说，宁乡炭河古城不仅提供了大量的就业机会和

---

1 参见《宁乡市2022年国民经济和社会发展统计公报》。

经济效益，还为当地文化的传承和发展做出了很大的贡献。

（三）精准扶贫

宁乡炭河古城是一个历史悠久且文化内涵丰富的小镇，近年来在旅游业方面取得了显著进展。在这一过程中，精准扶贫工作也取得了良好的推进，成为推动社会公平、促进经济发展的重要保障。据统计，截至2022年底，已有14401名人员受益于宁乡炭河古城的文化旅游发展。通过有效的扶贫措施和创新模式，这些受益者的年收益增长近万元。调查结果显示，受益的贫困人口满意度高达98.15%，其他农户的满意度也超过90.24%。[1]这些数据充分证明了宁乡炭河古城在扶贫工作中所发挥的重要作用，并为未来的发展提供了坚实的基础。

四、宁乡炭河古城乡村旅游文化建设消费者满意度分析

为了深入了解宁乡炭河古城乡村旅游文化的建设情况，笔者制定了一份消费者满意度调查问卷。该问卷通过随机抽样的方式对宁乡炭河古城的消费者进行调查，以评估他们对宁乡炭河古城乡村旅游文化建设的满意度。希望通过这份调查问卷，剖析宁乡炭河古城乡村旅游文化建设中存在的问题，为进一步促进该地乡村旅游文化建设提供支持。在2022年10月至11月，笔者在宁乡炭河古城各旅游景点发放了问卷，并成功收回395份问卷，有效问卷为388份，有效率达到98.2%。问卷从宁乡炭河古城乡村旅游文化建设传承载体、文化建设传承主体、文化建设传承投入、文化建设传承效益等四个方面展开调查，以了解消费者对宁乡炭河古城乡村旅游文化建设的满意度。

（一）宁乡炭河古城乡村旅游文化建设传承载体

消费者对宁乡市乡村旅游文化的感知结果显示，对大型歌舞《炭河千古情》和四羊方尊女神造像的满意度较高；但对演艺秀"编钟乐舞""褒姒沐浴"等的满意度较低，只有13.78%的人表示满意或非常满意。由此可见，宁乡炭河古城文化建设需要更好的传承载体，同时也需要深挖四羊方尊女神造像传奇故事的内涵。

---

1 参见《宁乡市 2022 年国民经济和社会发展统计会报》。

作为宁乡文化的灵魂，大型歌舞《炭河千古情》以四羊方尊女神造像为主题，讲述了宁妃为成功铸造出四羊方尊、拯救爱人及周国子民献出了自己的生命，抒写了武王和宁妃跨越千年的爱情故事。这部剧是宁乡旅游文化的代表作之一，其推广和演出不仅能够吸引更多的游客，还能够深刻地传递宁乡的历史价值和文化价值。除此之外，四羊方尊女神造像也是宁乡旅游文化的标志性产品之一。在该地区的旅游活动中，人们可以更好地利用这一传统文化资源，向游客展示宁乡的历史和文化底蕴。然而，现有的演艺秀表演带有很多明显的现代元素，而缺乏当地文化内涵的特点。因此，为了提升宁乡炭河古城乡村旅游文化的深度和魅力，需要进一步围绕四羊方尊女神造像传奇故事进行延伸，打造更具文化内涵和吸引力的相关旅游产品。例如，"彩楼抛绣球""西周穿越快闪"等活动应该更加注重原汁原味地呈现宁乡的本土文化特色，以期让游客真正感受到这个地方的独特魅力。

（二）宁乡炭河古城乡村旅游文化建设传承方式

调查显示，消费者对《炭河千古情》大型表演和打造西周古城等方式传承西周文化的满意度较高，达到了47.7%。然而，消费者对宁乡开发游学旅行、红色文化之旅等传承乡村文化、传统乡村旅游文化中包含现代元素成分等多方面的满意度较低，只有17.6%和17.09%。除了剧院上演的《炭河千古情》大型表演和打造西周古城等方式传承西周文化之外，宁乡炭河古城乡村旅游文化传承方式存在产业化实施困难和现代要素融合较多的现象。

其中，以产业化方式传承文化难以实施是其中的一个问题。虽然炭河里遗址中蕴含着丰富的文化内涵，但是除了宁乡炭河古城主题公园式传承方式外，其他乡村旅游文化产业方式均难以实施。为了推进文化传承的产业化，需要对炭河里文化进行挖掘，剖析当时的社会组织结构和社会形态，并将族群迁徙、文化交流等丰富的文化内涵挖掘出来，将游学旅行、红色文化之旅等有机结合起来，充分发挥西周的文化内涵，将宁乡炭河古城变成一部西周社会的"活教材"，将其作为青铜文化、西周文化、红色文化教育的基地。

另一个问题是，传统乡村旅游文化中现代要素明显。无论是《炭河千古情》大型表演传承西周文化，还是再造西周古城还原西周文化实景都包含大量的现代元素。在《炭河千古情》大型表演中应用了很多现代的技术,如通过光学、信息技术打造了具有震撼力的3D影视效果。同样,西周古城的实景中也存在现代元素,与其他主题公园存在同质化,传统乡村旅游文化的色彩不够浓郁。因此,为了更好地传承乡村文化和传统乡村旅游文化,需要在保留传统文化魅力的同时将现代元素融合得更为巧妙,使游客在感受传统文化的同时也能感受到现代的舒适和便利。

(三)宁乡炭河古城乡村旅游文化建设传承投入

调查显示,消费者对宁乡炭河古城的文化建设投入的满意度较低,其中对炭河古城文化建设投入表示满意及非常满意的只有17.35%,对炭河里国家考古遗址公园文化建设投入表示满意及非常满意的只有21.68%,而对宁乡炭河古城的其他文化建设投入的满意度及非常满意度仅有15.82%。这表明虽然宁乡炭河古城在建设方面做得不错,但在内部传承的文化平台建设方面仍有很大的进步空间,特别是一些尚未建成的项目。炭河里国家考古遗址公园的文化建设更是严重不足,只是一些遗址而已,缺乏充分的文化投入。因此,宁乡炭河古城需要加大对其文化建设的投入力度,并注重建设更多的文化遗址和平台,以提高消费者的满意度。

(四)宁乡炭河古城乡村旅游文化建设传承效益

调查显示,消费者对宁乡炭河古城文化品牌建设的满意度较高,这已经产生了一定的品牌效益,吸引了大量游客来访。然而,在炭河里国家考古遗址公园文化品牌建设及宁乡炭河古城其他文化品牌建设方面,消费者的满意度却较低,比如在上述三个方面满意及非常满意的比例都很低。具体来说,宁乡炭河古城文化建设投入的满意及非常满意分别只占29.85%和20.41%,这说明有必要进一步提升对历史文化的开发投入。实际上,宁乡炭河古城是基于四羊方尊女神造像的出土,人工建造或人工"复原"的一座西周古城,是周文化的缩影,属于主题公园式文化旅游。然而,该市场空间相对有限,对历史文化的开发也存在不足之处。相比之下,黄材镇的炭河里遗址则是一种值得挖掘的青铜文化,其位于湖南省长沙市宁乡市黄材镇寨子村塅溪与沩水交汇的台地上,是南方最著名的青铜器出土地。该遗址的实际年代约在商代到西周时期,除了出土了四羊方尊之外，还有提梁卣、青铜鼎、金戈铁马、茅等数十件青铜器，以及西周古墓群，商朝陶罐、玉器、青铜器等，值得进一步挖掘。为此，炭河里国家考古遗址公园的开发需要加大投入力度，同时也需要进一步拓展黄材镇寨子村乡村旅游文化产品的市场空间，打造出更多新的乡村旅游文化产品，从而吸引更多游客来访。例如，可以把炭河里国家考古遗址公园和龙泉村的转耳仑山结合起来，打造综合性旅游目的地，推出更加丰富的乡村旅游文化产品，进一步拓展市场空间。此外，宁乡炭河古城也有一段具有历史意义的现代文化内容，即黄唐起义。这段历史也值得挖掘，可以通过建立相关的纪念馆、举行相关活动等方式，将黄唐起义的历史文化价值进行充分展示和传承。这些措施可以进一步提升宁乡炭河古城及其周边旅游区域的整体文化魅力，增强其可持续发展的潜力。

第三节　乡村振兴战略下乡村旅游文化建设对策

文化建设是乡村旅游发展的基础和灵魂，具有举足轻重的地位。随着我国旅游业的蓬勃发展，乡村旅游在我国也得到了快速发展，与之相应的乡村旅游文化建设也需要不断加强和完善。本节将从多个角度探讨乡村旅游文化建设对策，以期为乡村振兴战略的实现提供更有力的支撑。

一、挖掘开发乡村旅游文化产品

（一）挖掘乡村文化资源

乡村文化资源是乡村旅游文化产品的重要来源，这些资源包括传统建筑、民俗文化、园林艺术等。在挖掘乡村文化资源时，可以通过调研、采访、考察等方式寻找那些特色鲜明、历史悠久、具有代表性的文化资源，为开发乡村旅游文化产品提供有力的支撑。在挖掘乡村文化资源方面，具体可以考虑以下四个方面。

第一，挖掘传统建筑。传统建筑是乡村文化的重要组成部分，不仅反映了乡村社会的历史、文化，还反映了劳动人民的智慧和生活方式。我们可以通过对乡村中具有代表性的传统建筑进行考察、调研和保护，以及利用其作为旅游景点的方式来挖掘乡村文化资源。

第二，挖掘民俗文化。民俗文化是乡村文化的重要组成部分，包括节日、习俗、传说、歌谣等。我们可以通过收集民间故事、调查民俗节庆、记录民间习俗等方式挖掘乡村的民俗文化，将其作为旅游吸引点来开发乡村旅游文化产品。

第三，挖掘乡土风情。乡土风情是指乡村特有的人文资源和自然景观，包括田园风光、农耕文化、农家生活等。我们可以通过采访当地居民、观察自然景观和体验乡村生活方式等方式，挖掘乡土风情元素，将其作为开发文旅产品的资源。

第四，挖掘园林艺术。园林艺术既是中国传统文化的重要组成部分，也是乡村文化资源的重要形式。我们可以通过保护和利用当地园林艺术作为旅游景点挖掘乡村文化资源。此外，我们还可以通过精心设计和布局将园林艺术融入文旅产品中，让游客深入感受乡村文化的魅力。

（二）分析目标客户需求

乡村旅游文化产品开发必须以客户需求为导向。对于不同的客户需求，需要针对性地进行文化产品的开发；依据客户的需求与偏好制订相应的文化产品方案。例如，对于年轻人，可开发生态环保体验类产品；对于老年人，可以开发养生保健类产品；而对于家庭客户，则可以开发亲子游或家庭游等产品。因此，分析目标客户需求是乡村旅游文化产品开发的重要环节。我们需要根据不同的客户需求制订相应的文化产品方案。

第一，为客户画像。首先需要了解客户的基本信息，如年龄、性别、职业等，以便更好地了解他们的消费习惯和旅游需求。

第二，明确客户的消费能力和消费水平。明确客户的消费能力和消费水平，可以制定价格策略，进一步满足客户需求。

第三，了解客户喜好和偏好。客户的喜好和偏好是决定他们选择旅游产品的重要因素，因此需要进行市场调研，通过问卷调查等方式了解客户的口味和偏好。例如，有的客户喜欢文化体验和历史遗迹，而有的客户则喜欢户外运动和自然风光。

第四，掌握客户的动机和需求。客户选择乡村旅游的动机和需求也需要考虑，有些人是想放松身心，避开城市喧嚣；有些人则是想寻找当地文化精髓，感受民俗特色。

第五，了解家庭结构和需求。家庭结构和需求也是重要的考量因素。对于带着孩子旅游的家庭，产品设计方案需要考虑到儿童安全和趣味性等方面，同时还要满足父母的健康休闲需求。

综上所述，通过对目标客群需求的全面分析，可以更好地开发特定的乡村旅游文化产品，提高产品的适应性和可销售性，进一步推动乡村旅游业的发展。

（三）引入新技术与元素

通过引入新技术和元素，可以为乡村旅游文化产品注入新的活力和趣味。例如，可以采用虚拟现实技术、智能化系统等先进科技手段展示乡村文化资源；同时，也可借助音乐、游戏等元素增加产品的趣味性和娱乐性。以下是一些常见的新技术和元素。

第一，虚拟现实技术。虚拟现实技术可以为游客提供身临其境的感觉，让他们更好地了解乡村文化资源。例如，可以制作一个虚拟的古村落，通过虚拟现实眼镜或虚拟现实体验亭等设备，让游客仿佛置身其中。

第二，智能化系统。智能化系统可以提高游客的体验感和管理效率。例如，可以在景区内布置智能导游机器人，游客通过它可以获取景区信息，还可以通过语音交互和它进行互动。此外，智能化系统还可以帮助管理者实时掌握景区数据，提升管理效率和服务质量。

第三，音乐元素。音乐元素可以为乡村旅游文化产品增添艺术氛围和趣味性。例如，可以在景区内设置小型音乐演出区域，邀请当地艺术家或乡村民众策划演出；另外，也可以考虑将当地民间音乐元素融入景区的娱乐活动和互动活动中，为游客带来独特的文化体验。

第四，游戏元素。游戏元素可以增加乡村旅游文化产品的趣味性和互动性。例如，可以设计一些有趣的互动游戏或挑战项目，在其中融入当地文化元素，让游客在游戏中了解当地的风土人情和历史文化。

总之，引入新技术与元素需要充分考虑游客的需求和产品特点，并结合当地文化资源进行选择和应用。正确使用新技术和元素，可以为乡村旅游文化产品注入新的生命力和活力。

（四）打造全产业链式服务

在乡村旅游文化产品的开发过程中，需要充分考虑产品的服务体验。为此，必须打造全产业链服务，完善乡村旅游的各项服务，如交通、餐饮、住宿等；同时也要注重细节，从服务态度到场景布置营造出良好的消费体验和品牌形象。因此，为了让游客获得更好的旅游体验，需要在以下五个方面进行服务优化。

第一，场馆服务。为了提高游客的游览体验，文化场馆内部提供的各种服务也需要不断改进。例如，可以提供讲解员、自助导览器等服务，方便游客参观和理解文化资源。

第二，交通服务。乡村的交通条件比城市有限，游客的交通出行需要更多便利。可通过提供公共汽车、小型旅游车辆等定制化交通服务，实现跨区旅游。

第三，餐饮服务。乡村旅游的餐饮服务应当充分体现当地特色美食和独特文化，为游客提供真正的"舌尖上的文化体验"。同时，我们也需注意卫生、安全等方面的问题，保证游客的健康和安全。

第四，住宿服务。乡村旅游的住宿条件相对城市要差，但许多农家乐、小型民宿等也能提供优质住宿服务。为了提供更好的住宿体验，乡村旅游可改善住宿环境，提高服务质量。

第五，便民服务。除了上述服务之外，还应该为游客提供更全面、更贴心的便民服务。例如，提供购物、医疗、应急、邮寄、取款等相关服务，为游客的出行提供更加便利的配套服务。

综上所述，乡村旅游文化产品开发需要全产业链式服务，考虑到游客出行的各个环节，为游客提供全方位、高品质的旅游体验。只有这样，才能够增强游客的满意度和消费体验，为乡村旅游的持续繁荣发展提供坚实的支撑。

挖掘开发乡村旅游文化产品需要注重挖掘文化资源、分析客户需求、引入新技术与元素，以及打造全产业链式服务。只有在这些方面做得足够充分，才能推动乡村旅游文化产品的有序发展。

二、壮大乡村旅游文化传承主体

（一）完善乡村旅游文化传承机构

完善乡村旅游文化传承机构可以从以下五个方面进行。

一是设立专门的机构。乡村地区可以建立乡村旅游协会、乡村旅游文化协会等机构，专门负责乡村旅游中的文化传承工作。这些机构可以充当信息平台、宣传推广基地和资源整合中心等角色，促进乡村旅游文化传承工作的顺利开展。

二是配备专业人员。乡村旅游中的文化传承工作需要专业人员的支持，他们可以提供文化遗产保护、历史研究、传统文化传承等方面的专业知识，为乡村旅游中的文化传承工作提供帮助和支持。

三是加大资金支持力度。乡村旅游文化传承机构的建设离不开资金支持，政府可以通过拨款、补贴等方式向这些机构提供资金支持，增强其传承能力和吸引力。

四是建立联合体。乡村旅游文化传承机构可以与相关机构、企业、非营利组织等建立联合体，共同开展乡村文化传承工作。这样可以实现资源共享、信息互通，提高传承工作的效率和质量。

五是注重品牌建设。乡村旅游文化传承机构应注重品牌建设，打造有影响力的品牌，增强其在乡村旅游文化领域的知名度和价值。通过品牌建设，可以为乡村旅游文化传承机构带来更多资源，并吸引更多人参与乡村旅游文化传承工作。

（二）培养乡村旅游文化传承人才

在乡村旅游文化传承人才培养方面，可以采取以下措施：

第一，建立乡村旅游文化传承人才培养机制，开展各类传承人才培训班和交流活动，提升传承人才的综合素质。

第二，鼓励大学生、留守儿童参与乡村旅游文化传承工作，培养他们对传统文化的热爱之情，保护和弘扬中华优秀传统文化。

第三，组织专业人员教授传统文化知识，如民俗文化、手工艺等，让传承人才深入了解传统文化的内涵和历史背景。

第四，安排实践活动，包括户外考察、文化体验等活动，让传承人才真正感受到传统文化的魅力，激发传承人才对传统文化的热爱和保护意识。

第五，制定和实施奖学金、学术论文比赛等激励机制，引导和激励传承人才积极投身乡村旅游文化传承工作，并提升其传承能力和专业水平。

第六，建立青年志愿者服务队伍，组织开展与乡村旅游文化传承相关的社会实践活动，为青年人才提供锻炼和成长的机会。

第七，加强与高校的合作，积极探索校企合作、实习和就业等方式，培养更多的乡村旅游文化传承人才。

（三）加强乡村旅游文化资源保护

加强乡村旅游中的文化资源保护，需要从以下六个方面入手。

第一，策略性规划。制定相关规划和政策，明确乡村旅游文化资源的保护目标、范围、方式与方法，探索符合本地特色和实际情况的保护模式。

第二，完善制度体系。建立健全的乡村旅游文化资源的管理、保护和利用制度，建立合理的奖惩机制。

第三，文化资源普查工作。加强对乡村旅游文化资源的调查、挖掘和整理工作，登记具有较高历史价值、文化价值的遗产资源，以及在乡村社会生活中形成的优秀传统文化，确保这些资源未受到破坏和流失。

第四，保护与修缮。针对乡村旅游文化遗址和景点，开展有效的保护和修缮工作，维护其原始风貌，维持文化、艺术和历史遗迹，同时保证其安全和可持续利用。

第五，建立监测机制。建立乡村旅游文化资源的监测和预警机制，加强对重要文化遗产的监控和保护，并及时纠正任何违反保护规定和破坏文化遗产的行为。

第六，加强保护意识。吸引更多关注和参与乡村旅游文化遗产的当地居民和游客，形成保护文化遗产的社会共识，让广大民众共同参与乡村旅游文化遗产的保护和传承。

（四）提升乡村旅游文化传承产品质量

一方面，建立乡村旅游文化传承产品的质量检验体系，增强乡村旅游文化传承产品的品质和安全性。具体而言，一是制定乡村旅游文化传承产品的质量标准，统一产品质量认证标准和评价体系；二是加强对乡村旅游文化传承产品生产、销售环节的监管，确保产品质量符合规定标准；三是制定相关制度和措施，防止乡村旅游文化传承产品假冒伪劣、夹带有害物质等情况发生。

另一方面，鼓励各地发掘本土乡村文化传承资源，开发符合市场需求的旅游产品，提高旅游产品的知名度和市场竞争力。第一，发掘乡村文化传承资源。根据地域文化特色挖掘乡村旅游文化传承资源，包括传统建筑、手工艺品、民俗习俗、传统节日等，确保传承内容真实、丰富。第二，改善旅游环境。加强对乡村旅游环境的整治，改善交通、水电等基础设施，提供优质的餐饮住宿服务，提高乡村旅游中文化产品的综合品质。第三，开发创新性旅游产品。在保护乡村旅游文化传承资源的前提下，根据市场需求和游客偏好开发独具特色、有创意的乡村旅游文化产品，如文化体验游、文化寻宝游等。同时，注重产品的可持续性和生态环保性。第四，推广乡村旅游文化产品。通过各类媒体、展会、旅游推广等途径，向游客宣传和推广乡村旅游文化产品；涵盖线上推广和线下体验，让更多的人了解和参与乡村旅游文化传承。

三、优化乡村旅游文化传承方式

优化乡村旅游文化传承方式可以从以下四个方面入手。

（一）加强文化资源挖掘和整合

乡村旅游文化传承需要有足够的文化资源支撑，包括历史建筑、文物遗址、传统手工艺及民俗文化等方面。要加强对这些资源的挖掘和整合，策划开发一些具有代表性和特色的文旅产品，让游客能够亲身体验和学习当地的文化。在加强文化资源挖掘和整合方面，我们应该深入了解当地的历史文化、传统文化、社会风俗和民间艺术等方面的信息。我们可以通过走访当地居民、查阅文献和与相关专家学者进行交流等方式获取资料；同时，要对这些文化资源进行整合和归纳，建立完善的文化资源库，以便更好地进行文旅产品的开发和推广。

在开发文旅产品时，我们需要根据当地的文化资源特点和游客的需求选择合适的内容和形式。例如，可以开发历史文化主题游、乡村美食品鉴游、传统手工艺体验游等不同类型的旅游产品。在策划文旅产品时，我们应该考虑到游客的体验感受和文化认知，注重产品的实用性和可操作性，让游客在旅游过程中充分体验当地的文化底蕴，增强文化意识和文化自信心。此外，可以通过建设一些文化旅游配套设施和场馆，如博物馆、纪念馆、书吧、手工艺坊等，更好地展示和传承当地的文化；同时，也可以引入一些文化演出和活动，如传统音乐、舞蹈、戏曲等，丰富游客的旅游体验。利用这些措施能够促进当地文化旅游的发展，推动乡村振兴和文化传承。

（二）推广文化旅游体验式教育

推广文化旅游体验式教育是乡村旅游文化传承的关键环节之一。通过让游客亲身体验和参与到当地的文化活动中，可以更好地传递当地的历史知识和文化知识，增强游客对当地文化的认识和了解，增强游客对乡村旅游的兴趣和满意度。具体可以通过以下方式实现。

一是参观历史建筑。当地的历史建筑是展示当地文化的重要载体，游客可以通过参观这些建筑物了解当地的历史、建筑风格和文化底蕴。

二是制作传统手工艺品。乡村地区的手工艺品丰富多样且富有特色，可以为游客提供制作工艺品的机会。通过亲手制作，游客能够更深刻地感受当地的文化、技艺和民俗风情。

三是品尝当地美食。每个地方都有自己独特的美食文化，可以邀请游客品尝当地的特色美食，了解当地的饮食文化。

四是参与传统节庆活动。各地的传统节庆活动是展示当地文化的重要场合，可邀请游客参与其中，了解当地的传统节日习俗和文化内涵。

五是体验特色民俗活动。诸如乡村体验式旅游、田园体验式旅游等，组织游客参加当地的特色民俗活动，如农耕体验、牛车穿村、篝火晚会等，让游客更好地融入当地的生活和文化。

通过上述方式可以使游客更好地体验乡村旅游文化，从而促使更多游客对乡村旅游文化产生浓郁的探究兴趣，进而促使游客更好地了解乡村旅游文化，最终使游客积极传承乡村旅游文化。

（三）建立传承平台

建立传承平台是乡村旅游文化传承的重要手段之一。传承平台既可以是博物馆、文化中心、文化广场等公共设施，也可以是民间组织和企业创办的文化传承主题酒店、民宿等旅游服务设施。建立传承平台需要考虑以下方面：

一是丰富的文化元素。传承平台的主要功能是展示当地的历史、文化、民俗等元素。为了让游客能够更好地了解和体验这些元素，传承平台应具备富有代表性的展品、图文并茂的介绍、丰富多彩的文化活动等。

二是安全保护和管理。传承平台涉及的展品、文化资料等都是文化遗产，需要对其进行安全保护和管理。传承平台应该有专业人员进行管理，配备先进的安防设备，确保文化资产的完整性和安全。

三是互动性和参与性。为了让游客真正体验当地的历史和文化，传承平台应该具备一定的互动性和参与性。可以通过虚拟现实技术、增强现实技术等技术手段让游客有身临其境的感觉，也可以准备一些体验和互动项目，让游客更好地了解和体验当地的传统文化。

四是多元化发展。传承平台不仅要保护当地的传统文化，还要具备多元化发展方向。可以考虑结合当地的旅游资源开发旅游产品，为游客提供更加综合化的服务。同时，传承平台还应具有创新性，不断地推出富有特色的文化活动和展览，增加吸引力和影响力。

五是与社区、民间组织协作。传承平台的建立需要与当地社区和民间组织进行协作，可以邀请这些组织提供文化资源和展品，并为这些组织提供展示和推广的机会。

综上所述，建设传承平台是优化乡村旅游文化传承方式的重要环节之一。传承平台应具备丰富的文化元素、安全保护和管理、互动性和参与性、多元化发展和与社区、民间组织协作等特点，为游客提供更加深入和全面的文化体验。

（四）引导旅游企业注重文化传承

第一，意识引导。通过宣传教育、培训等方式，增强旅游企业对乡村文化传承的认识和理解，让企业意识到乡村文化是旅游资源之一，保护传承乡村文化是其社会责任。

第二，游客体验引导。旅游企业应注重将乡村文化融入旅游活动中，让游客能够真正地感受到乡村文化的魅力和历史价值。同时，旅游企业还可以通过积极开展文化活动等方式，让游客更深入地认识和了解当地的乡村文化。

第三，产业带动引导。乡村文化传承不仅可以作为旅游资源，还可以作为文化创意产品及相关产业发展的基础。因此，旅游企业可以利用自身资源和优势，带动当地乡村文化产业的发展，实现共赢。

第四，政策支持引导。政府应该加强对乡村文化保护、传承及相关产业发展的政策支持和引导，为旅游企业提供更好的政策环境，使其更加重视和发展乡村文化。

四、加大乡村旅游文化建设的投入力度

（一）财政资金支持

政府可以通过增加财政支出的方式，在乡村旅游文化建设方面投入更多的资金。例如，设置专项资金、强化扶持政策、提高补贴标准、引导社会力量参与、加强资金管理等。

1.设置专项资金

政府可以通过设置专项资金的方式，将一定比例的财政预算用于乡村旅游文化建设，并建立完善的监管机制，确保资金使用情况的透明和有效。

2.强化扶持政策

政府可以通过制定一系列有利于乡村旅游文化发展的扶持政策，如给予税收优惠、提供低息贷款等措施，鼓励企业和个人参与乡村旅游文化建设。

3.提高补贴标准

政府可以提高对乡村旅游文化建设的补贴标准，以吸引更多的投资者参与到乡村旅游文化建设中来。

4.引导社会力量参与

政府可以引导社会力量积极参与乡村旅游文化建设，如与社会组织机构合作开展捐赠活动等，以扩大影响力。

5.加强资金管理

政府应对乡村旅游文化建设资金的管理进行严格监督，加强事中、事后监管，保障资金使用的合规性和效益性。

（二）吸引社会资本

政府可以采取多种方式吸引社会资本参与乡村旅游文化建设，包括政府和社会资本合作、政府和社会资本合作模式、土地流转等方式。

1.政府和社会资本合作

政府可以与社会资本合作共同投资乡村旅游文化项目。例如，政府可以提供土地、办理相关手续等，社会资本则提供资金和管理经验等资源，共同建设运营乡村旅游项目。

2.政府和社会资本合作模式

政府可以采用政府和社会资本合作模式对乡村旅游文化项目进行投资建设。政府和社会资本合作模式是指政府与社会资本合作在政策、管理、资金等方面进行协调，共同投资成立独立法人或特定目的公司，共同承担经营风险和收益分配。

3.土地流转

政府依据乡村土地流转政策，鼓励农民将土地出租或者流转给旅游开发商，实现乡村旅游和农业生产的融合发展。通过土地流转，既可以使土地得到更好的利用，也可以带动当地旅游业的发展。

在吸引社会资本的过程中，政府应注意制定透明、公正、可行的合作方案，并保证利益分配的公平合理。同时，政府还应注重社会资本的专业能力和管理经验，确定资方的风险分担和责任范围，确保项目的可持续发展。

（三）注重人才培养

在乡村旅游文化建设过程中，人才资源的优化配置和培养是至关重要的。政府可以通过以下措施来加强人才培养。

1.培训专业人才

政府可以组织相关院校、企业和专家学者联合开展乡村旅游文化领域的专门培训和研究，对不同层次、不同类型的人才进行针对性培训，以提高他们的综合素质。

2.建立人才培养平台

政府可以与相关机构、企业和社会团体建立人才培养基地，提供实践场所和机会，为乡村旅游文化事业输送专业人才。

3.加强人才引进

政府可以通过各种途径引进乡村旅游文化领域的专业人才，包括高校毕业生、海外留学人员、国内外知名专家等，加强人才资源的整合和优化配置。

4.提高人才待遇

政府应该加大对乡村旅游文化人才的支持力度，提高他们的社会地位、待遇和福利，吸引更多的优秀人才投身于乡村旅游文化建设中。

通过上述措施，可以不断地提高乡村旅游文化人才的素质和能力，促进乡村旅游文化事业的可持续发展。

（四）探索多元化发展

政府应该探索多元化乡村旅游文化发展，根据实际情况制定针对性规划，鼓励开发新的旅游产品和业态，从而提高文化旅游的吸引力和竞争力。

1.开发新旅游产品

探索新的旅游产品和业态，如自然生态游等，为游客提供更加丰富的体验，吸引更多游客前来体验乡村文化。

2.强化文化内涵

在建设乡村旅游景区的过程中，注重挖掘地方的文化内涵，建设具有地域特色和历史文化底蕴的景区，使游客在游玩的同时也能够了解当地的历史和文化。

3.发展休闲度假

除了发展景点游览之外，还可以发展休闲度假业务，如温泉、瑜伽等，在为游客提供服务的同时也可以提高乡村旅游文化的附加值。

4.加强互联网营销

随着互联网时代的到来，乡村旅游文化产品的推广和宣传已经成为重要的手段。政府和企业可以加强互联网营销，利用网络平台进行宣传，提高乡村旅游的知名度和影响力。

总之，通过探索多元化的发展模式，政府和企业可以为游客提供更加丰富的旅游体验，提高乡村旅游文化的吸引力和经济效益。

五、加强乡村旅游文化公共品牌建设

（一）加强宣传，提升品质

1.加强乡村旅游文化公共品牌的宣传推广

第一，制订合适的宣传计划。制订合适的宣传计划对乡村旅游文化公共品牌建设至关重要。可以在节假日期间或者重大活动期间，如中国旅游日、国际旅游博览会等对乡村旅游文化进行推广。

第二，利用网络宣传。在现代社会，网络已经成为人们获取信息的主要手段之一，可以通过各大网站和社交媒体平台对乡村旅游文化进行宣传。例如，我们可以在新浪微博、微信公众号等社交媒体上发布相应的广告图、视频或者组织线上活动，吸引更多的游客到乡村旅游区来游览。

第三，采用企业文化营销手段。利用品牌口碑、品牌形象、品牌标识、品牌故事等手段进行宣传推广，从而提升品牌影响力。

2.提高乡村旅游文化公共品牌的品质

第一，加强对标杆的学习和借鉴。学习一些已经取得成功的乡村旅游文化公共品牌的营销策略和运作模式，寻找乡村旅游文化公共品牌建设的创新点。

第二，注重参与度和体验度。通过多维度的体验和探索，让游客有更多的参与度；提高游客的满意度，并为游客提供更好的游览感受。

总之，加强乡村旅游文化公共品牌建设需要从多方面着手，如宣传推广、服务水平提升、衍生产品开发等，只有不断地创新和探索，才能让乡村旅游文化公共品牌更有影响力、更具吸引力和竞争力。

（二）紧密合作，共同管理

乡村旅游文化公共品牌建设是指通过整合乡村旅游资源，并利用宣传、营销、品牌等手段打造具有较高知名度和美誉度的乡村旅游公共品牌，并推动该品牌的持续发展。联合式加强乡村旅游文化公共品牌建设是指多个相关单位或机构共同合作，各自发挥优势形成合力，加强乡村旅游文化公共品牌的建设。

1.建立合作联盟

成立由县/市/省旅游部门、酒店、民宿、景区、旅行社、农家乐等相关企业或组织组成的乡村旅游联盟，共同商讨乡村旅游文化公共品牌建设的具体方案。

2.整合优质资源

通过联盟成员之间的整合和协作，优化乡村旅游资源布局，统筹规划和开发旅游产品线路。同时，整合文化资源，推出与当地文化相结合的旅游线路，提高乡村旅游的内涵和品质。

3.共同策划营销活动

联盟成员可以共同策划并实施乡村旅游营销活动，如节庆活动、主题推广活动、短视频营销等，通过多种渠道宣传乡村旅游文化公共品牌，提升品牌的知名度、美誉度和权威度。

4.推出联合式宣传方案

联盟成员可以共同制订乡村旅游公共品牌的联合式宣传方案，包括品牌的口号、标志、形象设计等，统一形象和标准，确保品牌的传播效果。

5.建立品牌管理机制

建立乡村旅游文化公共品牌的品牌管理机制，包括品牌宣传、品牌定位、品牌保护等，对品牌进行全面的管理和维护，确保品牌形象及其品质的可持续发展。

综上所述，联合式加强乡村旅游文化公共品牌建设，需要相关单位/机构之间充分的沟通协调和紧密的联系合作，共同推进乡村旅游文化公共品牌的建设和推广，进一步提高旅游资源的综合利用效益。

第六章　红色旅游发展助推乡村振兴

随着城市化进程的不断加快，人口大量涌向城市，导致很多乡村地区出现了人口空心化和老龄化现象，同时也带来了农业生产、传统文化和社会发展的问题。因此，在此背景下，乡村振兴战略得以提出。乡村振兴战略是党的十九大提出的一项重大战略，具体包括农业现代化、乡村旅游、文化创意产业等方面。其中，乡村旅游作为乡村振兴战略中的重要组成部分，被视为推动乡村经济转型升级的有效手段。

在乡村振兴战略的引领下，完善红色旅游发展顶层设计成为助力农村旅游发展的重要手段。我国拥有丰富的革命文化资源，其中不乏一些特别珍贵的革命文物、遗址，如延安革命根据地、中华苏维埃共和国临时中央政府旧址、毛泽东同志故居等。这些地方及与之相关的文物史料等构成了红色旅游资源。红色旅游作为一种新兴的旅游方式，具有非凡的价值和意义，不仅可以满足人们的游览需求，还能够开发乡村旅游资源，推动当地经济繁荣发展，促进文化交流，加深人民群众对革命历史和党的建设成就的认识和理解。

第一节　乡村振兴战略下红色旅游发展方向

红色旅游是以革命历史、红色文化和红色遗址为核心内容的旅游活动，通过挖掘和传承革命历史文化遗产，激发人们的爱国主义情感，弘扬中华民族精神，对加深人民群众对历史的认识和对红色文化的了解具有重要意义。在乡村振兴战略背景下，红色旅游的发展方向更加多元和全面。乡村旅游结合红色旅游，为农村提供了新的经济增长点，同时也满足了市民对文化体验的需求。因此，人们对红色旅游的发展方向需要进行深入的研究和思考。

一、依托产业振兴打造红色旅游新格局

随着红色旅游的不断升温，依托产业振兴已成为新的发展方向。

首先，依托产业振兴可以让红色旅游更具吸引力。通过依托产业振兴，可以增加红色旅游的互动性。例如，在红色旅游景区内建立体育设施、美食区域等，可以为游客提供更多选择。这些设施不仅能够增加游客的兴趣，还能够给当地带来更多的收益。游客在旅游过程中除了了解历史背景和文化内涵之外，还可以享受运动、休闲、美食等，从而提升整体的游览体验。依托产业振兴，可以让红色旅游更具市场竞争力。随着社会的发展和人们旅游需求的增加，旅游市场已经趋向于多元化和个性化。红色旅游如果单纯地依靠政府资金和补贴，难以满足市场的需求，且容易被其他旅游项目取代。而通过依托产业振兴，可以将红色旅游产业和其他产业深度融合，形成多种产品组合，以满足游客的不同需求和兴趣。这种多元化产品组合能够提高旅游产品的市场竞争力，增加红色旅游的知名度和吸引力。依托产业振兴，可以将红色旅游和现代艺术、音乐等多种文化形式结合起来。例如，在红色旅游景区内举办特色文化节日、音乐会、表演等，将传统文化和现代文化进行有机结合，形成独特的观光效果，从而使红色旅游更具文化内涵和现代感；同时，也可以通过文化和艺术形式的包装和营销，将红色旅游更好地传递给更多人。

其次，依托产业振兴能够促进红色旅游区的发展。在红色旅游的背景下，很多地方已经开始兴建纪念馆、纪念碑等，这些设施的建设需要大量的资金和人力物力。而依托产业振兴，可以开发旅游资源，吸引更多的游客来到这些地方，增加当地的经济收入和就业机会。产业振兴包括旅游地产和文创产品开发。旅游地产是指在旅游区域内以房地产为载体，配合相关的旅游、商业、娱乐等设施，打造集休闲、度假、购物、娱乐于一体的综合性业态，从而给旅游地区带来经济效益，也能为游客提供更多的旅游体验。例如，红色旅游胜地峨眉山景区附近就有一些旅游地产项目，其中不乏高档民宿、酒店和度假村等。这些旅游地产项目的建设既满足了游客住宿的需求，同时也为当地政府带来了可观的税收。此外，一些与红色旅游相关的文创产品也可以作为旅游开发项目

的重要组成部分，如主题衍生品、文创特产等，这些产品不仅可以丰富旅游区域内的商品形态，还可以吸引更多的游客前来购买，进而增加旅游地区的经济收益。此外，依托产业振兴还可以促进旅游地区的多元化发展。在红色旅游区域内，传统的观光旅游已经不能满足游客的多样化需求，而文化、体育、娱乐等产业的引入可以丰富旅游资源和旅游活动内容，提高游客的满意度和留存率。同时，引入这些产业可以激发当地产业创新和提升服务水平的动力，推动旅游业向智能化、绿色化、跨界融合方向转型升级。

最后，依托产业振兴可以提高红色旅游的可持续性。在过去，红色旅游主要靠政府补贴，很难维持长期的运营。而随着市场的发展和竞争的加剧，红色旅游不仅需要满足游客的需求，也需要有商业价值，从而保证旅游景点的正常运转和长期发展。例如，依托文创产业，可以将红色文化元素与生活用品、旅游纪念品等结合起来，制作出具有特色的文创产品，增加旅游景点的吸引力，同时也提高了景区的收入。例如，在毛泽东同志故居景区，可以推出带有毛泽东元素的文创产品，如以毛泽东诗词为主题的明信片、书签等，这些产品不仅能够吸引游客购买，还能够让游客更深入地了解毛泽东思想。此外，还可以通过开发红色旅游周边产业，增加景区周边的住宿、餐饮、交通等配套设施，满足游客的基本需求，提高游客的旅游体验，同时也促进了当地经济发展。例如，在黄河风景区，可以开发黄河漂流、沙漠滑板等周边项目，丰富游客的旅游体验，吸引更多游客前来参观。

二、依托生态振兴改善红色旅游自然环境

红色旅游区域不仅有丰富的历史遗迹和文化资源，还有令人感动的英雄故事和革命精神。然而，由于长期开发和游客过多带来的环境破坏等问题，红色旅游自然环境面临严峻挑战。在乡村振兴背景下，改善红色旅游的自然环境，依托生态振兴的方法已成为当下的一个重要趋势。具体可以从以下四个方面入手。

第一，加强环保意识，推动可持续发展。加强环保意识，提高游客的环保意识与责任感，推动可持续发展，是改善红色旅游自然环境的关键。这需要旅游业掌握科学的环保知识，增强自我约束能力，落实环境保护协议和规定，防止出现污染、损毁和浪费等环境问题。同时，政府、企业应该通过合理规划和

管理规范旅游行为，鼓励低碳环保出行方式，如步行、自行车、公交、观光车等，以减少对环境的影响。

第二，保护生态文化遗产，提高保护水平。红色旅游区域有很多历史遗产和文化遗产，这些遗产不仅是红色旅游的重要组成部分，还是国家文化资产的重要组成部分。要改善红色旅游的自然环境，就必须提高保护水平，更好地保护这些生态文化遗产，防止其被破坏和消失，让人们在参观和游览的同时也能够认识其背后的生态价值。

第三，采取生态修复措施，重建自然生态环境。生态修复是指通过人工手段或自然手段对环境中已经受到破坏的生态系统进行恢复和重建，使其得以回归自然状态的过程。对于红色旅游自然环境的改善，实施生态修复措施也是非常必要的。通过种植绿化植物、引进优良品种、开展生态教育等方法，可以有效地改善红色旅游地区的自然环境，提升生态旅游的质量和形象。

第四，加强生态监测和管理，提高旅游环境质量。加强生态监测和管理是改善红色旅游自然环境的一项重要举措。在旅游运营过程中，人们应严格遵守有关的法律法规和环保标准，对旅游景区的环境质量进行实时监测和评估，及时发现和解决环境问题，确保旅游环境质量得到有效保障。

综上所述，依托生态振兴可以有效地改善红色旅游自然环境，增强环保意识，保护生态文化遗产，实施生态修复和加强生态监测与管理等措施都将为红色旅游的可持续发展做出重要贡献。

三、依托文化振兴增强红色旅游宣传引导作用

随着红色旅游的逐渐崛起，文化振兴成为推动红色旅游发展的重要手段。依托文化振兴，可以更好地增强红色旅游宣传引导作用，具体表现如下：

第一，激发民族自豪感和集体荣誉感。文化振兴可以通过丰富与红色旅游相关的历史故事、英雄人物和民族精神，激发人们对红色旅游的认同感和情感依托。例如，在延安，人们可以去参观陕北革命根据地、毛泽东同志故居等具有革命历史意义的景点，了解当年革命先烈艰苦卓绝的斗争历程，深入感受革命情怀。此外，文化振兴还可以通过开展红色旅游主题活动，如红色文化节、红色主题赛事等，加强人们对红色旅游的认知和感受。例如，在红色文化节期

间，可以组织大规模的红色主题演出活动，吸引更多游客前来参与；在红色主题赛事活动中，可以让参赛选手身临其境地感受红色旅游的历史背景和文化内涵，从而更加深刻地认识中国共产党的辉煌成就和民族精神的伟大力量。文化振兴可以让人们更好地理解红色旅游的历史背景和文化内涵，从而深入地感受红色旅游背后的民族精神，增强对红色旅游的认同感和情感依托。这不仅有利于推动红色旅游的发展，还可以激发人们热爱祖国、追求进步的精神动力。

第二，增强红色旅游的影响力。通过文化振兴，可以使红色旅游深入人心，增强其影响力。例如，通过打造红色旅游的品牌形象，提升其在市场中的地位和竞争力，吸引游客到来。在增强红色旅游的影响力方面，可以采取多种策略和手段实现文化振兴。首先，可以加强红色旅游产品的创新和开发。根据不同的游客需求，推出多元化、个性化的红色旅游产品，丰富红色旅游文化的内涵和形式。例如，可以通过开展各类主题旅游活动、推出红色旅游套餐、打造红色旅游主题乐园等方式来以提高红色旅游的吸引力和市场竞争力。其次，可以利用新媒体、社交网络等渠道对红色旅游文化进行宣传和推广。通过各类网络平台和社交媒体对红色旅游的故事、文化内涵进行深度挖掘和宣传，吸引更多人关注和了解红色旅游，提升其知名度和美誉度。再次，可以通过开展线上活动来加强与年轻一代的沟通和交流，推广红色旅游文化的基本理念和核心价值观。最后，可以在红色旅游地区建设特色小镇、文化街区和纪念馆等，借助地方文化资源打造具有地域特色和含有红色元素的小镇、街区和景区，增加游客体验的乐趣和文化品位，提高红色旅游的吸引力和文化内涵价值。

第三，弘扬社会主义核心价值观。红色旅游不仅可以传承革命先烈的优秀精神，还可以弘扬社会主义核心价值观。通过引导游客深入了解红色旅游的历史背景和文化内涵，可以让他们更加深刻地认识社会主义制度的优越性和中国特色社会主义的伟大意义。同时，在这样的实践活动中，红色旅游注重引导游客进行理性思考和价值判断，如引导游客明辨是非、辨析善恶。这种引导作用有助于进一步提升游客的思想意识和精神追求，增强游客的社会责任感和国家意识，促进社会主义核心价值观的深入传播。而红色旅游所呈现的"为民族利益而奋斗"的崇高精神能激发游客的爱国热情和自豪感，使他们更加珍惜当下、感恩今人，为实现中华民族伟大复兴的中国梦做出积极的贡献。

总之，通过红色旅游的文化振兴，不仅可以增强宣传引导作用，还可以打造以革命英雄和红色文化为核心的文化品牌，传承红色精神，弘扬社会主义核心价值观，从而促进文化的繁荣和发展。

第二节　乡村振兴战略下红色旅游发展现状

乡村振兴战略是当前中国的重要发展战略，旨在推进乡村经济建设，促进乡村社会发展，提高农民生活水平。作为其中的一项内容，红色旅游在乡村振兴战略中处于重要地位。红色旅游是指以革命战争和革命历史为主题将革命文化资源和红色资源作为旅游产品，吸引游客参加旅游活动。

目前，随着乡村振兴战略的实施，红色旅游在我国不断发展壮大，成为各地推进乡村振兴的重要抓手。在一些红色革命老区和革命圣地，红色旅游已成为当地的重要产业。例如，井冈山、延安、瑞金等地，红色旅游已成为当地的支柱产业，吸引了大量的国内外游客前来参观。同时，随着乡村振兴战略的持续推进，红色旅游发展也逐步获得了更多的政策扶持和资源投入。各地政府积极推广"红色旅游+"模式，提供文化演艺、手工艺体验、特色美食品尝等配套服务，打造全新的红色旅游产品和消费体验。同时，智能化技术也逐渐应用在红色旅游中。很多景区开始使用现代化的导览系统、虚拟现实技术、增强现实技术、数字化资料展示等科技手段，丰富游客的旅游体验，提升红色旅游的吸引力和竞争力。此外，一些企业也加入进来，推出了一系列与红色旅游相关的产品和服务，如红色主题酒店、特色旅游小商品等，进一步增强了红色旅游的经济价值和社会效益。

除了一些红色革命老区和革命圣地之外，我国的其他一些地区也开始逐渐进行红色旅游的开发。例如，近年来陆续开放的抗战遗址、革命旧址等也成为红色旅游的重要组成部分。例如，上海市黄浦区的龙华革命烈士纪念地及江苏省南京市的中山陵等红色旅游景点也受到越来越多游客的青睐。

相关数据显示，近年来，越来越多的国内外游客选择"红色旅游"方式进行旅行。其中，许多年轻人对红色历史和红色文化也表现出极大的兴趣。在这一背景下，各地政府开始加大对红色旅游产业的支持力度。一些地方政府通过资金扶持、政策支持等方式推进红色旅游业的发展。例如，安徽省政府与阿里巴巴集团合作成立了一个数字化红色旅游平台，推广线上与线下相结合的红色旅游模式。同时，许多地方政府还加大了对红色旅游资源的保护力度，避免了不必要的开发破坏历史文化遗产。

在未来，红色旅游产业还有很大的发展空间。随着乡村振兴战略的深入实施，红色旅游的发展将成为乡村振兴的重要组成部分。相信未来在各级政府和企业的共同努力下，我国的红色旅游产业将迎来更好的发展。

总的来说，在乡村振兴战略的指引下，红色旅游在我国的发展呈蓬勃态势。未来，随着各地对红色旅游资源的不断开发和挖掘，以及政府对红色旅游产业的进一步支持，红色旅游产业必将成为我国乡村振兴战略的重要支撑。

当前，我国红色旅游主要取得以下成效：

第一，对红色旅游资源的有效利用。当前，我国实现了对红色旅游资源的有效利用，表现在以下方面：一是对红色旅游资源的大力开发。我国的红色旅游资源非常丰富，包括毛泽东同志故居、中共一大会址、延安革命纪念馆、井冈山革命博物馆等国家级红色旅游景点。近年来，国家大力发展红色旅游业，借助先进的科技手段和现代营销模式，让更多人了解革命历史，感受红色文化，提高爱国意识。二是红色文化产品的创新开发。随着红色旅游市场的不断扩大，红色文化产品也得到了广泛的关注。红色文化产品可以是图书、影视剧、漫画、文创产品等，这些产品通过创新和丰富的表现形式对革命历史文化和红色文化进行了生动而深入的展示，不仅是红色旅游的重要补充，还是文化产业的重要组成部分。三是红色旅游资源的保护和修缮。随着时间的推移和环境的变化，许多红色旅游资源遭受到严重的破坏。为了保护这些宝贵的历史遗址和文化遗产，国家在近年加强了对红色旅游资源的保护工作，实施了一系列的保护措施和修缮计划，这样能够更好地维护红色文化资源的完整性和连续性。总之，当前我国对红色旅游资源的有效利用，在保护历史文化遗产、开发旅游市场、促进文化产业发展等方面取得了明显的成就，这有助于传承和弘扬中国优秀红色文化，激励人们热爱祖国，了解共产主义思想，促进社会发展。

第二，增强了红色文化传承力度。主要体现在以下方面：一是政策利好。近年来，国家加大了对红色文化的支持力度，出台了一系列相关政策，如《关于深化群众性精神文明创建活动的指导意见》《关于进一步促进红色旅游健康持续发展的意见》等，鼓励和支持红色文化传承。同时，各地区也相继出台了有关红色教育、红色旅游等方面的政策，为红色文化传承提供了有力保障。二是红色基地建设。近年来，全国各地建立了大量的红色旅游基地，如革命老区、革命遗址、红色文化教育基地、纪念馆等，这些基地成为红色文化传承的重要载体。这些基地通过丰富多彩的活动和展览向人们展示了中国共产党和革命先辈们的艰辛历程和无私奉献精神，有力地促进了红色文化的传承和发展。三是红色文化教育。红色文化教育是红色文化传承的重要途径之一。近年来，我国全面推进素质教育，注重培养学生的爱国主义精神和中国特色社会主义核心价值观，红色文化教育成为学校教育中不可或缺的一部分。同时，各地也加强了对红色文化教育的普及和推广，如在革命老区设立对红色文化教育基地，并将红色文化教育纳入义务教育课程中。这些措施有效地促进了人们对红色文化的认知和理解，推动了红色文化的传承。

第三，提升了红色旅游地的知名度。主要体现在以下方面：一是加大了宣传力度。近年来，我国加大了对红色旅游的宣传力度，以多种形式对红色旅游地进行宣传报道，如电视节目、报纸杂志、网络平台等。同时，政府也投入资金对红色旅游地进行宣传和推广。二是扩大了旅游规模。随着国内旅游市场的不断发展，越来越多的人开始关注红色旅游。政府加大对红色旅游发展的支持力度，各地也积极发展红色旅游，不断地扩大红色旅游规模。三是改善了旅游环境。为了吸引更多的游客前来参观，红色旅游地也积极地改善旅游环境。红色旅游地不仅在景区内建设更加舒适便捷的旅游设施，还在周边地区进行环境治理，提高游客的旅游体验感。四是挖掘了历史文化资源。红色旅游地具有丰富的历史文化资源，政府和相关部门积极挖掘这些资源，加强对红色资源的研究和保护，同时也开展了一系列文化活动来吸引游客。

总之，当前我国提升了红色旅游的知名度，这也反映了我国日益注重文化旅游的发展，并致力于将历史文化遗产与旅游业相结合，打造更具特色和魅力的旅游目的地。

第三节　乡村振兴战略下红色旅游发展问题

乡村振兴战略是我国当前的重要战略之一，旨在实现城乡社会协调发展和全面建设社会主义现代化国家的目标。红色旅游作为中国特有的文化旅游形式具有丰富的历史和文化内涵，是推进乡村振兴和文化传承的重要手段和途径。然而，红色旅游在发展中存在一系列问题，如资源开发不合理、景区管理不规范、文化传承失衡等。因此，深入研究乡村振兴战略下红色旅游发展问题是当下亟待解决的课题之一。本节就这些问题进行分析和探讨，以期为相关领域的研究提供有益参考。

一、红色旅游发展中存在的问题

（一）红色旅游产业市场化程度不高

当前，我国红色旅游产业市场化程度不高，这主要表现在以下四个方面：

第一，资源整合不到位。资源整合不到位是当前我国红色旅游产业市场化程度低的重要原因之一。红色旅游资源覆盖面广，包括革命历史遗址、纪念馆、陈列馆等，但这些资源由于历史、管理部门不同等原因缺乏有效的整合和规划。一方面，不同地区和部门之间缺乏协同合作，导致资源利用不充分；另一方面，许多资源的管理和运营也存在问题，如只有简单的展示和介绍，缺乏深度体验和互动体验等更为丰富的游览方式。此外，由于没有形成全面的规划和落实机制，开发新的红色旅游资源的速度较慢，难以适应市场需求的变化和多元化需求。因此，在资源整合不到位的情况下，红色旅游产业市场化程度难以提升。

第二，产品分类单一。红色旅游产业的产品分类过于单一，缺乏创新性和多样性，大多只有参观和观赏类产品，如纪念馆、革命遗址等，难以满足不同游客的需求。此外，很少涉及深度体验和互动体验等多元化产品，如主题游、影视游、游戏化体验游等，这些产品可以为游客带来更加深入和广泛的体验感受。此外，还存在一部分游客对红色旅游的疲劳和感受麻木等情况，仅仅依靠传统的参观性价值已经不能再吸引他们了。因此，红色旅游产业需要进一步拓展产品的种类和范围，注重提高体验感受，开发更丰富、更有创意和多样化的产品，以满足不同游客的需求，提升市场化程度。

第三，营销推广不到位。传统的红色旅游营销推广方式无法满足现代游客的需求，需要更加多元化和创新的营销方式。例如，利用新媒体和社交媒体进行线上营销推广，包括微信、微博、抖音、小红书等平台的宣传和推广。同时，可以采用营销策略，如定向营销、口碑营销、内容营销等方式提高红色旅游产品的曝光率和知名度，吸引更多游客前来参观体验。此外，可以积极开展联合营销，与旅行社、酒店、景区等旅游相关企业合作，形成联合推广，共同扩大市场份额，增加营收。通过多渠道、多方式、多平台的营销推广，不断地提升红色旅游产业的市场化程度，促进其持续发展。

第四，红色旅游管理模式过于单一，缺乏市场化经营模式。目前，大多数红色旅游景区由政府投资建设或者政府主导，导致经营模式单一、服务质量不高，有的景区甚至出现了浪费、低效、腐败等问题。相比之下，私营企业在经营模式上更具灵活性和创新性，能够更好地满足消费者需求，但私营企业在红色旅游领域中的发展受到了限制。此外，由于政府对红色旅游景区的管控较为严格，管理机制不完善、监管不力等问题也进一步限制了红色旅游产业的市场化发展程度。因此，要提高我国红色旅游产业的市场化程度，需要改变红色旅游的经营模式，就注重市场化和私营企业的参与，加强资源整合和规划，推行多元化产品和服务的开发，营销手段更加科学化和网络化，以及建立健全有效的行业自律机制和监管体系等措施。这样才能实现红色旅游产业的可持续发展，更好地促进我国经济转型和旅游业的发展。

（二）生态保护有待加强

当前，一些红色旅游景区存在过度开发的问题，导致生态环境遭到破坏。一些地方为了吸引游客采取了大规模开发和改造的方式，导致景点周边环境恶化，社会公共利益和生态环境遭受重创。例如，一些景区经常利用爆竹等噪声大、破坏环境的方式来吸引游客；一些景区甚至在故居内部设置卖场，致使原本的革命精神被商业包装取代；一些红色景区建设缺乏科学规划和管理。由于投资巨大，政府在建设和开发过程中保护生态环境和文化遗产的思想不够普及，从而造成了对环境的不良影响。同时，由于管理模式等方面存在问题，导致对红色旅游景区的维护和管理不到位，破坏文化遗产和损害公共利益等现象时有发生。另外，部分游客缺乏对大自然和文化遗产的认识和尊重，无视生态保护和文化底蕴，并在游览中随意破坏环境和文物，甚至直接污染环境，这种行为给当地的生态环境和文化遗产带来了巨大的危害。因此，在加强红色旅游生态保护方面，政府应首先加强生态保护规划和管理，强化公众对生态保护、文化保护的认识，以及强化游客自身的素质教育，逐步构建全面的依法治理红色旅游生态体系，以保护红色旅游资源及生态环境，促进红色旅游保持良好、稳定、可持续的发展。

（三）红色旅游收益有待提升

目前，我国红色旅游收益有待提升，主要表现为以下四个方面：

第一，缺乏有效推广。虽然国家对红色旅游进行了大力宣传和推广，但由于收益来源主要依赖于游客自愿捐赠，导致推广力度不够，宣传效果不理想。

第二，景区服务水平不高。红色旅游中的景点多数位于偏远山区，景区的基础设施条件相对薄弱，游客的游览体验受到很大影响。同时，景区服务人员常常缺乏专业性和热情，难以为游客提供满意的服务。

第三，旅游产业链不完善。红色旅游涉及多个产业链，包括餐饮、住宿、交通等，但是这些行业之间缺乏联系和协作，导致游客难以享受到高质量的旅游服务。同时，红色旅游景点的发展多依靠政府投资，缺乏市场化运作和商业化思维。

第四，文化价值未得到充分挖掘和利用。红色旅游不仅是旅游产品，更是具有深厚文化内涵的历史遗产。然而，由于地方政府对红色旅游文化价值的认识不足，红色旅游文化未得到充分挖掘和利用。同时，红色旅游景区多为政治性工程，重视政治宣传而轻视文化价值的传承。因此，当前我国红色旅游收益有待提升。如果要提升红色旅游收益，就需要政府加大推广力度，改善景区服务水平，完善旅游产业链，充分挖掘和利用文化价值。同时，政府应该加大对红色旅游的投入，并采取有效措施吸引社会资本参与红色旅游的开发和经营，以实现红色旅游高质量的可持续发展。

二、红色旅游发展存在问题的原因

（一）旅游规划与管理机制不完善

目前，旅游规划与管理机制不完善是我国红色旅游存在问题的重要原因。

首先，当前我国红色旅游缺乏整体规划和统一标准。许多地方仅仅借助某个地点的历史事件建立红色旅游景区，没有形成完整、系统的旅游线路和配套设施。不同的景区之间存在矛盾、竞争甚至重复的现象，导致游客流失和旅游资源浪费。此外，不同景区的管理和服务质量也存在差异，给游客带来了不良的旅游体验。

其次，部分红色旅游景区的建设质量和开发水平有待提高。一些景区开发较早，设施老化、陈旧，难以满足游客的需求。同时，旅游景区开发水平参差不齐，一些景区在开发过程中存在盲目性，没有充分考虑对历史和文化的保护。此外，景区的宣传与推广工作做得不到位，无法有效地吸引游客。

最后，旅游管理机制不健全是影响红色旅游发展的一个重要因素。目前，红色旅游景区的管辖关系不清晰，责任和权利不明确，导致一些景区存在管理脱节的问题。同时，景区管理缺乏科学、规范的系统，存在管理混乱和流于形式的问题，影响了景区的管理质量和服务质量。

（二）环境保护意识淡薄

在红色旅游的发展过程中，由于环境保护意识淡薄，存在许多不文明行为，如在景区内乱扔垃圾、损坏公共设施、乱猎山林野生动物等。

首先，红色旅游地的环境问题主要源自游客缺乏环保意识。由于红色旅游地通常是革命历史遗址等地方，游客往往对这些地方具有特殊的情感。但是一些游客在重视这种情感的同时却忽略了环保，如随意乱扔垃圾或者破坏古建筑等行为，从而对旅游地造成不良的影响。

其次，部分游客的环保素质较低，未能做到文明旅游。文明旅游是指游客在旅游过程中要遵守文明礼仪，保证旅游地的环境清洁，保护文物古迹等。然而，部分游客环保素质低，没有养成文明旅游的习惯，导致旅游地变得脏乱差。

最后，环境保护意识淡薄也与旅游开发和管理相关。由于红色旅游资源的特殊性和高历史价值，为了吸引更多游客，部分旅游开发者忽略了环境保护问题，导致环境逐渐恶化。同时，由于对旅游管理不力，一些不文明行为和环境破坏行为没有得到及时惩罚，这也让游客觉得可以随意破坏环境。

（三）乡风文明建设滞后

在部分红色旅游景区，乡风文明建设滞后，存在不文明行为和不良风气，影响了游客的体验和景区形象，使红色旅游发展受到很大的影响。

首先，乡风文明建设滞后使红色旅游景区存在不文明行为。部分红色旅游景区的周边环境脏乱差，游客在游览过程中可以看到乱扔垃圾、乱涂乱画等不文明行为。这些行为不仅破坏了景区整洁、美观的环境，还给其他游客留下了不好的印象，对红色旅游的形象造成了负面影响。

其次，乡风文明建设滞后导致红色旅游景区存在不良风气。部分红色旅游景区所在地的乡风文明建设滞后，存在一些不良习惯和不良风气，严重影响了游客对红色旅游的感受，也给红色旅游带来了很大的安全隐患。

最后，乡风文明建设滞后使红色旅游景区缺乏管理和服务意识。由于部分红色旅游景区所在地的乡风文明建设滞后，当地居民的旅游意识和服务意识不够强，致使景区的管理水平和服务水平低下。这不仅会让游客受到不必要的困扰和损失，还会影响红色旅游景区的声誉和发展前景。

（四）品牌优势不足

当前我国红色旅游存在品牌优势不足的问题，这是导致红色旅游无法吸引更多国内外游客的原因之一。

一方面，品牌优势不足表现为红色旅游目的地的品牌影响力相对较弱。在我国的旅游市场上，红色旅游还没有形成具有强大影响力和竞争力的品牌形象，旅游业缺乏对红色旅游的品牌营销投入，这就使游客对红色旅游所知甚少，不足以形成有效的品牌认知和信任度，从而影响了相关业务的发展。

另一方面，品牌优势不足还表现在红色旅游产品的差异化程度较低。由于市场上缺乏创新性和独特性的红色旅游产品和服务，游客很难有真正的选择空间，这使红色旅游产品的竞争力不足。相反，由于缺乏差异化的红色旅游产品，游客更愿意选择具有更高舒适度和娱乐性质的旅游产品，这导致红色旅游产品在市场上无法与其他对手进行有效的竞争。

第四节　乡村振兴战略下红色旅游发展对策

随着乡村振兴战略的深入推进，红色旅游成为乡村振兴的重要组成部分。红色旅游是以革命文化和历史遗迹为代表的旅游形式，它可以激发人们的爱国热情，增强民族自豪感和集体荣誉感，同时也能为乡村经济注入活力。在乡村振兴战略背景下，如何发挥红色旅游的作用，促进当地旅游业的发展成为亟待解决的问题。本节就乡村振兴战略下红色旅游发展对策进行探讨。

一、通过乡村振兴战略引领红色旅游产业发展

（一）完善红色旅游发展顶层设计

在乡村振兴战略的带动下，如何完善红色旅游发展顶层设计成为乡村旅游发展的关键之一。

1.明确宏观规划

红色旅游具有重要的政治价值、历史价值、文化价值和经济价值，是推动文化旅游和乡村振兴的重要手段。通过明确宏观规划来完善红色旅游发展顶层

设计，可以更好地利用旅游资源促进旅游业的发展，提升地方经济和社会发展水平。

第一，制定红色旅游发展总体规划。在红色旅游发展顶层设计中，制定红色旅游发展总体规划是非常有必要的。总体规划应当从政策、规划、资源、投资、市场等方面进行全面考虑和统筹安排，明确红色旅游的定位、目标和发展方向。同时，总体规划还需要规划包括红色旅游的开发、设计、建设、经营和管理等方面的细节，以及与其他相关产业的联动和协同。总体规划的制定能够更好地规范和引导红色旅游业的健康发展，避免重复建设和恶性竞争。

第二，推进红色旅游品牌建设。红色旅游品牌既是红色旅游发展的重要组成部分，也是提升红色旅游核心竞争力和吸引力的关键。在明确宏观规划过程中，可以制订红色旅游品牌建设方案，对品牌标志、形象符号和服务标准等进行统一规范，增强整个红色旅游业的统一性和品质。此外，还需要加强品牌推广和营销工作，通过多种渠道和媒介形式展示红色旅游的精神内涵和独特魅力，打造具有国际知名度和美誉度的红色旅游品牌。

第三，加强旅游资源保护和利用。红色旅游发展需要依托丰富的历史文化遗产和旅游资源。在规划和管理红色旅游的过程中，需要加强对旅游资源的保护和利用，包括对历史建筑、文物古迹和自然景观等旅游资源的统一管理和规范利用；需要开展红色旅游资源的评估和分类，合理分配和利用资源，避免资源过度开发和破坏；需要通过文物保护、城市规划和景区建设等措施提高旅游资源的保护和管理水平。

第四，促进产业链升级和优化。红色旅游涉及多个产业的参与和协同，包括交通、住宿、餐饮、购物等方面。为了推动红色旅游的健康发展，还需要加强产业链各个环节的升级和优化，包括通过投资、政策和技术手段促进交通、住宿和餐饮等服务业的升级和优化，提高服务质量和效率；需要积极推进旅游教育和培训，提高从业人员的素质和能力，推动旅游业与文化创意、科技创新等新兴产业的融合发展。

总之，通过明确宏观规划来完善红色旅游发展顶层设计，可以更好地推动红色旅游的健康发展，促进地方经济和社会发展。在实施过程中，还需要加强各方面的协调与配合，制定切实可行的具体措施，逐步完善相关的政策法规和标准规范，持续提升红色旅游产业综合水平。

2.优化红色旅游市场管理

红色旅游是指以革命历史或人民英雄为主题的旅游活动，是我国特有的旅游形式。在当前旅游业蓬勃发展的大背景下，红色旅游具有独特的优势和价值，可以增强人民群众的爱国主义情感，提高人民的文化素质，促进经济发展。因此，优化红色旅游市场管理、完善红色旅游发展顶层设计对推动我国旅游业高质量发展具有重要的意义。

首先，优化红色旅游市场管理需要加强政府的引导和监管。政府应制定相关的政策法规，加强对红色旅游景区和企业的监管，确保红色旅游企业的合法经营和景区的安全运营。同时，政府还需要建立完整的红色旅游行业评估和监测机制，及时发现和解决行业中的问题，保证红色旅游行业能够良性发展。

其次，要加强红色旅游品牌的建设和推广，以增强消费者的信心和满意度。红色旅游是一种文化符号的传递，品牌的建设和推广对提升红色旅游的知名度和美誉度、吸引更多的游客意义重大。因此，需要加强市场营销和宣传工作，运用新媒体、网络科技、自媒体等推广红色旅游优质资源，宣传红色旅游产品和服务。

再次，要通过优化旅游产业链条，促进红色旅游与其他形式旅游的有机结合。红色旅游是一种独特的文化旅游，但是单一的红色旅游产品和服务无法满足游客不断增长的消费需求。因此，需要通过完善产业链条，将红色旅游与其他形式的旅游相结合，创新旅游产品和服务，提高游客的旅游体验感和参与度。同时，还要注重对红色旅游产品和服务的质量进行管理，提高产品竞争力和市场竞争力。

最后，要加强红色旅游人才培训和团队建设，提高服务质量和水平。红色旅游是一种高品质、高要求的文化旅游形式，为了提供优质的旅游服务，需要加强人才培训和团队建设。通过多种形式的培训，提升旅游从业人员的专业素养和服务能力，加强旅游从业人员的职业道德和责任心，创造更好的旅游服务环境。通过优化红色旅游管理，可以完善红色旅游发展顶层设计，提高红色旅游行业的发展水平，提升我国旅游业的核心竞争力。

（二）丰富红色旅游市场服务内容

1.加强智慧旅游建设

智慧旅游是指利用信息技术、互联网技术和智能终端等新兴技术和设备来综合协调旅游产品需求、供应和交互的一种新型旅游模式。在红色旅游市场中，通过加强智慧旅游建设，可以丰富其服务内容，促进红色旅游市场的发展。

第一，提供个性化旅游体验。通过大数据分析，了解游客的兴趣、偏好和消费习惯等信息，为游客提供个性化的旅游推荐和定制服务。例如，红色旅游景点推出根据游客身份背景和历史爱好定制的导览路线和讲解服务。

第二，提高参与度。通过增加互动体验和参与感，吸引更多游客到红色旅游景区参观旅游。例如，在景点设置互动展示区等虚拟现实体验设备区，让游客能够亲身感受历史事件和人物的生动呈现。

第三，加强安全保障。通过智能化监控和预警技术，提高红色旅游景区的安全保障水平。例如，在景区设置智慧安防监控系统和预警机制，及时发现和处理突发事件。

第四，提高旅游效率。景区通过智能化管理系统和信息交互平台，提高红色旅游景区的旅游效率，实现资源最大化利用。例如，景区设置智慧导游服务系统和智能票务管理系统，可以让游客更加便捷地参观景区，提高景区的接待效率和服务质量。

第五，拓展营销渠道。通过智能化推广和营销策略，拓展红色旅游市场的营销渠道和覆盖面。例如，通过建设旅游App、微信公众号等应用程序和社交媒体平台，增加红色旅游景区的知名度和游客到访率。

总之，通过智慧旅游建设，可以为红色旅游市场提供更加优质的旅游体验和服务，促进旅游市场的可持续发展。

2.关注革命文物的保护利用

革命文物是指在历史变革中所留下的文物，具备极高的历史价值、文化价值和政治价值。对革命文物的保护利用是传承中华民族革命文化、弘扬爱国主义精神的重要途径。而丰富红色旅游市场服务内容则是一种有利于挖掘革命文物价值的方式，同时也能让更多人了解革命文化。

首先，提供更丰富的旅游产品。革命文物的保护利用可以为红色旅游市场提供更加丰富的旅游产品。例如，针对某些革命文物进行深度开发，打造一些特色主题旅游线路，带领游客深入了解革命历史，体验其中的英雄壮举，增强游客的爱国意识。

其次，提升旅游目的地形象。通过对革命文物的保护利用，可以提升旅游目的地的形象。例如，在红色旅游景点中，增加一些革命文物展示馆，让游客在参观过程中更全面地了解中国革命的发展历史和现实面貌，这不仅可以提高游客对目的地的评价，还能够提升目的地的品牌形象，吸引更多游客前来体验。

再次，拓宽红色旅游市场服务内容。通过对革命文物的保护利用，可以拓宽红色旅游市场服务内容。在红色旅游景点中，增加一些革命文物保护宣传、革命文物知识普及等相关活动，不仅可以丰富游客的革命文物知识，还可以让更多人了解革命文化。

最后，推动当地经济发展。革命文物保护利用有助于推动红色旅游发展，进而促进当地经济的发展。例如，一些革命文物保护区域可以建设一些文化街区、文化商圈等设施，为游客提供更好的旅游服务，同时也能促进当地商业发展，增加就业机会，推动当地经济的繁荣发展。通过关注革命文物的保护利用，能够丰富红色旅游市场的服务内容，为游客提供更加优质、丰富的旅游体验，同时也能促进当地经济发展。因此，各级政府应注重对革命文物的保护和利用，这不仅是为了弘扬爱国主义精神，而且是为了推动红色旅游的发展。

3.注重发展地方特色餐饮业

在红色旅游市场中，餐饮业也扮演了重要的角色，可以为游客提供符合当地特色的饮食体验。因此，注重发展地方特色餐饮业不仅可以丰富红色旅游市场服务内容，还可以吸引更多游客，促进旅游经济的发展。

第一，挖掘地方特色食材和菜系。地方必然有自己独具特色的食材和菜系，这些都是吸引游客的重要因素。例如，在红色旅游胜地河北白洋淀地区，鸭肉和鱼类是极具代表性的特色美食；在云南红色旅游景点，美食以过桥米线和火锅为主流。开发和推广这些地方特色食材和菜系，可以让游客品尝到地道的当地美食，增强旅游体验感。

第二，融入红色革命主题元素。地方景区在提供餐饮服务时，可以融入红色革命主题元素。例如，可以在菜名上使用与革命相关的名称，如"红军炒米粉"等，或者在店面布置、服务员服装等方面可以体现红色主题。

第三，加强文化体验。除了品尝美食外，加强游客的文化体验也非常重要。可以通过文化解说讲解菜肴背后的历史渊源，让游客对当地的历史和文化有更深入的了解。同时，餐厅里还可以播放当地的民间音乐或者红色经典歌曲，为游客提供更加全面的文化体验。

第四，推广网红餐厅。随着社交媒体的发展，网红餐厅开始兴起。在打造红色旅游市场服务内容方面，推广网红餐厅也是一个不错的选择。这样既可以吸引更多年轻游客，也可以通过热门网站推广餐厅，提升知名度。

总之，注重发展地方特色餐饮业对丰富红色旅游市场服务内容能起到非常重要的作用。只有充分挖掘地方特色、加强文化体验、融入红色革命主题元素，才能吸引更多游客，推动红色旅游经济的发展。

（三）丰富红色旅游市场主体

1.引进知名企业

引进知名企业丰富红色旅游市场服务主体，可以进一步推动红色旅游产业的发展。首先，引进知名企业可以提升红色旅游服务品质。知名企业具备良好的管理经验和服务理念，能够为红色旅游市场带来更先进的服务模式和管理方式，提升游客的满意度和忠诚度。

其次，引进知名企业可以增加红色旅游服务供给。知名企业拥有丰富的资源和经验，在红色旅游的规划、设计、建设和运营方面具备较高的实力和水平。通过引进知名企业可以增加红色旅游服务产品和服务项目，丰富红色旅游体验，提升行业竞争力。

再次，引进知名企业可以促进红色旅游产业与其他产业融合发展。知名企业拥有庞大的客源和营销渠道，可以将红色旅游服务与其他相关产业（如酒店、餐饮、体育、文化等）进行融合发展，形成互利共赢的合作关系。

最后，引进知名企业可以提高红色旅游的社会价值和文化内涵。知名企业具有广泛的社会影响力和品牌价值，可以通过对红色旅游资源的开发和推广，向社会传递先进的管理理念和文化精神，促进革命文化的传承和弘扬。

综上所述，引进知名企业可以为红色旅游市场注入新的活力，推动红色旅游产业快速发展。同时，也需要注意引进企业与本地旅游从业者合作，避免对本地旅游从业者造成不必要的冲击，从而实现互利共赢、长远发展。

2. 培育地方龙头企业

地方龙头企业一般指在该地区享有较高知名度、拥有较强经济实力和品牌影响力，同时具有一定行业领先地位的企业。培育地方龙头企业是促进红色旅游市场发展的重要途径，其具体方法如下：

第一，政策扶持。政府应制定培育龙头企业的相关政策，包括税收减免、金融支持、优质资源倾斜等，进一步提高企业在当地社会发展中的地位，鼓励其积极参与红色旅游市场服务。

第二，加强品牌建设。地方龙头企业应注重品牌建设，提高品牌知名度和美誉度。通过广告宣传、社会公益活动等方式不断地增强品牌的文化内涵和社会责任感，进而提升其在红色旅游市场的服务能力和竞争优势。

第三，加强研发创新。地方龙头企业应加强技术研发和创新能力，注重开发符合红色旅游市场需求的新产品和服务，打造更具吸引力和竞争力的旅游线路和项目，以便更好地满足广大游客的需求。

第四，加强合作。地方龙头企业应积极参加相关协会、联盟等组织，并与其他旅游企业、景区、酒店等建立合作伙伴关系。通过联合营销、产品合作等方式，共同推动红色旅游市场服务水平的提高，创造更多合作机会和商业价值。

综上所述，通过政策扶持、加强品牌建设、加强研发创新和加强合作联盟等措施，可以有效地培育地方龙头企业，促进红色旅游市场的快速发展，进一步丰富服务主体，推动旅游产业的繁荣发展。

3. 扶持壮大红色旅游文化行业协会组织

一是建立行业协会。政府应主动出手，通过政策支持和投入经费等方式，鼓励和引导相关企业、景区、专家学者等从事红色旅游行业的人员成立行业协会。此举可以有效地提高红色旅游行业的整体素质和规范化水平，同时也有利于统一行业标准，推广行业知识和技术，提高服务质量和服务安全性。

二是提供资金支持。政府应加大对红色旅游行业的资金支持，如设立红色旅游文化基金，资助行业协会开展各种活动，如研讨会、培训班、旅游推广宣传推介活动等。这样可以激发行业协会尤其是小型企业发挥创新能力，进一步扩大市场份额。

三是建立交流平台。政府可建立红色旅游行业交流平台，促进各级政府、景区、旅行社、行业协会、媒体等各方面之间的信息交流。通过此平台，各方可以共同研究解决共性问题，探讨全球红色旅游发展趋势等，从而推动红色旅游行业的稳定发展。

四是加强人才培养。行业协会可以通过成立专业委员会、提供实习和就业机会、开辟行业课程等措施加强对红色旅游相关专业人才的培养和引进。此举可以增加行业协会对企业的支持力度，提高红色旅游产品的品质和特色，提升服务主体在市场中的竞争力。

五是推广红色文化。为了充实红色旅游产品的内涵和价值，行业协会应该积极推广红色文化。例如，通过开展丰富多彩的"红色主题活动""红色文化周"等文化活动，可以向公众普及红色文化、宣传爱国主义精神、激发文化自信心，在扩大红色旅游市场、提高服务主体吸引力方面发挥巨大作用。

综上所述，政府与行业协会应该齐心协力采取一系列有效措施，共同为壮大红色旅游文化行业、提高服务主体的竞争力和市场份额而努力。

二、借助乡村生态文明建设优化红色旅游自然环境

（一）充分发挥政府的引导与监督作用

作为一种重要的文化旅游形式，红色旅游在国内已成为热门的旅游项目。在红色旅游的过程中，自然环境是非常关键的因素，它不仅是旅游景点的重要组成部分，还是游客所追寻的自然风光和历史文化的展示方式。因此，优化红色旅游自然环境是一个非常重要的任务。充分发挥政府引导与监督作用，在优化红色旅游自然环境方面十分重要。

第一，制定切实可行的政策和法规。政府可以通过制定相关的政策和法规来规范红色旅游自然环境的保护，包括对旅游开发和投资的管理、对旅游景区建设的规划和设计、对旅游服务的质量监督等方面，以确保红色旅游自然环境得到合理的保护和利用。

第二，提高公众环保意识。政府可以运用广泛的宣传手段提高公众的环保意识，使游客和旅游从业者都清楚地了解保护自然环境是基本的道德义务和社会责任，同时也是维护自身利益的需要。

第三，强化监督和执法。政府可以加强对红色旅游景点的管理和监督，采取有效的措施防止环境污染。同时，加强执法力度，对违反环保法规的企业和个人进行严肃问责和处罚，以起到威慑作用。

第四，加强科学研究。政府可以加大对红色旅游自然环境保护和利用的科学研究投入，培养和支持相关专业人才，推进环境保护技术和管理方法的创新和应用。通过政府的引导和监督，可以有效地优化红色旅游自然环境，提高旅游产业质量，增强社会环保意识，让旅游与自然环境和谐共存，为实现可持续发展做出积极贡献。

（二）提高旅游参与者的环境保护意识

随着人们对红色旅游的认识逐渐深入，越来越多的人选择参加红色旅游活动。但是，由于游客的行为会对自然环境造成影响，因此需要提高游客的环境保护意识，以优化红色旅游的自然环境。

第一，加强环境保护宣传教育。要提高游客的环境保护意识，首先需要加强环境保护宣传教育。可以在景区入口设置宣传栏板、悬挂标语等向游客普及环保知识，引导他们尊重自然、爱护环境；此外，还可以制作宣传册、发放手册等，提供有关环境保护的相关知识，让游客更好地了解景区的自然环境，并认识到其重要性。

第二，引导游客的行为方式。需要对游客的行为进行引导，让他们了解正确的行为方式。例如，在保护区内规定禁止随地乱扔垃圾和伤害动植物，如果游客违反规定，可以及时制止和教育，让他们认识到这样的行为对环境的危害，从而养成正确的保护自然环境的习惯。

第三，加强景区监督和管理。除了提高游客的环境保护意识之外，还需要加强景区的监督和管理。相关部门可以通过增加巡逻人员、设立监督岗位等方式，及时发现游客的不良行为，并及时予以制止和教育，保持景区的环境整洁。

第四，推广低碳出行方式。在红色旅游活动中，推广低碳出行方式也是优化自然环境的重要手段。例如，可以推广徒步、自行车旅游等低碳出行方式，减少自驾游对环境的污染，同时也能让游客更好地欣赏自然风光，提高他们的环保意识。

综上所述，提高游客的环境保护意识是优化红色旅游自然环境的有效途径，需要从宣传教育、引导行为、加强监督管理和推广低碳出行等方面入手，使游客养成尊重自然、保护环境的美好习惯，共同打造美丽的红色旅游景区。

三、基于乡风文明建设优化红色旅游发展

2022年，习近平总书记在看望参加政协会议的农业界社会福利和社会保障界委员时强调，乡村振兴不能只盯着经济发展，还必须强化农村基层党组织建设，重视农民思想道德教育，重视法治建设，健全乡村治理体系，深化村民自治实践，有效发挥村规民约、家教家风的作用，培育文明乡风、良好家风、淳朴民风。要健全农村扫黑除恶常态化机制，持续打击农村黑恶势力、宗族恶势力，依法打击农村黄赌毒和侵害妇女儿童权益的违法犯罪行为。

（一）提高对乡风文明建设的重视程度

乡风文明建设是推进社会文明进步和全面建设社会主义现代化国家的必要措施之一，也是红色旅游发展的重要环节。为了提高对乡风文明建设的重视程度，促进红色旅游的发展，可以从以下五个方面入手。

第一，强化宣传教育。政府要加大对乡风文明建设的宣传力度，引导广大乡村居民树立起文明素质的意识。同时，要对红色旅游的意义进行深入宣传，让更多人了解与认识到红色旅游的重要性。

第二，落实政策措施。政府应该加大资金投入，制定相关政策，出台激励措施，鼓励社会组织和企业参与乡风文明建设和红色旅游的发展。

第三，建立完善的评价机制。政府应定期对乡风文明建设进行评估和监测，及时发现问题并采取相应措施加以解决。

第四，加强社会组织力量和团队建设。通过加强社会组织力量和团队建设，组织开展各种形式的乡风文明建设，增强活动参与者的责任感和荣誉感，推动乡村社会风气的积极向上。

第五，加强培训和交流。加强对乡风文明建设和红色旅游的培训和交流，提高相关从业人员的素质和水平，在服务游客的同时，也能更好地保护传统文化和历史遗迹。

综上所述，政府应通过提高乡风文明建设重视程度来优化红色旅游发展，从而实现共同发展与进步。

（二）创新乡风文明建设方法

从目前的实际情况来看，当前，我国乡村的乡风文明建设往往以宣传栏或绘画宣传为主，民众对此整体兴趣不大，最终效果不佳。因此，当前需要创新乡风文明建设方法。

1.加强思想道德建设，促进乡风文明

加强思想道德建设是促进乡风文明的基础和前提。实施思想道德建设需要从以下五个方面入手。

第一，加强思想教育。乡村干部、教师和社会各界人士应发挥积极作用，通过开展乡村精神文明建设活动、宣传乡土文化等方式加强社会主义核心价值观、爱国主义、集体主义、责任意识等思想教育，营造文明、和谐的社会氛围。

第二，弘扬传统文化。传承和弘扬本地区的优秀传统文化不仅可以增强民众的民族自豪感和文化认同感，还有利于培养人们的美德和家国情怀。可以通过开展文艺演出，举办书法、绘画、摄影比赛等活动来弘扬优秀传统文化。

第三，落实家庭教育。家庭是道德教育的重要场所，加强家庭教育可以更好地将孩子培养成品学兼优的人才。可以通过举行家庭教育讲座、家庭教育活动等方式，让家庭成为孩子成长的美好家园。

第四，打造文明村落。打造文明村落是提高乡风文明的重要途径。可以通过开展村民自治、环境卫生、公共文化设施建设等活动改善村民生活和村容村

貌，提高整个村落的文明程度。

第五，建立乡风文明监督机制。监督机制可以通过村级民主议事会、人民代表大会等渠道，对村民的思想道德教育和行为规范进行监督；同时，也可以通过乡镇政府的监督来督促村干部行为举止文明、廉洁、公正，树立良好的形象。

总之，加强思想道德建设是一项长期的、系统性的工程，需要全社会的共同努力。只有通过不断地加强思想道德建设，才能真正实现乡风文明的永续发展。

2.开展移风易俗行动，培育乡风文明

移风易俗行动是指针对社会上存在的不健康、不文明、不道德的习惯和行为，采取针对性改善措施。通过开展移风易俗行动，可以培养人们的良好习惯和行为，净化社会风气，提高村民素质，培育乡风文明。

一是加强宣传教育，提高公众意识。应广泛利用各种媒体，通过报纸、电视、广播、互联网等渠道宣传移风易俗的重要性和必要性，并鼓励公众积极参与。

二是制定相关政策法规和行为规范。应制定有关文明用语、文明行车、文明用餐、禁止乱扔垃圾等方面的规范，对违反规定的行为予以纠正或处罚。

三是增强群众监督。应鼓励公众举报不文明行为，对整治工作中的问题及时予以处理。

四是强化文明礼仪教育。应定期开展对青少年、社区居民、企事业单位员工等的文明礼仪教育，加强公共场所服务员的文明礼仪培训，提高全民素养。

3.改进工作方法，提升对乡风文明的认可度和接受度

要提升对乡风文明的认可度和接受度，需要通过不断改进工作方法来实现。

第一，强化制度建设。通过建立相关制度，推动乡风文明建设，如明确乡村管理职责，规范村民行为等。同时，要加强对制度执行情况的监督，确保制度切实落实到位。

第二，加强宣传教育。通过多种形式的宣传教育活动，增强农民对乡风文明的认识和重视程度。可以通过开设讲座、发放宣传资料、组织主题班会、开展文艺演出等形式，让农民身临其境地感受乡风文明的魅力。

第三，建设文明村庄。将乡村建设成美丽、整洁、有序的村庄，更能吸引农民参与到乡风文明建设中。可以通过组织清洁日、绿化日、文明祭祀、美化村容等活动，让农民亲身感受文明村庄建设的重要性。

第四，积极推动志愿服务。通过开展志愿服务活动，引导农民参与到社区和乡村建设中，突出乡风文明建设的特点，增强对乡风文明的认可度和接受度。可以组织环保义务巡逻、垃圾分类等志愿服务活动，让乡村志愿服务成为一种风尚。

第五，推广好人好事。通过推广一些优秀的好人好事树立典型榜样，激励更多农民参与到乡风文明建设中。可以在村委会或乡镇政府大厅设立展板，用图片和文字的形式展示这些先进的典型事迹，吸引更多的农民前来参观学习。

总之，提升乡风文明认可度和接受度需要各方的共同努力，通过多种形式和方法，不断地加强宣传和教育，加强制度建设和规范村民行为，让乡风文明建设成为一种风尚。只有这样，才能促进乡村社会的和谐发展。

四、依据乡村实际加强红色旅游发展各类保障

（一）优化红色旅游资源保障

如何通过优化红色旅游资源保障来促进红色旅游提质增效，这是当前我国红色旅游发展过程中需要重点考虑的问题之一。

1.宏观层面

首先，完善红色旅游基础设施。红色旅游基础设施是支撑红色旅游行业发展的基础，必须得到充分的重视和投入。应该加强对纪念馆、博物馆、遗址等相关场所的维护和保护，以及加强景区的开发建设，不断地完善景区的基本配套设施，如车站、停车场、餐饮服务和住宿等，以提高游客的满意度。

其次，丰富红色旅游产品。丰富红色旅游产品，可以在红色旅游基础上对相关产品进行深度挖掘和拓展。例如，可以结合地方特色文化，推出以红色元素为主的旅游产品，如走进延安、毛泽东故居游等。这样可以增加旅游产品的

新鲜感和利用率，提升旅游产品的吸引力。

再次，提高红色旅游服务质量。红色旅游服务质量直接关系到游客的评价和选择，必须加强红色旅游服务质量管理。例如，可以加强服务培训，推行标准化服务，建立完善的投诉处理机制等，提高服务质量和游客的满意度。

最后，加强红色旅游宣传推广。宣传推广是红色旅游发展的重要环节，应加强对红色旅游的宣传力度，充分利用互联网和新媒体对红色旅游进行推广；此外，还可以利用各种文艺形式对红色旅游进行宣传推广，加深游客对红色旅游内涵的认知和了解。

总之，通过完善基础设施，丰富旅游产品，提高服务质量和加强宣传推广，可以有效地促进红色旅游的提质增效。

2.微观层面

一方面，挖掘特色文化。提高红色旅游的品质和效益，需要进一步挖掘特色文化，促进红色文化和旅游产业的融合。一是深入挖掘红色文化资源。通过深入挖掘红色文化资源，将红色文化和旅游产业有机结合。这包括收集和整理红色历史遗迹资料、革命传统教育基地信息、红色旅游线路等，并对这些资源进行广泛宣传，让更多游客了解这些特色文化。二是开发特色红色旅游产品。可以根据不同的旅游需求和市场需求，开发出各种不同类型的红色旅游产品。例如，可以设计一些探寻革命历史的线路，开发一些互动性模拟战斗体验项目，打造以红色音乐、红色电影等为主题的文化娱乐活动，等等。三是加强红色文化教育。通过加强红色文化教育，让游客更好地了解红色历史和革命传统，提高游客的参与度和旅游体验感。可以通过艺术品制作、影片观看等形式对红色文化进行展示和宣传，让游客深入了解和感受红色文化。四是加强红色旅游产业生态环境建设。为了让红色旅游更具吸引力和实用性，需要加强红色旅游产业生态环境建设。例如，可以开展红色旅游节等活动，丰富旅游产品，同时加强相关管理措施，提高旅游环境的质量和旅游服务水平。五是提高红色旅游产业管理水平。红色旅游产业管理水平的提高是推动红色旅游提质增效的一个重要环节。可以通过完善旅游产业发展规划、建立标准化管理机制、加强资金监管等手段加强红色旅游产业管理，实现行业健康、有序、稳步发展。

另一方面，重视红色文化资源展示工作。重视红色文化资源展示工作可以促进红色旅游提质增效，具体包括如下内容：一是优化红色文化资源展示形式。优化红色文化资源展示形式可以提高游客的参观体验感和红色旅游的吸引力。可以采用数字展示、多媒体互动、虚拟现实等方式对红色文化资源进行全方位的展示和讲解，增加游客的参与感和互动性。二是完善红色文化资源接待服务。提供高水平的接待服务可以建立良好的旅游形象和品牌，从而吸引越来越多的游客前来参观旅游。针对不同的游客需求推出个性化旅游服务，如军旅适应训练、特别配套餐饮，还可以推出定制化旅游产品以满足游客的需求。三是发挥文化资源的社会功能。发挥红色文化资源的社会功能可以带动区域经济发展，促进当地的文化传承和发展。例如，可以通过与当地企业合作推出红色主题产品，吸引游客的同时也助推当地经济的发展。四是增强红色文化资源的可持续发展。加强对红色文化资源的保护和开发，可以为长远的可持续发展提供基础支撑。需要采取科学、合理的保护措施，避免恶意开发和过度利用红色文化资源。

总之，重视红色文化资源展示工作可以充分展示中华民族优秀传统文化和革命历史文化，在提升国内旅游品质的同时也为外国游客了解中国的历史文化和社会发展提供必要的窗口和途径。

（二）完善资金与人才要素保障

1.扩大资金来源

近年来，随着国家对红色旅游的重视程度和推广力度的加大，红色旅游的规模和影响力不断地得到提升。然而，由于资金来源不足等问题，红色旅游的提质增效还存在一定困难。因此，扩大资金来源是促进红色旅游提质增效的关键之一。

第一，多元化资金来源。政府对红色旅游的投入一直是非常重要的，它可以通过拨款等形式支持红色旅游的开发和建设。社会资金主要包括企业捐赠、个人捐赠和社会组织捐赠。企业可以利用自身的品牌形象和社会责任感大力支持红色旅游；个人也可以通过捐赠等方式为红色旅游做出自己的贡献。金融资金是指通过各种投资和贷款方式，向红色旅游提供资金支持。例如，银行可以推出专门的红色旅游信贷产品，吸引投资者为红色旅游提供资金支持。

第二，推进政府和社会资本合作模式。通过政府与民间企业的协作共建实现公共设施的建设和运营，从而达到优化资源配置、促进经济发展等目的。在红色旅游中，采用政府和社会资本合作的模式可以有效地扩大资金来源，提高运营效率。

第三，加强运营管理。提高红色旅游的运营管理水平，降低运营成本，直接带动红色旅游的收益增长。例如，通过合理规划景点，采用现代信息技术进行管理，提高收入，控制开支等方式，最终实现红色旅游的提质增效。

第四，创新服务模式。红色旅游的成功依赖于一流的服务质量，而且服务质量的提升也可以直接拉动红色旅游的提质增效。因此，可以特别针对红色旅游领域，积极创新相关服务模式，如制定精品线路、提供定制化服务和多样化文化体验等，吸引更多游客，从而提高红色旅游的价值和影响力。

总之，通过以上措施扩大资金来源可以有效地促进红色旅游提质增效。同时，红色旅游发展还需要政府部门、企业和社会各界的共同协作和支持，共同推动红色旅游事业的蓬勃发展。

2.增加人员数量，提高人员素质

为了提高红色旅游的品质和效益，需要采取一些措施增加人员数量和提高人员素质。

首先，通过加强红色旅游人员招聘和培训工作来增加人员数量。可以利用社会招聘渠道开展校园招聘，同时建立专门的红色旅游人才库，挑选性格、知识水平、语言表达能力均佳的人才。在培训方面，应该开展全程培训，包括红色旅游知识、文化修养、服务技能等方面，同时不断地开设专题研讨课程和实训课程，使员工逐渐成长为具备专业技能、具有良好的协作和沟通能力，以及服务态度优秀的乡村旅游精英人才。

其次，通过完善薪资福利政策激励员工工作的积极性和创造性。制定合理的薪酬体系，根据岗位绩效给予员工不同的奖金和薪资福利。同时通过建立优秀员工表彰制度，鼓励员工在工作中发扬自身的特长和创新能力。这些激励机制可以有效地提高员工的自我认同感，增强他们对红色旅游事业的责任心和归属感，从而让他们更加积极地投入工作中，不断地提升服务品质和服务效率。

最后，通过加强与社会各界的合作，提高红色旅游的知名度和影响力。与当地旅游局、民间组织、媒体等进行合作，共同开展各类宣传活动。同时，注重传播红色旅游的历史价值和文化内涵，加大对相关历史事件和人物的宣传力度，提高红色旅游知名度和影响力，吸引更多游客前来参观。因此，通过增加人员数量，增强人员素质，红色旅游将能够提升品质和效率，进一步推动乡村旅游发展，促进旅游业的繁荣和地区经济的发展。

第七章 政府职能发挥助推乡村振兴

中国政府提出乡村振兴战略，旨在促进农业、农村、农民实现全面发展。作为乡村振兴战略的推动者，政府的职能发挥至关重要，政府通过出台相关政策、加大投入、优化产业布局等方式助推乡村振兴。本章从不同角度探讨政府在乡村振兴中的职能问题，并提出相应的建议，以期为中国乡村振兴事业做出贡献。

第一节 乡村振兴战略下文旅融合发展政府职能分析

在当前国家乡村振兴战略的背景下，文旅融合发展成为推动乡村振兴的重要手段之一。政府在这一过程中扮演了重要角色，其职能和作用也有了新的变化和拓展。本节旨在分析乡村振兴战略下政府在文旅融合发展中的职能，并探讨政府如何发挥作用并带领广大群众共同推进乡村振兴。希望通过本节的探讨，能够为政府和群众在乡村振兴中发掘更多机会和潜力，促进乡村经济的繁荣和社会的进步。

一、制定文化旅游发展规划

（一）制定发展规划

政府在文旅融合中具有制定发展规划的职能，主要体现在以下四个方面。

1.指导和促进文化旅游业的发展

政府可以通过统计、研究和分析相关数据信息，指导和促进文化旅游业的发展。政府可以根据不同地区和不同城市的实际情况制定相应的发展规划，指导相关企业和机构的经营管理。同时，政府还可以制定财税政策，为文旅企业提供资金和减少税收等方面的支持和帮助，鼓励企业增加投入和创新发展。

2.整合旅游资源，优化旅游环境

政府可以整合旅游资源，建立旅游资源数据库，开展旅游推介和宣传活动，提高旅游品牌的影响力，鼓励更多游客前来参观。同时，政府还可以优化旅游环境，提高服务质量，满足游客需求，提高游客的消费体验，以此建立良好的旅游发展环境。

3.推动文化与旅游的融合发展

政府可以在城市规划中加大对文化旅游业的支持力度，促进文化产业、旅游产业的融合发展。通过推动文化与旅游的紧密结合，可以增强城市的魅力，提升旅游业的吸引力，从而带动整个城市的经济发展。

4.加强监管和规范

政府需要加强对文旅企业的监管和规范，确保其经营行为合法、规范。政府可以制定相关制度和标准，建立企业信用档案，开展执法检查和督促整改等工作，以此来规范整个行业，保障游客的合法权益。同时，政府还可以积极开展医疗、消防、安全等方面的培训和指导，提高企业员工和管理人员的素质水平，增强整个行业的安全性和服务质量。

（二）出台指引条例

政府在文旅融合中有出台指引条例的职能，主要体现在以下两个方面。

1.规范文旅融合发展方向

政府在文旅融合中出台指引条例的一个重要目的是规范文旅融合发展方向，引导文化产业和旅游产业有序、协调、可持续发展。政府可以通过指引条例明确文化和旅游产业的融合方向、融合模式、融合发展的重点等，帮助相关企业了解政策导向，提高企业对市场的预测能力，增强企业信心。例如，政府可以通过制定文旅融合发展规划，明确文旅融合的目标、任务和措施，并逐步完善相关的政策法规，从而指导文化产业和旅游产业的融合发展。此外，政府还可以根据不同的地区和产业特点，有针对性地制定不同的指引条例，以满足不同地区、不同行业的需求。

2.促进文旅融合深度发展

政府在文旅融合中出台指引条例的另一个职能是促进文旅融合深度发展。政府可以通过推动文化产业和旅游产业的深度融合，提高文化产业的附加值和竞争力，同时也可以创造更多的就业机会，促进地方经济的发展。例如，政府可以出台鼓励文旅融合发展的税收优惠政策，给予相关企业一定的财务支持，从而吸引更多文化企业和旅游企业参与到文旅融合中。政府还可以鼓励文化企业和旅游企业进行联合，共同推出具有创新性和市场竞争力的文旅产品，带动文旅产业的协同发展。

总之，政府在文旅融合中出台指引条例是为了规范和促进文化产业和旅游产业的融合发展，实现文旅产业共赢、共享的目标。

二、健全文化旅游服务体系

（一）完善交通网络

政府在文旅融合中具有完善交通网络的职能，主要表现在以下三个方面。

1.道路规划与建设

政府是道路规划与建设的主要责任方，必须根据文旅产业发展和旅游流量的需要，制订相应的规划方案和建设计划。政府需要通过对交通网络的不断完善提高其覆盖范围和流通性，为文旅产业提供更加便捷的交通条件，从而实现文旅融合的目标。此外，政府还需要加强对道路建设质量的监管，确保道路安全可靠。

2.交通管理与服务

政府应当加强道路交通管理，制定相关交通规则和标准，规范交通秩序，提高道路交通安全水平。同时，政府还要提供优质的交通服务，为游客提供导航、路线推荐、交通出行等方面的指导和支持，提高游客的满意度和体验感。

3.智慧交通建设

随着智能化技术的发展，政府需要加强对智慧交通建设的投入，利用先进技术提升交通系统的管理和服务水平。例如，通过智慧停车系统、公共交通实时查询系统等解决旅游交通拥堵问题，提高旅游出行的效率和安全性。

总之，政府在文旅融合中具有完善道路交通的职能，需要制订科学、合理、可行的规划和计划，加强交通管理与服务，同时推动智慧交通建设，全面提升文旅交通服务水平。

（二）强化公共服务

政府在文旅融合中强化公共服务的职能主要体现在以下四个方面。

1.文旅设施建设方面

政府可以制定相关规划和标准，推动文旅设施的建设和运营，为公众提供更加完善的服务。例如，政府可以出资修建公共卫生间、停车场，建设观光塔、游客中心等一系列基础设施，改善游客的体验感。

2.发展文旅产业方面

政府可以通过资金、税收、土地等政策扶持文旅企业的发展，增强其竞争力，从而提高公众的文旅服务水平。例如，政府可以通过提供财政补贴或税收优惠，吸引更多文旅企业进入市场，提高服务质量和旅游产品的丰富程度。

3.促进文旅消费方面

政府可以通过价格监管、品质监督等方式促进文旅消费行业的规范和健康发展，从而提高消费者的满意度，并为公众提供更加安全、放心的服务。例如，政府可以制定和实施价格监管机制，防止出现文旅企业恶意涨价等损害消费者权益的行为。

4.文旅文化传播方面

政府可以通过扶持和推广当地优秀文化，促进文旅产业与文化产业的融合，推广具有民族特色的文化产品和服务，提高公众对文化、历史的兴趣，提升公众的文化素养，进而促进旅游业可持续发展。例如，政府可以在文旅景区组织举办各类文化活动，如艺术展览、非遗展示、民族音乐会等活动，推动文旅产业的文化内涵和活力不断增强。

政府在文旅融合中具有强化公共服务的职能，其目的是进一步提高公众对文旅服务的需求和满意度，促进旅游业的发展和城市经济的繁荣。

三、推动文化旅游资源整合

（一）组建文旅集团

政府在文旅融合中组建文旅集团的职能主要包括以下五个方面。

1.促进文旅产业融合发展

政府可以通过组建文旅集团实现文旅产业的横向整合和纵向协同，优化资源配置，提高效率和效益，推动文旅产业的快速发展。

2.拓展文旅业务

政府通过组建文旅集团可以拓展文旅业务，将单一领域内的文化资源或旅游资源整合起来，形成多元化产品和服务，拓展市场和受众群体，提高文旅产业的竞争力。

3.优化文旅资源结构

政府可以通过组建文旅集团整合重要的文化资源和旅游资源，实现资源优化配置，保护优秀的文化遗产及开发具有独特魅力的旅游景区和主题公园等，提高文旅产品的质量和竞争力。

4.推动文旅产业创新发展

政府组建文旅集团有利于促进文旅产业的创新发展。文旅集团可以通过引进文化创意、数字技术等高新技术和新业态，实现文旅产业的创新升级。

5.增加政府收入

政府组建文旅集团可以增加政府收入。文旅集团可以依托优质的文化资源、旅游资源开发具有特色的文旅产品和服务，吸引更多的游客和消费者，提高文旅企业的盈利能力，为政府增加税收和财政收入。

因此，政府在文旅融合中具有组建文旅集团的职能，可以促进文旅产业的快速发展，提高效益和效率，优化资源配置，拓展市场和受众群体，推动文旅产业的创新升级，增加政府收入，达成文旅融合的目标。

（二）建设文旅园区

文旅融合是当前文化产业与旅游产业相互渗透、融合、协同发展的一个新趋势。政府在文旅融合中具有建设文旅园区的职能，主要表现在以下四个方面。

1.引导和规划建设文旅园区

政府可以依据各地的自然环境、人文历史和文化特色等因素，指导和规划文旅园区的建设。政府可以成立专门的部门或机构，负责文旅园区的整体规划、设计和建设工作。政府还可以引入国内外优秀的专业团队，为文旅园区提供顶尖的设计思路、技术支持和运营管理，确保文旅园区的建设质量和效益良好。

2.提供资源和财税优惠政策

政府可以通过提供资源和财税优惠政策，吸引社会资本和企业进入文旅园区。政府可以通过财政资金支持、信贷扶持、土地出让等方式，建设文旅基础设施、配套设施和公共服务设施，改善周边交通、环境和旅游接待条件等，为文旅园区的可持续发展创造良好的条件。

3.加强对文化创意产业的支持

政府可以加强对文化创意产业的扶持，促进文旅园区中的文化创意企业和文化创意产品的发展。政府可以通过成立文化创意产业发展基金、制定相关政策和规定等方式，为文化创意产业提供相关资源和贷款支持，优化营商环境，加强知识产权保护，促进文化创意产业的创新和竞争力。

4.协调文旅园区与景区的关系

政府可以协调文旅园区与周边旅游景区之间的关系，促进文旅园区和景区的互利共赢。政府可以加强旅游接待服务和标识导向服务，提高游客满意度和体验感。政府还可以鼓励企业开发旅游线路和交通运输方式，增加游客到访文旅园区的便利性和经济效益。

总之，政府在文旅融合中具有建设文旅园区的职能。政府可以引导和规划文旅园区的建设，提供相关资源和财税优惠政策，加强对文化创意产业的支持，协调文旅园区与景区之间的关系等，为文旅融合提供有力的支持和保障。

四、构建文化旅游发展平台

（一）拓宽融资渠道

政府在文旅融合中拥有很多职能，其中包括拓宽融资渠道。拓宽融资渠道主要体现在以下五个方面。

1.制定政策支持措施

政府可以根据文旅产业发展需求，制定各种形式的政策措施，如税收减免、财政补贴、出口退税等，为文旅企业提供财务支持。此外，政府还可以加强文旅项目的评估和审批工作，降低文旅企业的资金成本和风险，提高融资的成功率。在税收方面，政府可以通过给予文旅企业税收优惠政策来鼓励企业进行投资和发展。例如，对于文旅企业，政府可以减免或者免征企业所得税、增值税等，以促进其发展。对于文旅企业的研发投入，政府也可以给予税收优惠政策。此外，政府在招商引资过程中，也可以为文旅企业提供税收优惠等政策，以鼓励其投资。财政补贴是另外一种政策支持方式。政府可以通过各种形式的财政补贴，如项目建设补贴、科技创新补贴、人才引进补贴等，为文旅企业提供经济资助，降低企业的运营成本，提升企业的盈利能力。

2.发行文旅债券

政府可以通过发行文旅债券的方式为文旅企业提供融资支持。文旅债券是指发行主体以文旅产业项目或资产为担保，向投资者发行的债务性金融工具。这种债券有一定的固定利率，具有较高的安全性和收益性。发行文旅债券可以帮助企业进行长期融资，解决资金短缺问题，同时也可以为投资者提供稳定的投资渠道。政府可以与金融机构合作发行文旅债券，同时引导社会资本参与其中。政府可以通过政策倾斜等手段鼓励投资者购买文旅债券，扩大文旅产业的融资渠道。此外，政府也可以对文旅债券进行财政补贴，降低文旅企业的融资成本，提升债券的吸引力。在实际操作中，政府可以通过评估文旅项目的投资价值、风险等因素，确定文旅债券的规模、期限、利率等具体条件。同时，政府还要加强对文旅债券的监管，确保债券市场的合法、稳健运作。

3.引导社会资金投资

政府可以引导社会资金参与文旅项目的投资，具体措施可以是通过PPP（政府和社会资本合作）等模式，建立公私合作机制，让企业和社会资金参与文旅项目的投资，共同分担风险与收益。此外，政府还可以提供相关的奖励政策，如给予优惠贷款、减免税费等，吸引民间投资人投入资金。同时，政府也应该加强对社会资金的监管与引导，避免过度依赖社会资本而忽视风险，确保文旅项目的可持续发展。

4.设立文旅基金

政府可以设立专门的文旅基金，用于支持文旅项目的投资和运营。这种基金可以由政府出资或者与社会资本合作，为文旅企业提供股权投资、债权融资等多种形式的融资支持。第一，政府单独设立基金。政府出资设立基金，或者通过发行债券来筹措资金，然后以股权、债权等形式投资文旅企业。第二，政府与社会资本联合设立基金。政府可以与有实力的投资机构合作，建立文旅产业基金。政府可以提供一定比例的资金，而其他投资方则提供剩余的资金。投资方可以是各类金融机构、文旅企业或者其他有实力的企业。第三，政府可以制定相应的基金管理规定，确保基金的有效运作。例如，设立专职管理机构和监管机构，规定基金投资范围和投资标准，等等。这样可以确保基金的有效性和安全性，提高文旅项目融资的成功率。

5.建立文旅金融服务平台

政府可以建立统一的文旅金融服务平台，以提高文旅企业的融资效率，降低融资成本。该平台可整合政府、金融机构和文旅企业等各方资源，为文旅产业链上的企业提供全面优质的金融服务。主要包括以下四个方面：一是财务管理和税务筹划。通过优化企业财务结构和合理规避税费，降低企业运营成本，提高盈利能力。二是融资服务。为企业提供线上融资平台、风险评估模型、融资方案等综合融资服务，帮助企业实现多元融资。三是投资服务。为投资者提供精准的行业数据，提供投资分析报告，帮助投资者了解文旅产业的投资机会和风险。四是金融培训。设立专业的金融培训课程，培养文旅企业和金融从业人员的专业知识和能力，提升企业的金融管理水平。

总之，政府在文旅融合中发挥着重要的拓宽融资渠道的职能。通过制定相关政策、发行债券、引导社会资金、设立基金和建立金融服务平台等多种方式，可以有效地支持文旅产业的发展，促进文旅产业实现长期、稳健的发展。

（二）加强品牌宣传

政府在文旅融合中具有加强品牌宣传的职能，主要体现在以下三个方面。

1.推进文旅品牌建设，提升城市的知名度和美誉度

政府作为城市发展的主导者和管理者，应该积极推进文旅品牌建设，塑造具有地方特色和文化内涵的品牌形象，提升城市的知名度和美誉度。同时，政府还可以通过多种方式扩大品牌的影响力，如通过举办文旅节庆活动、组织旅游推介会和发布旅游攻略等方式，吸引更多的游客前来旅游，进一步加强品牌宣传。

2.提供优质的公共服务，增强游客的满意度和口碑效应

政府在旅游业中扮演着重要的角色，除了要塑造城市品牌形象之外，还需要为游客提供优质的公共服务，包括交通、住宿、餐饮、娱乐等方面。只有提供了良好的基础设施和公共服务，游客的满意度和口碑效应才能得到提升，自然也会对文旅品牌的宣传和推广起到重要的促进作用。

3.加强文旅产业的合作，实现共赢发展

政府还可以通过加强文旅产业的合作，推动文旅融合，实现共赢发展。例如，政府可以推动文化企业和旅游企业合作，推出一系列结合文化特点的旅游产品，带动旅游产业和文化产业的共同发展。此举不仅可以提高城市的整体竞争力，还有助于推广城市文旅品牌，吸引更多游客前来旅游，进一步加强品牌宣传。

五、规范文化旅游市场秩序

政府在文旅融合中具有规范文化旅游市场秩序的职能，主要体现在以下两个方面。

（一）保障消费者的权益

保障消费者的权益是规范文化旅游市场秩序中非常重要的一点。

首先，政府需要制定相关的法律法规来规范文旅产品的生产和销售。这些法规包括消费者权益保护法、旅游条例等，旨在保障消费者的权益。此外，政府还需要加强执法力度，对违法行为进行打击和处罚。

其次，政府需要加强对文旅企业的监管。这不仅包括对文旅企业的注册、审批、管理等日常监管，还包括对其经营情况、产品质量、服务态度等方面的

监督和检查。只有加强监管，才能确保消费者的权益得到充分保障。

再次，政府和文旅企业需要提供完善的投诉和反馈渠道，以便消费者及时反映问题或投诉。对于消费者的投诉，政府和企业需要尽快给予答复和提出解决方案，同时也需要对投诉问题进行认真反思和整改。

最后，政府和企业需要加强对消费者的宣传和教育，让消费者了解他们的权益和应该如何维护自己的权益。同时，政府和企业也需要加强对消费者意识的培养，让消费者选择优质的文旅产品，从而提高整个文旅产业的品质和水平。

（二）打击非法经营

文化旅游业存在一些非法经营行为，如假冒伪劣、涉黄、涉赌等违法行为。政府需要加大执法力度，打击非法经营行为，维护良好的营商环境。

1.制定相关法律法规

政府需要制定针对文旅市场的相关法律法规，明确非法经营行为的界定和处罚标准，同时建立健全的举报机制，让消费者和从业者都能通过正当途径反映和投诉非法经营行为。

2.加强监管和执法

政府需要加大对文旅市场的监管和执法力度，增加巡查频次，严厉打击非法经营行为，保护消费者的权益和维护市场秩序。

3.加强宣传教育

政府需要加强宣传教育，让公众和从业者充分了解非法经营行为对社会和市场的危害，并提高识别非法经营行为的能力。

打击非法经营行为对文旅融合的发展具有重要意义。一方面，打击非法经营行为可以保障文旅市场的公平竞争和消费者的权益，提高消费者的认可度。另一方面，打击非法经营行为可以促进文旅市场的规范化发展，提升行业整体形象和信誉度，吸引更多的投资者和游客参与到文旅融合中。

第二节　乡村振兴战略下文旅融合发展政府职能存在的问题

随着乡村振兴战略的深入推进，文旅融合发展成为备受关注的热点话题。政府在这一领域扮演着重要的角色，其职能包括统筹规划、引导投资、协调各方资源等。然而，在实践中，政府在文旅融合发展中也存在诸多问题和挑战，如政策不够完善、部门之间协同不足、投资回报率低等。因此，本节从政府职能的角度出发，对乡村振兴战略下文旅融合发展中存在的问题进行探讨。

一、管理机制不健全

（一）政府管理部门业务交叉

在乡村振兴战略背景下，政府职能发生了重大转变。政府不再是单纯的行政管理者，而是普及化、社会化服务的提供者和引领者，扮演着重要的角色。文旅融合发展是政府推动乡村振兴的一项有效措施，但同时也带来了政府职能交叉的问题。

首先，政府管理部门业务交叉导致权责不清。在文旅融合发展中，很多项目涉及多个部门的管理和协作，如建设旅游景区需要环保、国土、规划等部门的配合。这些部门之间的权责划分不清、监管标准不一致，将导致管理混乱和工作失序。

其次，政府管理部门业务交叉造成责任推诿。在项目实施过程中，由于涉及多个部门的合作和管理，如果出现问题，各部门之间互相推诿责任，导致问题无法得到有效解决。

最后，政府管理部门业务交叉影响工作效率。由于各部门之间信息沟通不畅、工作标准不一致，容易出现重复劳动和低效率工作的问题，延误项目进度。

（二）政府支持力度不足

具体来说，政府在文旅融合发展中存在的支持力度不足主要体现在以下四个方面。

1.政策规划不充分

政府在推进文旅融合发展时，往往缺乏全面、系统、科学的政策规划，导致政策的执行效果不佳。这主要是由政策短期化、部门化、功利化等问题导致的，所以政府需要加强政策的前瞻性和整体性，把握好文旅融合发展的长远性和综合性，制订科学的政策方案。

2.执行力度不足

政府在推动文旅融合发展时，如果执行力度不足，执行效果往往难以达到预期目标，其主要原因是政府面临资源配置和行政管理方面的困难。政府需要加强对文旅融合产业的监管和支持，同时加强政府部门之间的协调和合作。

3.资金支持不充足

政府在推进文旅融合发展时缺乏足够的资金支持，导致文旅融合产业的发展受到限制。政府需要加大对文旅融合产业的扶持力度，促进乡村经济的转型升级。

4.技术支持不足

政府在推动文旅融合发展中，缺乏对技术创新和智能化发展的重视，导致文旅融合产业的发展存在技术瓶颈。政府需要加大对技术创新和智能化发展的支持力度，提高文旅融合产业的竞争力和创新能力。

综上所述，在乡村振兴战略下文旅融合发展中，政府职能存在政策规划执行力度不足的问题，需要政府加强政策规划、执行力度、资金和技术支持等方面的投入和管理。只有这样，才能更好地推动文旅融合发展，实现乡村振兴战略的目标。

二、公共服务供给不足

（一）交通网络不完善

在乡村振兴战略背景下，文旅融合已成为当今的发展趋势。政府在这一过程中扮演着重要角色，但是交通网络不完善的问题限制了政府职能的发挥，影响了文旅融合发展的速度和质量。

首先，交通网络不完善会影响文旅产业的发展。乡村地区因为基础设施落后，很多美丽的景点、民宿、农庄等处于偏远的位置，游客很难到达。这就需要政府提供更好的交通服务，如修建公路、增加公共汽车班次等，以便吸引更多游客前往。

其次，交通不便利会影响文旅供应链的流畅性。由于地域相对狭小，乡村地区的文旅产业往往是相互依存的。因此，如果大量的人员和物资无法有效地运输到各个景点或农庄，文旅产业链就会出现断裂，导致整个乡村文旅产业受到影响。

最后，交通网络不完善也会给当地居民的出行和生活带来困难。农村居民往往依赖自己的交通工具出行，但是道路不畅通会限制他们的出行范围，给他们的工作和生活带来不便。政府需要在改善乡村基础设施方面下功夫，解决交通不畅通的问题。

综上所述，在乡村振兴战略背景下，政府在文旅融合发展中发挥着重要作用，交通不便利的问题会影响文旅产业的发展、供应链的流畅性和当地居民的生活。因此，政府需要加强交通基础设施建设，为文旅产业的快速发展提供更好的支持。

（二）信息化服务欠缺

在乡村振兴战略背景下，文旅融合发展已成为一个重点领域。然而，在这个发展过程中，政府职能存在信息化服务欠缺的问题。

首先，政府信息化服务水平不高。在我国许多乡村地区，基础网络建设不足，政府信息化服务体系缺乏统一的规划和协调，导致各级政府之间交流不畅，信息传递不及时，难以满足文旅融合发展的需要。

其次，政府在数据共享和信息互通方面存在制度体系不健全的问题。目前，许多乡村地区政府部门之间缺乏有效的信息共享机制，"信息孤岛"现象严重，数据互通不畅，失去了信息化服务应有的宏观指导作用。

再次，政府对文旅融合发展的政策支持和资金投入方面存在欠缺。政府职能虽然通过政策、资金等形式积极推动文旅融合发展，但是总的来说，政府对文旅融合发展的扶持力度还不够大，没有形成有效的支持体系，导致文旅融合发展的步伐迟缓。

最后，政府在信息化服务方面的专业人才队伍还比较薄弱。目前，许多乡村地区因为信息化建设需要专业技能的支持，在人才培养、引进等方面存在困难，导致政府信息化服务能力不足。

因此，在乡村振兴战略下，政府应加快信息化服务的建设，建立健全数据共享和信息互通体系，加大政策支持和资金投入，并注重提高人才队伍的整体水平，提升政府信息化服务的能力和水平，使之能够更好地支持文旅融合发展。

三、形象宣传不到位

（一）形象定位模糊，责任分散

在乡村振兴战略中，政府职能在文旅融合发展中存在形象定位模糊、责任分散等问题，主要表现在以下四个方面。

1.缺乏整体规划和统筹安排

政府在文旅融合发展中缺乏整体规划和统筹安排，导致政府部门各自为政，目标不统一，使政府形象定位较为分散。例如，在旅游业发展中，文化、交通、卫生、公安等部门都需要参与，但是由于缺乏整体规划和统筹安排，各部门间重复劳动，存在互相矛盾和重叠的情况。

2.责任分散导致效率低下

政府在文旅融合发展中责任分散，导致效率低下，很难快速响应社会发展需求。政府的职责不仅是监督和管理，还需要提供优质的公共服务，但是由于责任分散，政府部门之间存在沟通不顺畅、工作协调不到位的问题，导致政府形象定位较为分散，难以有效地解决社会问题。

3.部门之间信息不畅通

政府在文旅融合发展中的信息不畅通，导致政府相关部门无法及时掌握市场变化和民意，不能快速响应社会需求。同时，部门之间缺乏沟通和协作，也使政府形象定位较为分散，难以制定统一的发展战略。

4.落实不到位

政府制定的政策和措施在文旅融合发展中需要得到有效的执行，但是由于各级政府部门的职责分散、协调不到位，政策执行效果难以达到预期效果。这也会让公众对政府的职能形象产生怀疑，认为政府的管理能力不足，无法有效地推动乡村振兴战略和文旅融合发展。

（二）宣传方式相对传统

政府在推动文旅融合发展的过程中，存在宣传方式较为传统的问题，具体表现在以下三个方面。

1.信息传递渠道单一

政府往往通过电视、报纸、广播等传统媒体进行信息传递，但这些渠道存在覆盖范围和人群定位不够精准的问题，难以真正触及目标人群。

2.宣传内容单一

政府的宣传内容往往重点强调政策支持和项目进展等方面，缺乏多样化宣传内容。这种单一性容易导致受众对信息的重复感和疲劳感，影响宣传效果。

3.宣传方式缺乏互动性

政府宣传通常是单向传递信息，缺少与受众的互动交流。这种情况容易让受众感到信息来源单一、信息质量不够可靠等。

以上问题在文旅融合发展中尤为突出，因为文旅融合涉及的领域广泛，目标受众多样，政府需要采取更加多元化、富有互动性和创新性的宣传方式，才能真正提升宣传效果，推动文旅融合发展。

第三节 乡村振兴战略下文旅融合发展
政府职能优化建议

近年来，乡村振兴已成为我国社会发展的重要战略之一。同时，文旅融合也被认为是促进乡村振兴的一种有效途径。政府在这个过程中扮演着至关重要的角色，需要不断地优化职能，推动乡村振兴和文旅融合的发展。本节针对这一问题提出了一系列建议，希望能够为政府优化职能、推动乡村振兴和文旅融合做出贡献。

一、完善规划布局与配套政策

（一）科学规划文旅融合发展布局

文旅融合发展是指将文化资源和旅游资源进行有机融合，实现二者互相促进，以便更好地满足人民群众日益增长的文旅需求。政府作为政策的制定者和推动者，在文旅融合发展中扮演着重要的角色。政府应该从以下两个方面科学规划文旅融合发展布局。

1. 做好统一规划

根据国务院"十四五"发展规划及各省委、省政府等部署，旅游产业发展专项规划已成为当前经济发展的重要组成部分。基于这一规划，各地政府应因地制宜探索新的发展路径，注重发挥各地的独特优势。在实施"宜水则水、宜山则山、宜粮则粮、宜农则农、宜工则工、宜商则商"发展路线的同时，各地政府也将避免"一刀切""齐步走"的管理模式，从而最大化地发挥各地的经济潜力。在旅游区域规划设计方面，各地政府需要特别关注景致景观区、公共服务功能区、旅游休闲功能区等功能区间的协调，构建合理的旅游空间布局，提高旅游的品质和服务水平。此外，我国也将大力支持和发展新业态，如文化、体育、娱乐等方面的活动，进一步拓展旅游产业的经济范围和社会价值，以此来促进全新的文旅产业发展，推动经济稳定、可持续地发展。

2.创新文旅发展理念

创新文旅发展理念需要从以下方面进行。

第一，提高文旅品质。文旅发展要提升文化产品的质量和创意，丰富文旅体验，营造独特的文化魅力，吸引更多游客和文化爱好者来到目的地。提升品质的同时，也要注重环保和可持续发展，避免过度开发和破坏自然生态。

第二，整合资源。文旅发展要与城市规划、经济发展、产业布局、基础设施建设等方面进行整合，形成有机互动的系统，使文旅产业成为城市综合发展的重要支柱；同时也要加强旅游产品链内部各环节之间的联系，以形成更为完善的文旅服务体系。

第三，创新经营模式。文旅发展要始终关注消费者需求和市场变化，探索新的经营模式，比如文化+科技、文化+时尚、文化+体育等，以实现市场化运营。文旅发展还可以借助新兴技术和数字化手段，开展在线文旅、虚拟导览、线上展览等新业态，打造更加便捷、智能化的文旅服务。

第四，加强文旅交流。文旅发展要求加强国际文化和旅游交流，提高国际知名度和美誉度。可以通过举办文化交流节、舞台表演、展览活动等方式，吸引更多的外国游客和文化爱好者来到目的地，促进文化和旅游的融合。创新文旅发展理念需要考虑多方面因素，包括品质提升、资源整合、经营模式创新及国际交流。只有通过不断创新，才能提升文旅产业的核心竞争力，实现可持续发展。

（二）加强文旅融合发展的政策配套

政府应采取以下措施加强文旅融合发展的政策配套。

1.制定全面的文旅融合发展政策

政府应针对各地的文化资源和旅游资源制定具体可操作的政策，使文旅融合在各地得以落地实施。政府应该做到以下五点：

第一，全面调研当地文化资源和旅游资源。政府应该深入了解当地文化产业和旅游产业的发展现状，充分分析当地的文化资源和旅游资源，明确区域文化和旅游发展的方向和目标。

第二，明确文旅融合发展的重点领域。政府应该结合当地的文化资源和旅游资源，明确发展文旅融合中的重点领域和重点项目，如文旅产品开发、文旅服务提升、文旅产业链补齐等方面。

第三，制定文旅融合发展政策目标和指标。政府应该根据调研和目标制定文旅融合发展的政策目标和指标，并采取有效的手段监测和评估目标的完成情况。

第四，制定具体可操作的政策和措施。政府应针对文旅融合发展的各方面制定具体可操作的政策和措施，如落实税收优惠政策、加大财政投入、促进投资合作、优化行政审批等方面。

第五，加强宣传和推广。政府应该通过多渠道、多形式的宣传和推广，提高文旅融合发展的社会认同度和广泛参与度，使文旅融合发展的目标更好地得到实现。制定全面的文旅融合发展政策是促进文旅融合发展的重要保障和前提，只有在充分掌握文化和旅游发展现状的基础上，制订可行、规范的计划，才能为文旅融合发展创造良好的政策环境，实现创新发展。

2.增加对文旅融合项目的投资

政府应该通过财政、税收等多种方式增加对文旅融合项目的投资，并鼓励民间资本进入，加速文旅融合发展，具体可以从以下四个方面入手。

第一，设立专项基金。政府可以设立专项基金，用于支持文旅融合项目的建设和发展，鼓励企业投入，并提高政府对文旅融合的重视度。

第二，优化财税政策。政府可以通过优化财税政策，给予文旅融合企业税收减免、补贴等优惠政策，激发企业的创新性。

第三，积极开展政府和社会资本合作项目。政府可以积极地和社会资本合作，引导社会资本参与文旅融合项目的建设和运营。通过合作，政府可以分担企业的风险，进一步提高文旅融合项目的投资效益。

第四，加强金融支持。政府可以采取多种金融方式，如担保、贷款、股权投资等方式，为文旅融合企业提供必要的融资支持，加速文旅融合项目的发展。

总之，政府应采取多种方式加强对文旅融合项目的投资，为文旅融合发展提供资金保障和安全保障。通过政策的配套支持，能够促进文旅融合的发展，进一步推动文旅融合事业繁荣发展。

3.建设相关基础设施

政府应积极投资建设与文旅融合相关的各类基础设施，包括公共交通设施、旅游景区建设、文化设施升级等，为文旅融合发展提供便利条件。政府应加大对公共交通设施的投入。例如，在交通运输上，政府可以加快地铁、高铁等交通工具的建设，提高城市交通的便捷性，让游客和市民能够方便地出行；在旅游景区方面，政府应积极投资建设各类旅游景区，并且把它们与城市公共交通网络相衔接，方便游客出行，同时也从根本上缓解景区的交通压力；在文化设施升级上，政府应鼓励对国家级文化遗产和重要历史地标进行保护和修缮，提高其历史文化价值和旅游体验。此外，政府还应在公共服务设施上加大投入。例如，政府应加强对旅游服务设施的建设和管理，如建设旅游信息中心、旅游咨询中心、公厕、休闲设施等，让游客有更好的旅游体验。

除此之外，政府还应加强对文化旅游资源保护的力度，通过不同渠道搜集和整合相关资源信息，建立统一的旅游资源管理机制，并且针对新建景区，要求其按照文旅融合的理念进行规划和设计，推广可持续性旅游开发模式。政府应在建设相关基础设施方面采取多种措施，为文旅融合发展提供基础性支撑，在基础设施的建设上做到全面、系统、协调，为文旅融合发展提供更好的条件和环境。

4.加强文旅产品的开发

政府应加大对文旅产品的研发力度，增加投入，优化产品结构，引导企业深度参与，推动文旅融合发展。政府应采取一系列措施促进文旅产品的研发，具体如下：

第一，增加研发经费。政府应加大对文旅产品开发的资金支持，鼓励各地政府增加投资，并探索多元化资金渠道，如引导社会资本参与投资，向企业提供贷款等。

第二，提高开发技术水平。政府应引导旅游企业增强自主创新能力，加强人才培养，鼓励企业与高校合作，吸纳科研人才，提高文旅产品的开发技术水平。

第三，优化研发区域布局。政府应在不同的区域根据地域文化和旅游资源的特点进行差异化的研发布局。例如，在历史名城附近，可以研发欣赏古建筑、体验传统手工艺品等项目；在自然风光区域，可以开发徒步旅游、露营等项目；在文化名人故居附近，可以开发纪念邮票、出版图书等相关产品。

第四，推动文旅融合。政府应鼓励文化企业和旅游企业联合开发文旅产品，实现资源共享、信息共享、数据共享，促进文旅融合发展，推动文化与旅游的有机结合，提高产品的吸引力和附加值。

总之，政府应全方位加强对文旅产品的开发，以提升文旅融合发展水平和国家软实力，为旅游业提供更多的发展机遇。

5.促进文旅融合人才培养

在加强文旅融合发展政策配套的过程中，政府应特别注重文旅融合人才培养。文旅融合人才不仅需要具备传统文化和旅游管理等相关专业知识，还需要具备跨领域、跨行业的综合素质和创新能力。针对这个问题，政府可以采取以下措施：

第一，加大对文旅融合人才培养的投入力度。政府可以建立专项资金支持文旅融合人才的培养，通过提供资金支持、实习机会等方式鼓励更多人才投身于文旅融合领域。

第二，拓宽文旅融合人才培养路径。政府可以引导各高校和行业协会开设相关文旅融合人才培养课程，鼓励企业与学校联合开展实践教学，进一步拓宽文旅融合人才培养路径。

第三，引导企业参与文旅融合人才培养。政府可以鼓励企业积极参与文旅融合人才培养工作，支持企业开设文旅融合实践岗位，为学生提供实习机会，帮助他们提升工作经验，从而促进人才培养。

第四，吸引海外高端人才。政府可以通过加强海外交流合作，吸引高端文旅融合人才回国发展，同时支持和引导国内外企业开展合作交流，促进国际化人才交流。

在这些措施的推动下，我们有理由相信，政府加强文旅融合发展的政策配套必将起到积极的推动作用，促进文旅融合领域的快速发展和壮大。

6.建立文旅融合监测体系

政府应建立文旅融合发展监测体系，对文旅融合发展情况进行全面的监测和评估，实现有效的政策调整和优化。建立文旅融合监测体系需要具备以下要素：

一是确定监测对象。政府应该明确文旅融合的监测对象，包括文旅市场规模、文旅产业结构和组成部分等。

二是制定相应的监测指标。政府应该根据监测对象制定相应的监测指标，对文旅融合发展情况进行全面、准确、详尽的监测。

三是建立专门的监测机构。政府应该建立专门的监测机构，负责对文旅融合产业的市场、技术和政策变化进行实时监测，以及对相关数据进行收集和分析。

四是建立信息共享平台。政府应建立信息共享平台，促进文旅融合相关信息的交流和共享，为相关政策制定和决策提供数据支持。

五是定期发布监测报告。政府应定期发布文旅融合的监测报告，及时反映文旅融合的发展状况，为相关部门和企业决策提供参考和依据。

建立文旅融合监测体系可以更好地了解文旅融合发展状况，为政府制定相关政策和营造文旅融合发展的良好环境提供数据支持，也可以为企业决策提供参考和依据，从而促进文旅融合发展不断地取得新成就。

综上所述，政府应在各方面加强文旅融合发展的政策配套，为文旅融合的实现提供良好的政策环境和发展条件，推动文旅融合发展不断地迈上新台阶。

二、提升政府公共服务水平

（一）建立完善的公共服务体系

政府应加强基础设施建设，包括公共交通、医疗卫生、教育、社会保障等方面，以便更好地满足人民群众的需求。建立完善的公共服务体系是提升政府公共服务水平的关键，政府可以采取以下措施：

一要加强基础设施建设。政府应加大对公共基础设施建设的投入，包括道路、桥梁、交通枢纽、清洁环境等方面，以便为人民群众提供更好的服务。

二要改善医疗卫生服务。政府应提高医疗卫生服务水平，加大对医疗机构和医生护士队伍的培训力度和管理力度，建立多层次医疗服务体系，实现城乡医疗资源的均衡发展。

三要提高教育服务质量。政府应改进教育服务，加大对教育领域的投入，提高教师待遇和教学设施的配备水平，帮助教育机构提高教学水平。

四要完善社会保障制度。政府应加强社会保障制度的建设，包括养老保险、医疗保险、失业保险、住房保障等方面，以便更好地保障人民群众的基本生活需求。

五要优化公共服务体系布局。政府应优化公共服务资源配置，建立科学的服务体系布局和覆盖网络，确保公共服务资源能够覆盖到每一个人。

（二）加强公共服务品质管理

政府应加强对公共服务的管理和监督，从而保证服务的品质和效率。

首先，树立以人为本的服务理念。政府应将人民群众的需求放在首位，树立以人为本的服务理念，为人民群众提供优质的公共服务。

其次，提高服务效率和标准化程度。政府应采用现代化管理方式和先进技术，优化服务流程，提高服务效率和标准化程度，实现服务过程的透明化和规范化。

再次，制定明确的服务标准和责任制度。政府应制定明确的服务标准和责任制度，对服务环节进行细分，并制定相应的服务指南和操作流程，建立相应的考核机制，确保服务的质量和效率。

最后，加强服务监督和投诉处理机制。政府应建立健全的监督机制和投诉处理机制，加强对服务质量的监督和评估，及时解决人民群众反映的问题，以满足人民群众的需求，提高服务满意度。

（三）推进数字化转型

政府应积极推进数字化转型，采用先进技术实现公共服务的现代化和智能化。推进数字化转型是提升政府公共服务水平的重要措施之一。数字化转型可以在很大程度上提高公共服务的效率和品质，具体可以采取以下措施：

第一，建立数字化平台。通过建立数字化平台，政府可以更好地管理公共服务事务，实现信息的快速传递和共享。同时，数字化平台还可以降低行政成本，提高工作效率。

第二，引入智能化技术。政府可以引入智能化技术，如人工智能、区块链等，提高数据分析效率，更好地为人民群众提供服务。

第三，实行电子化办公。政府机关应该推广电子化办公，采用数字化工具优化流程，更好地管理公共服务工作。

第四，提供在线服务。政府应积极提供在线服务，如在线申请、在线预约、在线咨询等，方便人民群众的生活和工作。

数字化转型是提升政府公共服务水平的渠道，政府需要积极地加强数字化技术的应用，以提高公共服务的效率和品质。

（四）实现公共服务资源共享

政府应建立公共服务资源共享机制，如公共图书馆、博物馆、文化活动中心等，以便更好地为人民群众提供服务和便利。建立公共服务资源共享机制，可以采取以下五个方面的具体措施。

第一，建立开放共享平台。政府可以打造一些开放共享的平台，如数字图书馆、文化遗产数据库、网络文化展览等，让公众随时随地获取相关服务和信息。

第二，加强联网互通。政府部门之间应加强联网互通，实现信息共享，提高公共服务的效率和质量。

第三，分享公共设施。政府可以在社区、城市建设一些公共设施，如公园、广场、音乐厅等，让市民免费使用这些设施，从而促进文化交流和增强社区凝聚力。

第四，开放公共场所。政府可以鼓励并支持一些公共场所如博物馆、艺术馆、图书馆、文化中心等向市民免费或低价开放，让更多人接触到文化，提高文化素养。

第五，推动公共服务合作。政府可以与民间组织、企业等开展合作，实现公共服务资源共享，共同推动文旅融合发展。

通过上述措施，政府可以在公共服务领域实现资源共享，提升公共服务水平，为文旅融合发展提供更好的基础和支持。

（五）坚持以人民为中心加强乡村建设

乡村建设的根本目的是改善农民群众的生产生活状况，因此，必须始终坚持以人民为中心的发展思想。具体要注重以下三个方面。

1.强化人民主体地位

乡村建设应围绕农民群众的需求和利益展开，充分尊重和发挥农民的主体地位，促进农民的参与和表达。例如，在推动文旅融合发展过程中，可以充分听取当地居民和游客对文化资源和旅游资源的需求和意见，从而更好地满足大众的娱乐需求。

第一，制定参与机制。政府应鼓励和支持农民群众积极参与乡村建设，制定具体的参与措施，如在乡村环境设施或教育设施的建设过程中，可以制定义务劳动机制和志愿者服务制度，鼓励群众积极参与。

第二，加强沟通渠道。政府部门和当地领导应该与农民群众建立联系，加强沟通，了解他们的实际需求和意见。政府可以通过开展座谈会、听取群众意见、发起问卷调查等形式，让农民更好地传达自己的声音。

第三，搭建平台。政府和社会力量应该共同搭建公正、透明、有力的平台，以便农民能够更好地了解政策、掌握信息并进行合法维权。这样的平台可以是乡镇政府或者当地农民协会、妇联等组织机构。

第四，教育培训。政府应开展相关教育培训，为农民提供相关的知识和技能，帮助他们更好地理解和掌握政策法规，增强他们参与决策和管理的能力，提高自身的素质和竞争力。

第五，建立反馈机制。政府应该得到及时的反馈，以便了解乡村建设进展情况和目前存在的问题。政府可以通过电话、信函、网络等途径开展相关反馈活动，收集和分析大众的有关建议和意见，及时进行调整和改进。

2.保障农民福利

乡村建设不仅要改善乡村环境，还要保障农民的劳动需求和社会福利，优化农民的公共服务体系。对于参与农村建设的工人，应当保障其权益，完善工资、医疗、社保等制度，确保他们的合法权益得到保障。具体可以从以下四个角度展开：

在劳动保障方面，为农民提供安全、卫生的劳动环境和必要的防护设备，严格执行劳动合同制度，维护农民的劳动权益。对于无法正常履行工作任务的农民，应当及时给予合理的补偿。

在社会保障方面，完善农村社会保障体系，加强医疗、养老等方面的基础设施建设，为农民提供更好的社会保障服务。政府可以鼓励企业和社会组织参与农村社会保障体系建设，提高农民社会保障的覆盖率和保障水平。

在公共服务方面，加强农村公共服务设施建设，提高农民的生活水平和安全保障水平。例如，在推进文旅融合发展中，可以通过建设公共厕所、卫生间、休息区等设施，提高游客在农村旅游期间的安全性和舒适度，同时也能提高本地居民的生活质量。

在资金保障方面，政府应当加大对农村建设的资金扶持力度，鼓励社会资本参与到乡村建设中；同时，也要保障农民的合法权益，防止强拆、强买强卖等违法行为对农民利益造成的侵犯。

总之，保障农民福利是乡村建设的重要内容，也是实现文旅融合发展的基本前提条件之一。只有在保障农民福利方面下足功夫，才能更好地促进乡村的发展，改善居民的生活水平，提高乡村居民的整体素质。

3.加强宣传教育

通过政府、媒体和社会各方面的宣传教育，提高乡村居民对建设的理解程度和支持度。例如，在推动文旅融合发展中，可以通过精心策划各种旅游活动、举办文化节庆等形式，让更多人了解当地的文化资源和旅游资源，激发大众的关注和热情，推动当地旅游经济的快速发展。具体可以注意以下方面。

第一，多渠道宣传。通过电视、广播、报纸、微信、短视频、户外广告等形式，对乡村建设和文旅融合发展进行广泛宣传，让更多人了解当地发展的方向和近期计划。

第二，利用新媒体。现代年轻人大多通过互联网获取资讯，因此可以通过网络建立专业的网站，推出有关乡村建设和文旅融合发展的信息，张贴宣传海报或定期发布微博、微信公众号、短视频等，以更快、更广泛的方式传递信息。

第三，举办活动。可以在当地文化节日、旅游节日举办一些相关活动，如摄影比赛、文艺演出、民俗展览等，借此带动当地居民积极参与文旅融合。

第四，鼓励民间组织参与宣传。可以鼓励当地的群众组织、志愿者服务队等民间力量积极参与宣传教育活动，通过他们在社区、村庄的宣传活动拉近群众之间的距离，让更多农民支持并积极配合政府的建设工作。

加强农村建设和推动文旅融合是一项复杂的工作，需要各方面的配合。通过宣传教育，可以将建设理念全面、清晰地传达给广大居民，提高居民对建设工作的认同感、归属感和责任感，以此来促进乡村建设和文旅融合的顺利、有效进行。

三、提升政府监管力度与质量

（一）完善文化旅游的监管机制

政府需要充分发挥自身职能，重点关注不规范的市场，整治市场乱象，从而促进文旅融合发展。

1.持续开展文化市场综合执法专项整治

在文旅融合市场中，存在一些问题，如价格虚高、服务质量差、乱收费等。为了规范市场秩序，加强文化市场综合执法专项整治非常有必要。

首先，需要建立健全的文化市场监管体系，加强执法部门的工作力度。执法部门要增强执法意识和能力，提高监管效果；同时，还要建立健全的文化市场信用体系，加强行政处罚和民事赔偿等制度建设，形成失信惩戒机制。

其次，需要开展规范市场行为和服务质量督查活动，加强对文旅企业的监管。通过定期或不定期地组织检查，及时发现和纠正市场乱象，促进市场规范发展，并在规范市场行为和服务质量方面引导企业自律。同时加强消费者维权教育和投诉举报平台建设，让消费者更好地了解自己的权益，以便有效保护自身的合法权益。

再次，需要不断地完善市场监管技术手段，加强信息公开和舆情监测。加强对互联网和文旅融合市场的监管，采用大数据、人工智能等技术手段，并借助海量数据识别打击违法违规行为。同时，通过舆情监测和信息公开引导公众正确消费，营造良好的消费环境。

最后，需要加强与相关部门的协调合作。在实施整治行动中，需要加强协调合作，形成合力，实现立体化、多部门、综合治理。加强与旅游、交通、公安等相关部门的协作，共同推进文旅融合市场的有序发展。

总之，持续开展文化市场综合执法专项整治活动，需要强化市场监管体系建设，规范市场行为和服务质量，完善监管技术手段，加强与相关部门的协作。这些措施将有效促进文旅市场的健康发展，提高市场的竞争力和吸引力。

2.加强各部门合作，联合打击严重扰乱市场秩序的违法行为

文旅融合市场是现代旅游行业的重要组成部分，其中既包括文化旅游、生态旅游、休闲旅游等传统旅游形态，也涵盖新型旅游业态，如互联网旅游和体育旅游等。在这个多元化旅游市场中，各部门之间需要密切合作，共同维护市场秩序，打击黑导游、黑出租等违法行为。

首先，需要建立协作机制。各旅游企业和相关部门应建立规范的沟通机制和协作平台，实现信息共享和资源整合。例如，建立举报平台，对黑导游、黑出租等违法行为及时举报，提升打击力度；同时，应加强交流合作，开展联合培训等活动，提高相关人员的职业素养和服务水平，共同推动市场实现规范化发展。

其次，需要加强执法合作。各部门之间应加强执法合作，形成联合打击黑导游、黑出租等违法行为的合力。例如，公安、旅游等部门应建立跨部门执法协调机制，共同监管旅游市场秩序，对涉嫌违法犯罪的行为给予及时、严厉的打击，维护旅游市场的良好秩序。

最后，需要强化舆论宣传。各部门应加强宣传力度，通过媒体、网络等多种渠道深入开展全民宣传教育活动，引导公众形成文明旅游、安全旅游的良好

风尚，同时倡导诚信经营，促进市场规范化发展；此外，还应加大对违法行为的曝光力度，增强惩戒力度，形成打击黑导游、黑出租等违法行为的强大舆论声势。

3.深入开展文旅市场的安全隐患排查、治理

文旅融合市场的安全隐患排查治理是确保文旅市场正常运营、促进经济发展，以及保障人民群众生命财产安全的重要举措。以下是在文旅融合市场中深入开展文旅市场的安全隐患排查治理、坚决防范重特大事故发生的几点建议：

第一，建立安全责任制度。文旅融合市场的安全管理应该建立完善的安全责任制度，层层压实各级领导对安全工作的责任。建立健全的安全预警机制，加强对文旅场所的日常安全监管，定期检查文旅场所的消防系统、电力设施、卫生设施等基础设施的安全状况，并制定相应的整改措施。

第二，加强员工安全培训和管理。为了有效预防文旅市场出现安全事故，需要加强员工安全培训和管理，提升员工的安全意识和安全技能。要加强安全保卫力量的建设，提高安全保卫队伍素质，确保日常巡逻、安全检查等工作的有效开展；同时，还需要建立健全的奖惩机制，对安全管理缺失、违规操作、不履行职责等行为进行严厉的惩处。

第三，加强安全设施建设。文旅市场的安全隐患往往与基础设施的不完善有关，因此，需要加强文旅场所的安全设施建设，包括完善消防系统，增加灭火器和消防栓等设施，定期维修电力设施，确保电线电缆和电器设备的正常使用，加强卫生设施的维护和清理等。

（二）创新监管方式

1.推动文化产业与旅游产业诚信管理体系的建立

文化产业与旅游产业诚信管理体系的建立是非常重要的，它能够提高行业的竞争力和信誉度，吸引更多的游客和投资者。以下是推动文化产业与旅游产业诚信管理体系建立的关键步骤：

第一，加强行业自律和监管。这需要行业组织、政府部门和企业共同参与，形成规范和标准，并建立有效的监管机制，提升行业从业人员素质。对于

从业人员来说，了解行业标准和规范是至关重要的，所以应该对其进行培训和教育，以提高他们的诚信意识和道德素质。

第二，强化信息公开和交流。建立信息共享平台，使行业内各方能够在透明环境下相互交流、分享经验和资源，并及时反馈问题和风险。

第三，推广行业良好经验和典型案例。通过媒体和其他渠道宣传行业健康有序的发展态势和优秀的实践经验，激励更多的企业积极参与诚信管理。

第四，加大惩戒力度。对于违反诚信规定的企业和个人，要依法依规采取相应措施，让他们付出昂贵的代价，从而形成高压态势，威慑行业内的不良行为。同时，鼓励守法经营，褒奖表彰优秀企业和个人。

总之，建立文化产业与旅游产业诚信管理体系需要多方合作，即需要政府、行业组织和企业的共同努力。只有这样，才能够保证行业的健康有序发展，从而赢得更多人的信任和支持。

2.通过大数据开展精细化管理

随着大数据时代的到来，文旅融合成为当下热门话题。在实际管理中，如何通过大数据展开文旅融合的精细化管理成为重要问题。

第一，整合旅游资源。通过大数据技术对文旅资源进行全面、深入而高效的收集、分析、统计和评估，实现各景区、酒店、交通等业务板块之间的数据共享与整合。以地理信息为切入点，维护完善的旅游资源库，方便游客查找资源、规划路线，同时也有利于景区进行统一的管理和运营，提升整体效益。

第二，制定精准的营销策略。通过数据分析了解游客的消费习惯和偏好，制定个性化营销策略。例如，针对不同的消费群体，推出不同的优惠政策、线路产品、专属定制服务等，吸引更多的游客到来。此外，根据天气、日期、活动节庆等情况，及时更新优惠信息，提高活动效果和吸引力。

第三，提升服务质量。通过大数据分析，了解游客的服务需求和反馈，及时发现和解决问题，提高服务质量。例如，通过大数据技术实时监控游客的到来和离开情况，实现精准分流，避免拥堵问题出现。另外，可以利用人工智能技术推出智能导览、虚拟导游等服务，为游客提供更加便捷、全面的服务。

通过大数据技术进行文旅融合的精细化管理，不仅有利于旅游资源的整合和优化，还有助于提高服务质量、营销效果和运营效率，减少管理成本和资源浪费。因此，文旅融合的发展过程中积极应用大数据技术是关键所在。

3.加强文旅产业组织体系建设

首先，加强文旅产业协会和组织的建设。建立文旅产业协会和组织是组织体系建设的核心，政府应该支持建立相关产业协会和组织，为企业提供服务和支持，促进企业之间的交流和合作。

其次，推动产学研合作。推动产学研合作是组织体系建设的重要途径。政府可以引导高等院校、科研机构和企业进行产学研合作，促进技术创新和产业升级。

再次，培育文旅产业人才。培育文旅产业人才是组织体系建设的关键。政府可以制订人才培养计划，引导高等院校开设相关专业，鼓励企业提供岗位实践和培训机会，提高产业人才的综合素质和能力。

最后，推出政策激励措施。政策激励措施是组织体系建设的重要支撑。政府可以出台相关政策，为文旅产业提供税收优惠、融资支持、企业孵化等激励措施，促进文旅产业可持续发展。

综上所述，加强文旅产业组织体系建设是文旅产业可持续发展的关键之一。政府和企业应加强合作，共同推动文旅产业发展。

（三）提升政府基层监管服务质量

政府基层监管服务质量的提升需要从以下四个方面来实施。

1.加强基层监管力量和建立完备的基层监管体系

政府应加大对基层监管力量的投入，对基层监管人员进行培训，提高其工作技能水平，建立完备的基层监管体系。

一是加大基层监管力量投入。政府应增加对基层监管人员的投入，包括培训、薪资待遇等方面；同时，还应优化基层监管人员的工作环境，提高他们对监管工作的积极性、主动性和创造性。

二是提高基层监管人员的工作技能水平。政府应开展针对基层监管人员的专业知识培训和技能提升活动，提高他们对行业相关法律法规和政策的理解能力和应用能力，增强监管部门的专业化水平。

三是建立健全的基层监管体系。政府应优化基层监管体制，建立健全的基层监管机构，明确监管职责和监管流程，并且加强基层监管人员之间的协作和配合，形成一体化监管服务体系。

四是加强基层监管设施建设。政府应加强对基层监管设施的建设和完善，包括设立监管服务中心、购置先进的监管设备和工具等，提高监管部门的管理水平和监管服务质量。

2.加强监管信息化建设

政府应加强监管信息化建设，采用先进的管理系统和科技手段提高监管部门的工作效率和监管服务水平，具体需要实现以下方面：

第一，采用先进的技术手段。政府可以利用云计算、大数据、区块链等先进技术手段实现监管信息化。例如，可以通过利用大数据进行风险评估，优化监管部门的工作流程。

第二，建立信息系统和数据库。政府应建立完备的监管信息系统和数据库，对企业和社会组织进行分类、标注和统计，以便于监管人员快速获得相关信息；同时，政府也需要确保信息安全，避免信息的泄露和滥用。

第三，实现信息共享。政府部门之间应实现信息共享，并将重要信息向公众公开，以促进监管的公正性和透明度；同时，政府也需要确立信息共享的权限和标准，防止信息被滥用或泄露。

第四，提供智能化的监管服务。政府可以采用智能化监管，以提高监管效能。例如，通过无人机进行巡查和监测，提高监管的精准度和效率。同时，政府还可以利用人工智能技术辅助处理监管事务，提高监管部门的工作效率。

综上所述，政府在基层监管服务质量提升过程中应该注重信息化建设，充分发挥科技手段的优势，为监管提供更加精准、高效、便捷的服务。

3.扩大社会监督和参与力度

政府应加强社会监督，积极引导公众参与监管，建立有效的反馈机制，增强监管的权威性和公信力。一方面，政府可以通过召开听证会、专家座谈会等方式征询公众的意见和建议。对收集到的反馈意见可以及时整合并在相关决策中加以考虑。另一方面，政府可以通过建立信息公开平台向公众提供透明的监管信息，让公众了解监管进展情况，增强政府的公信力和透明度。此外，政府还可以鼓励社会组织、专业协会等代表公众参与监管工作。政府可以与这些组织建立合作机制，共同推动监管服务质量的提升。总之，加强社会监督和参与是提升政府基层监管服务质量的重要手段，有利于加强监管部门的责任心和主动性，实现政府和公众的互动、共治，促进政府与公众之间的良性互动。

4.优化监管服务流程

政府应注重优化监管服务流程，设立便民服务窗口，提供及时、高效、精准的服务，方便企业和群众办理监管事务。优化监管服务流程具体需要考虑以下方面：

第一，简化办理流程。对于复杂的监管事项，政府应通过简化审批流程、减少材料要求等方式让企业和群众更容易理解和办理。

第二，提高服务效率。政府应加强内部协同合作，缩短办理时间，提高服务质量，让企业和群众能够更快地得到满意的结果。

第三，设立便民服务窗口。政府应设立便民服务窗口，集中办理监管事务，提供一站式服务，让企业和群众更加方便快捷地办理相关事宜。

第四，提高信息透明度。政府应及时公开监管的有关政策、法规、标准，给予企业和群众充分的知情权，并且在办理过程中保持透明和公开，让企业和群众有信心和依据去做好监管工作。

第五，加强服务监督。政府应注重对服务质量进行监督和管理，建立监管机制，及时处理群众的意见和投诉，提高服务水平和公信力。

这些方法可以使政府基层监管服务更加便捷、高效、精准、公正，有利于提升政府基层监管服务质量，进一步增强社会的信任度和政府的形象。

第八章 四川地区案例分析

第一节 "四好"幸福美丽新村：德阳市罗江区星光村

四川省德阳市罗江区鄢家镇星光村是四川盆地的一个普通村落。星光村并没有独特的自然资源优势，充满智慧和拥有强大执行力的党支部在淳朴村民的大力支持下，通过乡村旅游和文化创意把一个普通的村庄发展成了"四好"（住上好房子，过上好日子，养成好习惯，形成好风气）幸福美丽新村。

一、星光村概况

星光村位于四川省德阳市罗江区鄢家镇以北，距离鄢家镇2千米，距离罗江区10千米，面积2.65平方千米，境内山丘与农田交错，是典型的深丘农业村。全村辖13个村民小组，1137户，4143人，常年在区外务工630余人，党员134人。星光村以蜜柚、翠冠梨、葡萄、杂柑为主的水果种植面积已达3900余亩，2019年全村人均纯收入达到20765元，全村108户贫困户全部脱贫，1137户农户过上了富裕的日子。[1]

目前，星光村的主要产业为特色水果种植和乡村旅游。特色水果种植方面有樱桃、柑橘、柚子、水蜜桃等水果。乡村旅游方面则通过在建设过程中引进社会资本，将农户的闲置资源盘活，动员本村村民把多余房子改建成民宿，形成了能接纳200多名游客的民宿规模；还通过举办两年一届的中国诗歌节、四五月份的李花节和柚花节、11月的罗江区旅游节等节事活动促进乡村旅游的发展。同时，通过媒体宣传，举办各种大型采摘活动来吸引游客。经过两年的发展，星光村于2018年游客已达到10万人次左右。[2]星光村民风淳朴，接待游

---

1 德阳市罗江区人民政府官网，见 www.luojiang.gov.cn/gk/xwzx/bmdt/1500840.htm。
2 四川新闻网，见 http://scnews.newssc.org/system/20180421/000871672.html。

客热情，还有一些大学和公司在村里成立了实训基地，在2016年拍摄了一部名为《岭上花开》的电视剧，2018年被评为国家AAA景区。

二、星光村亮点

（一）乡村概况

星光村里的各个景点都是由当地人取名，景点的名字充满诗情画意，蕴含乡民对故乡的热爱和希望。当地人将村子里的一草一物一人全绘成了眼里的风景，汇聚成笔下绵延的情意。例如，村委会前有一个鱼塘被取名为梦月湖，果园上面的观景台被取名为果海方舟。

在乡村建筑设计方面，星光村并没有采用千城一面的设计方式，而是充分运用乡村政策激励，发挥乡村建设主体的主动性。几位来到这里的投资人通过土地流转获得了一些建筑用地的开发使用权，在建设的过程中避免了大拆大建，采用了小、快、灵的方式，将他们的设计理念和市场需求进行充分结合，打造了一些简朴、精致、美丽的乡村民宿建筑，受到了市场的广泛认可。

星光村的最大特征就是整个村子干净整洁，根本看不到路上的垃圾和路边堆的麦秆，整个村子非常整齐、干净。村里有着乡土的清新味道，却没有脏乱差的感觉，高低起伏的绿色和随处可见的文创小品成了这里的主要景色。如今的星光村在平地和起伏的小山丘都种上了果树，而且品种颇多，葡萄、柚子、梨子等果林已经达到167公顷。依托这片果林，星光村举办了各种活动，如柚花节、柚子节、诗歌朗诵节、稻田捉鱼等活动，吸引了大量的外地游客。

（二）乡村文旅融合实践

在开发之初，由于星光村缺乏唯一性旅游资源，发展传统的观光旅游并无独特的优势，于是群策群力紧密围绕旅游活动、旅游文化进行创新性打造。目前已经进驻的几个民宿业主都在依托自身的培训机构、文化创意机构等商业资源进行乡村旅游开发，让打造的民宿既是休闲度假的地方，又是教育培训的地方。这样就在市场竞争中以独特文化和稳定客源作为旅游产品的"护城河"，形成了回头率高的客群和指向性强的活动，通过良好的口碑造就了稳步扩展的客源市场。为了提高农产品的附加值，星光村还利用当地的蜜柚，动员留守村民在柚子上画脸谱，将川剧、水浒传、卡通人物等画在柚子上，并在网上销售特色产品。这样的一个柚子可以卖20~30元，远高于普通柚子。作画的都是留守村民，成本不高；制作出来的柚子通过保鲜处理可以保存3~4个月，延长了商品销售周期，为当地村民取得了很好的收益。

（三）乡村文化现状

星光村历来重视弘扬和传承优秀传统文化。2019年，全村建有村文化广场5个，有藏书2000余册的农家书屋3个，标准篮球场3个，并配套有相关健身器材，以及文化宣传展板4个。全村还涌现出农民诗人2人，其中一位叫杨俊富，荣获首届"中国十大农民诗人"称号。村里的文化人聚集于一个已有60多年的诗社——云峰诗社，定期在院坝里举办田园诗歌朗诵会。在村委会，台面上摆着《云峰诗草》诗刊，翻开数页，诗情画意夹杂着乡土味扑面而来，星光村人、诗刊编委、获得全国全民阅读"书香之家"称号的龙敦仁在《四好新村歌》里吟道："四好新村新气象哟，城里人见了心头慌。"浓郁的文化氛围让乡村不仅有"乡土味"，也有"书香味"。在文化传承方面，星光村围绕新时代的新气象对文化表现方式进行了创新。村子里的嫂子快板队时常表演的《培育四气奔小康》《好习惯》等，都是本地文化人的新作。"人活脸，树活皮；不蒸馍，要争气"，俚语编成的段子朗朗上口，立足传统的表现形式，结合时代发展的需求。这些俚语尽管带了浓厚的乡音，句句却都在理上，观众们听得亲切，听得高兴。

三、星光村打造发展历程

（一）发展历程

从2016年9月起，按照"业兴、家富、人和、村美"，实现"四个好"的目标，德阳市展开"四好村"创建，星光村作为试点示范样本，2017年成功创建省级"四好村"。全村生产、生活发生了翻天覆地的巨变：村道不仅硬化了，还进行了美化，全村生态环境得到了极大的改善，到村里投资兴业的客商越来越多。村里的空置房屋能出租获取租金，"蜜柚"基地的开发和打造也使农田、果园拥有越来越高的"含金量"和"产出值"。

（二）业态解析

2017年6月，罗江区岭上花开乡村旅游专业合作社成立，以闲置的山林、荒坡、耕地和"四好村"建设为基地，组织社员打造休闲观光农业，并和政府一起对乡村旅游进行集中打造、统一管理、统一服务等。同年8月20日，7家乡村旅游项目同时正式开业，拉开了星光村乡村旅游产业规模化发展的序幕。在乡村旅游业态方面，星光村率先打造农业主题公园概念，目前主要包括稻草艺术园、星光里咖啡、巧克力DIY、农家书屋、龙隐居、金慧私房菜、凤岭居山庄、老茶馆等业态。为了控制业态发展，避免恶性竞争，村里的每个项目都经过了认真考虑，坚持"差异化"发展，避免"同质化"竞争，努力做到"一院一景，一户一特色"，既保持原生态农业特色，又有可持续发展的潜力。星光村村委会旁边是一个稻草艺术园，这座稻草艺术园是星光村引进的旅游项目。2公顷的柚林里扎了不少稻草人物与动物，既有唐僧师徒、葫芦娃、十二生肖，也有大公鸡、耕牛等。

（三）市场表现

通过引进社会资本改建村民闲置房屋，发展乡村咖啡吧、酒吧、养老产业等业态，截至2023年6月14日，星光村"两委"投资400余万元（农业项目115万元、自筹120万元、家庭农场集资165万元）建设以水果初加工、冷链物流、粮食烘干为主的村级农事服务中心，为农户及新型经营主体提供农产品初加工、储藏、销售、物流等服务。星光村农事服务中心的建成，将辐射周边30000余亩的粮食和水果产业带，预计村集体经济年收益将增加40万元，村集体经济总收入将达300余万元。[1]同时，依托村子里的果林，星光村举办了柚花节、柚子节、诗歌朗诵节、稻田捉鱼等活动，通过这些活动改变了过去观光旅游下车看看、吃一顿饭就走的传统旅游方式。

（四）获得的荣誉

星光村目前已获得省级文明村、省级"四好村"、全市"四好村"建设示范点等荣誉。德阳市罗江区授予了星光村新时代文明实践中心、乡村振兴党建

---

1 德阳市罗江区人民政府官网，见 www.luojiang.gov.cn/gk/xwzx/bmdt/1538449.htm。

服务基地、廉洁文化基地等荣誉。

四、星光村的成功经验

（一）平坟经历

星光村里有许多土地标志艺术，这些主要是通过平坟建设的。由于新农村建设和发展乡村旅游的需要，过去的许多老坟需要进行统一安置。村里本来想建立集中安葬点，但是村民反对，所以通过一个月的摸底调查，村里采取将坟头降低一点，将石碑去掉就地掩埋，然后栽上果树或者修建土地标志艺术雕塑的办法处理。在平坟工作过程中，村民充分理解这是发展的需要，表示祭祀可以从简，更好地赡养老人才是最重要的。在2017年清明节，186座坟全部改造完成，这取决于星光村全体村民的高度自觉性，也离不开有智慧和有执行力的村领导集体。

（二）解决"欺客""宰客"问题

一些新兴旅游点在发展中会面临当地人"欺客""宰客"的问题，星光村在建设初期便注意规避此类问题。村里要求原住民大力支持乡村旅游，不能追求蝇头小利。停车场等公共服务设施都免费向游客开放，每一个参与乡村旅游建设的村民都要承诺农产品、旅游产品的价格合理，不允许哄抬游客参与采摘活动的水果的价格，水果在农地里面采摘和在外面购买是一个价格，争取让游客口口相传，打造好的口碑。

（三）消除投资人顾虑

在乡村旅游发展中，投资者往往担忧投入资金后自身的权益得不到法律的保障。对此，德阳市创立了"三书模式"（律师法律审查意见及见证书+公证书+交易鉴证书）解决外来投资人的后顾之忧。为了招商引资，贯彻落实乡村振兴关于探索宅基地集体所有权、农户资格权、宅基地及农房使用权"三权分置"政策精神，国家制定了投资旅游相关的规范性文件，在土地流转上通过德阳农村产权交易中心进行公证，运用"三书模式"以法律形式规范了农房使用权流转的程序和资料要件，规避了可能产生的各类矛盾纠纷，切实保障了交易双方的合法权益，弥补了法律漏洞。具体而言，就是在农房流转前要对农房的业主进行政策宣讲，对农房所有权、流转意愿进行核实，确保所有权合法且不存在纠纷，所有权方和受让方均自愿流转；审查后，通过德阳农村产权交易中心平台向受让方提供征信记录审核并进入交易程序，在农村产权交易中心、公证处、律师等多方见证下签订"闲置农房使用权流转合同"，并出具"三书"，这样通过合约就保证了投资人的权利，以便其大胆地进行商业运作。同时，目前村资产管理公司没有收取投资人相关手续费用，一心帮助投资者做大做强，带动当地经济发展。

（四）解决乡村旅游的宣传问题

乡村旅游的宣传营销往往受到资金、人才、渠道的制约，如何把乡村宣传推广出去是乡村旅游开发中的一个"老大难"问题。星光村主要通过每年举办的柚花节、中国诗歌节吸引各路媒体的报道，在短时间内吸引了大量的关注度。果园、田野里面的亲子活动非常吸引人，在节假日引来了大量的周边游客。同时，由于村里没有进行大规模的拆建和建设人造景观，保持了原生态农村的自然风光，吸引了大量公司来星光村进行团建和户外拓展活动。

（五）在乡村旅游发展中保持乡村的文化底蕴

旅游发展往往会对当地文化生态产生影响，进而影响乡村的氛围，特别是过浓的商业氛围往往对旅游发展起到反作用。星光村通过持续的文化建设形成集体凝聚力，在发展乡村旅游的同时较好地保持了乡村的文化风貌。星光村在每年的腊月末不仅举办农民春晚，还组织农村留守人员积极开展文体活动，如广场舞、体育运动等，通过活动化解了很多邻里、家庭纠纷等矛盾。尤其是农民春晚要求人人参与，通过动员全村居民举办宴席，补贴每家50元，让全村人一起吃年夜饭、一起热热闹闹过年的方式有效地加强了村里人的凝聚力。星光村还成立了邻里乡村互助会，组织捐款以弥补民政扶持的一些不足，表彰好媳妇、好丈夫，将乡风文明建设落到实处。通过文化建设，星光村保持着淳朴的民风，过去连续11年无上访事件，连邻里纠纷都没有。星光村2017年被评为"全国文明村"，2018年被评为"全国民主法治示范村"。围绕淳朴的民风和良好的乡村氛围，星光村发展乡村旅游便有了得天独厚的优势。同时，星光村在建设中严格保持乡村原有面貌，营造了亲近宜人的居住环境。乡村旅游业态以农户院落为主，乡村田园之间没有割裂和对立。通过各种文化活动和乡野实践活动，让游客能感受到农村的朴实生活，切实感受到融入感和亲切感。

第二节　天府之国的点缀：成都市郫都区战旗村

一、战旗村概况

唐昌街道战旗村位于四川省成都市郫都区，原名为集凤大队，1965年在改田改土、大搞农田基本建设的时候因被列为标兵而取名为"战旗大队"，这就是今天的战旗村。2020年6月，原战旗村、金星村合并组建战旗村，新村面积5.36平方千米，辖16个村民小组，共1445户4493人。战旗村以现代农业为抓手，以党支部为先锋，加强平台建设，做大做强产业，不断壮大村集体产业。按照习近平总书记的嘱托，坚持新发展理念，走在全国乡村振兴前列，成为关于乡村振兴"五兴"论述在基层的最好诠释和缩影。战旗村率先在成都市推行农村集体产权制度改革，被列为省、市新农村建设重点示范村，荣获全国、省、市文明村，获得"全国文明村""省级'四好'村""四川集体经济十强村"等称号。

二、战旗村发展亮点

（一）盘活土地为产业发展奠定基础

战旗村盘活土地谋发展的故事从20多年前就已经开始。村"两委"通过深入学习研究《中华人民共和国土地管理法》《中华人民共和国农村土地承包法》《中华人民共和国村民委员会组织法》等法律法规，明确了农村土地管理的基本原则和权限；战旗村从2003年起通过摸底调查清理多占土地，并按照村民自治原则、法定程序对村集体土地进行了集中调整，为产业化经营奠定了坚实基础。2007年，战旗村和成都市惠农投资建设有限责任公司按照"资源换资本"的方式合作，对村民原有的宅基地、院落等进行整治，腾出土地29.4公顷，其中14.3公顷用于安置村民及基础设施，建成了战旗新型社区。同时，该村利用土地整治预留的1.59公顷集体建设用地，以战旗土地股份合作社的名义，以每亩50万元作价入股，与企业开发"战旗·五季花田"项目，建成了都江堰、青城山旅游线上著名的田园休闲度假基地。

（二）文化旅游为乡村振兴增添亮点

战旗村在实践中一直不断探索第一、第二、第三产业融合，以及产村协调的可持续发展模式。战旗村进行五季花田景区打造的原因是：一方面，五季花田景区为战旗村的美丽外衣增加了色彩；另一方面，五季花田景区作为现代农业花卉景观吸引了众多游客。五季花田景区有着成都第一家规模化薰衣草种植基地"妈妈农庄"，开放当时便引爆了成都市场，形成"一三联动、以旅助农"的典型代表。紧接着，战旗村打造了"第五季香境"项目。该项目是在"妈妈农庄"人流到达一定程度后，为了扩容升级、提升竞争优势而建成的集餐饮、旅游、酒店、文化于一体的特色商业街。至此，"一三产互动发展模式"让战旗人品尝到了"三产"的成果，更坚信了当初的选择。乡村十八坊是村集体自主开发的重点项目，一期建设是十八个具有非遗性质的传统工艺厂房，有豆瓣坊、布鞋坊、酿酒坊等特色项目，二期、三期还有餐饮、住宿、文化创意等特色项目。目前，该项目已完成，将实现三大产业融合，"农、商、文、旅"于一体的"前店后厂"，游客可以在此参观、购买、制作体验。该项目让战旗村实现了从农产品到再加工，最后作为旅游商品一条龙的转变。

（三）感恩奋进，为精神文明建设助力

习近平总书记强调，"实施乡村振兴战略要物质文明和精神文明一起抓，特别要注重提升农民精神风貌"。战旗人始终牢记于心，并外化于行。在推动乡风文明和精神文化建设方面，战旗村有多驾"马车"。战旗村现在成立了四川战旗乡村振兴培训学院，已打造成了辐射全省、全国的乡村振兴干部人才培训基地。农民夜校主要培养新型职业农民和提高农民素质，讲习所和新乡贤主

要是讲好"战旗故事"，倡导爱农、兴农、助农。"村+社会组织+社工+志愿者"模式则实行"四社联动"，促进居民自治，助力共建共治共享。为了进一步提高村民的文化水平，传承传统技艺，战旗乡积极开展村校合作。四川战旗乡村振兴培训学院目前已与清华大学、四川省社会科学院等高校和科研院所建立了战略合作联盟。战旗村还与西南交通大学、成都纺织高等专科学校联合成立了蜀绣传统技艺讲习所、蜀绣学院，联合20多名学者专家研发相关课程，已开展蜀绣技能提升、教师职业技能培训活动，参加人数截至2022年达60人次，在大力弘扬传承蜀绣文化的同时也有效地提升了村民的就业技能。2022年，战旗村通过划分网格、派驻3人工作组形式，宣传、动员、组织好社员群众培育文明乡风、良好家风、淳朴民风，鼓励和引导村民增收致富。据悉，在战旗村，家家都有《三字经》《增广贤文》等国学经典，定期开展"晒家风、晒家训、晒家规"和新乡贤、文明家庭、道德之星、文明之星等评选活动，组织大健康管理培训，启动"战旗飘飘"等一批文化综合体系建设活动，"友善公益、守望相助、开放包容"的战旗新风尚正在逐渐形成。

三、战旗村的发展历程

战旗人始终传承和弘扬"敢于拼搏、勇于创新"的战旗精神，从20世纪70年代投资建立原郫县第一个机砖厂，到建立首个由村民议事会、监事会等组成的村民自治组织；从全省首个将村民集中居住、将承包地集中入股，到2015年敲响全省农村集体经营性建设用地入市"第一槌"，战旗村都是一马当先地冲在改革前列。十多年来，在村党总支书记的带领下，战旗村以"一三联动、以旅助农"为发展战略，坚持走集体发展道路，在开展主动城市化和做好土地集中经营活动的基础上，创立了7家集体企业和6家民营企业，形成了以有机蔬菜、农副产品加工、郫县豆瓣及调味品、食用菌等为主导的农业产业，以五季花田景区为核心的文旅产业，初步形成了第一、第二、第三产业互动的发展格局。

战旗村的发展史是一部创业创新史，而在其发展征程上又留下三步渐进的足迹。

第一步是创新土地经营方式。20世纪70年代以来，战旗村率先兴办了村集体企业，迈开了脱贫致富的第一步。在2002年，年富力强又有开拓创新意识的高德敏当选为村委会主任。当时战旗村的产业是纯农业，村民人均年收入只有三四千元。通过先后3次不远千里到山西皇城村学习考察，战旗村联系本村实际提出了经营村庄的新理念。2007年战旗村开展了土地综合整治活动，运用城乡建设用地增减挂钩的政策，通过拆院并院的方式，整合出13.9公顷建设用地，并将其挂钩到县城城区周边使用，利用其预期收益向成都市小城投公司融资9800万元，用于土地整治及新型社区建设，实现了土地收益1.3亿元，不仅归还了融资公司的本息，还将剩余的土地用于产业园区基础设施建设。在完成村民集中居住设施建设后，2011年战旗村通过土地确权，村民利用耕地承包经营权入股，村集体注入50万元建立了土地股份合作社统一管理村庄土地。其中部分土地用于发展高端设施农业，另一部分土地出租给种植大户建设家庭农场；剩余的60公顷用于引进龙头企业，其中引进一家占地20公顷的规模化、标准化农产品食用菌杏鲍菇生产企业，每公顷年产值达750余万元。

第二步是创建五季花田景区。2010年，战旗村又将创新的目标瞄向了花田景区的创建，通过利用土地整治中预留的1.6公顷集体建设用地，以战旗土地股份合作社名义，每亩50万元作价入股与成都一家房地产企业合作开发了"战旗第五季妈妈农庄——生态田园村"。五季花田景区距成都市区20多千米，到都江堰不过10分钟车程，区位优势明显。五季花田景区以花田新村、妈妈农庄、婚庆会务、美味果蔬为主题资源，以薰衣草花田为核心吸引物，为当时的成都提供了唯一的薰衣草花田体验地，很快就打响了文化旅游品牌。通过农村旅游项目的成功实施，战旗村"一三产互动发展模式"在市场中得到了印证。

第三步是打造农业旅游体验地。2012年，在中国村社发展促进会的支持下，战旗村农业公园项目启动。该项目由新型社区、妈妈农庄、文化大院等组成；同时还整合了周边近133.4公顷土地，其中包括约10公顷集体建设用地，以村全资控股的成都集凤投资管理有限公司为投资平台，打造天府农业旅游体验地和生态田园小镇，其中包括天府风情小镇、农业科技园、乡村十八坊、农业养生等四大板块。

四、战旗村的成功经验

（一）集体经济搭建多产融合平台

在乡村文化旅游发展的过程中，出现过很多因为外来资本、外来文化的冲击，导致双方发生矛盾的现象，集中在资源利用、土地租赁、收益分成等问题上。为了有效地避免这些问题，战旗村通过加快集体经济发展，运用股份合作社和专合组织等形式，让所有村民都参与其中，让村民每年享受分红，保障村民的利益；同时也增加了村党委的凝聚力、号召力和公信力，为乡村振兴、发展新农村提供了有力保障。

（二）现代农业和乡村旅游相结合

战旗村坚持建基地、创品牌、搞加工，先后集聚企业16家，吸纳就业人员1300多人；通过搭建"精彩战旗"特色产业在线服务大厅，引进"人人耘"网上种养、京东云创等项目入驻，催生订单农业、众筹农业、智慧农业等新业态、新产业模式等，为村民致富增收提供了长效保障。通过做强现代农业，全村现有蓝莓、草莓种植基地20公顷，有机蔬菜种植基地20多公顷，特色花卉种植基地60多公顷，观光农业26.7公顷，全部实现了产业化和体系化，线上、线下面向全国销售。同时，在乡村发展过程中，战旗村清楚地意识到仅仅依靠农业不能跟上乡村振兴的步伐，必须走出一条有特色、有文化支撑的多产业融合之路。为此，战旗村推出了体现农耕文化和传统技艺的十八坊、文化大院等文旅产品，让豆瓣、酱油、布鞋、蜀绣等传统商品变为文创产品，让游客既能参观学习，又能体验文创产品制作，丰富了乡村旅游的文化内涵。

（三）"战旗飘飘，名副其实"

战旗村牢记使命，以现代农业为抓手，以党支部为先锋，加强平台建设，做大做强产业，不断壮大村集体产业，成了乡村振兴的一面旗帜。每天都有来自全国各地的参观学习团队，在讲解员的带领下，他们了解战旗村的宝贵经验，学习如何进行乡村振兴。他们通过学习把战旗村的经验带回家乡，大大提升了战旗村在全国的知名度。

2018年2月12日，习近平总书记视察战旗村时称赞其"战旗飘飘，名副其实"，要求战旗村在实施乡村振兴战略中继续"走在前列，起好示范"。习近平总书记的到来更是让全国人民知道，四川有个战旗村，乡村振兴做得这么好。战旗人更是感恩奋进，勇于创新，让战旗这个"火车头"动力十足。同时，战旗村在乡村振兴发展中注重拓展思路、创新驱动，重视人才保障，以知识和文化不断地提升战旗村品牌；以村校合作为主要方式，把农作物种植技术、农产品加工工艺及乡村旅游经验传授给战旗村村民，让他们真正成为战旗村发展的人才基础。通过农民夜校、培训班、传统技艺讲习所等多种培训形式，不断地提升村民的发展意识、服务技能。同时，充分发挥各种渠道吸引和聚集各类人才向乡村回流。以每天的接待讲解为例，讲解员都是来自对战旗村发展历程非常了解的当地村民，通过培训上岗，他们带着无比的自信，向每一位到访者展示战旗村的现在，描述战旗村的未来。

第三节　艺术之上的天府之地：崇州市道明镇竹艺村

苏东坡先生的名句"宁可食无肉，不可居无竹"让竹子浓墨重彩地出现在人居环境的营造中。魏晋时期的道明竹编工艺带着清雅的自然气息、浓浓的人文色彩，就这样出现在当今的文化旅游生活中，带来了一场"国际范、天府味、竹编韵"乡村振兴的艺术实践。

一、竹艺村概况

竹艺村并不是一个行政区，是崇州市道明镇龙黄村九组、十一组、十三组所在区域的竹艺人家聚落。竹艺村距崇州市区约15分钟车程，距成都市区约1小时车程，交通便捷；其坐落在无根山丘陵区与坝区交接地带，总占地面积约8.2公顷，2019年有86户村民，背山面田，山上有大片的竹林、松树林、果园及河沟等自然景观，天府之国的林盘农家与周边高大的树木、竹林、河流及田园等环境有机融合，形成了生态宜人的居住环境。竹艺村保持了淳朴的乡风，整个区域的生活气息浓厚，邻里关系亲密，是天府林盘的典型代表。2018年，道明竹艺村农商文旅融合产业园接待游客30万人次，实现旅游收入1.3亿元。[1]

二、竹艺村亮点

（一）林盘诗画

无论是远望还是近观，无论是平视还是俯瞰，竹艺村就像一首诗、一幅画缓缓在游客面前展开。以竹里、丁知竹为代表保留打造的天府竹林盘就是这首诗里最美的词句，也是这幅画中的点睛之笔。竹艺村的景观环境布局保持并展示了天府独有的人居生态，是一种闲适的人与自然和谐共生的状态。远离乡村生活的游客初到竹艺村，首先就是被这样宁静致远、闲适悠然的生态生活环境所感染。笼笼翠竹环绕在房前屋后，既可遮阴，又可避暑，也是农闲生活的聚集场所。目前，竹艺村的文创空间具备接待功能，将两套民房改建为竹编博物馆，有来去酒馆、三径书院、遵生小院、青年旅舍等多元业态，建设了大地景观、污水处理系统和生态湿地环境，力争建设成集农业文创、优雅时尚、舒适包容于一体的天府新林盘标杆项目。

（二）重塑乡村的艺术实践

竹艺村最有特色、最吸引眼球的一定是利用现代设计理念加传统竹材料建设的建筑，以设计之美、艺术之名为四川乡村文化旅游升级助力。曾经的乡村因为观念、经济、社会发展等原因越来越趋于城市化，失去了乡村本真的味道。而在竹艺村，一场关于美好生活、美丽乡村建设的艺术实践正在悄然发生。一座名叫"竹里"的高颜值建筑开启了这场重塑乡村的艺术实践，竹里将曲径通幽的中国风景画意境转化为这座建筑的灵感之源。一个内向折叠的环形青瓦屋面形成了竹艺村的标志性建筑，由上海著名建筑师袁烽及其设计团队用轻型预制的钢竹构架制作而成，这种形式来源于无限符号"∞"，也是太极图案的拓扑变形，代表着融合与无限。该建筑呈现出当地竹编技艺的各种创造性应用和创新性传承。例如，用竹的外壳形状制作内墙的纹理，用竹编制建筑的外立面。通过艺术的设计、加工、处理，竹艺村的内涵在升华，乡村的外延在丰富和扩展。

---

1 见《崇州市统计年鉴（2018）》。

（三）传承传统的文化旅游

来到竹艺村会有和农耕田园一样但又不一样的感受，在这里，没有大片的农耕场景，更多的是让人感受到文化底蕴，一片片翠竹绿荫过滤了城市的喧嚣和浮躁。晴天观影、雨中听雨，满目所及皆是宁静祥和，远离纷扰，独自清醒。游客来到竹艺村，除了参观独特的竹元素建筑，文化体验也是最有吸引力的一个环节。竹艺村里有非遗传人及专业合作社的成员现场进行竹艺商品的编制，也有各种传统和创新竹艺产品的展示。一根根竹子、一条条竹篾经过人们的巧手，变成具有观赏性或实用性的艺术品、生活品。竹编是这里的人们生活中不可或缺的文化技艺，承载了一代又一代人的美好记忆。对于研学旅游、亲子旅游来说，竹艺村是一个非常好的展示、体验文化的场所，可观可游可学，在竹艺制作的学习中，传统文化也慢慢随之编织扎根。"学院+基地"非遗产品提升和非遗保护新模式不断地丰富非遗文化的内涵，激发传承的使命感。

（四）时空穿越的生活体验

每当晨曦初露，烟笼雾锁的竹林就开始复苏。学习、劳作、休闲、美食穿插在一天的时光中。黄昏时，一缕缕炊烟升起，不一会儿便将整个林盘拦腰缠绕起来，使人睹之迟迟不忍离去。整个竹艺村是由三个村落组成的，占地的26.7公顷。一座座掩映在竹林之中的农家小院古朴而特色鲜明，安静而生机盎然，如同世外桃源般的安静与闲适；屋前修竹三两根，林下竹桌茶一杯，看的是青山耸翠，观的是田野烂漫，听的是鸟语蝉鸣。来到竹艺村，因为传统的竹艺手工、竹林盘的乡村气息，让来自城市的人们仿佛经历了一场时空的穿越。这样的生活体验，既带给年老的游客对乡村生活的回忆，也带给年轻一代游客对田园生活的新奇感。这样素雅宁静、清新舒适的生活体验，和当下浮躁的生活形成了强烈对比，成为吸引游客前来品茗休憩的首选。

三、竹艺村发展情况

（一）核心组成

目前，竹艺村的核心展示体验由四部分组成：

一是竹里。以"无限（∞）"形建筑而知名的竹里占地面积1000多平方米，是一个集禅院食坊、文化客栈、野奢酒店、竹艺工坊于一体的竹禅文化度假村。"竹里"之名源自崇州的文化名片、南宋大诗人陆游的一首词《太平时》，其中描绘了曲径通幽的中国风景画意境，成为设计这座建筑的灵感。"竹里房栊一径深。静悄悄。乱红飞尽绿成荫。有鸣禽。临罢兰亭无一事。自修琴。铜炉袅袅海南沉。洗尘襟。"作为竹艺村的第一张名片，竹里不仅限于对传统进行回顾，还展现了面向未来的开放姿态。它吸引了越来越多愿意回到乡村进行艺术创作的艺术家，也就是竹艺村的新村民来到这里，与当地的原住民一起继承并发扬当地的人文特性，打造出更多、更好、更多元的升级业态。

二是丁知竹竹编文化体验基地。丁知竹是竹艺工坊，作为国家非物质文化遗产的道明竹编在这里可窥视一角。在这座开放流动的线型屋顶下，建设有夹层居住空间、通高展示空间与半户外茶室空间，游客在内与外的穿梭流动中可尽览竹编工艺的制作、教学与展示。建筑采用木结构制作，与当地传统小青瓦屋顶和竹编立面配合使用。竹艺加工作坊里有很多手工艺人在进行竹编，加工坊旁边的透明玻璃空间是竹工坊的展示大厅，里面有各种各样纯手工编织的竹制工艺品。

三是竹编博物馆。竹编博物馆由一座30年老宅改造而成，在尽量保存老宅建筑形态的基础上将其改造为一处展示当地竹编文化的博物馆。崇州竹编博物馆的空间设计来源主要提取竹子本身的物理特性"色、艺、影、形、光"。其宗旨是振兴乡村，带动当地传统手工艺发展。

四是竹里民宿。竹里度假酒店设计力求充分利用场地的自然优势，创造出与自然环境和谐、与功能主题契合、与结构材料统一的建筑空间。8个独立单层客房紧凑地分散于林中场地，轻触地面，设计尊重基地原貌，保留野趣，建设过程中尽量减少对现有植被的破坏。客房以传统建筑为原型，灵巧的双曲屋面由圆形平面拓扑生成，与大堂相互呼应。平面上以两个圆形并列相咬合而成，一侧为起居室，另一侧则兼具休闲娱乐和起居功能。平面两圆形中间形成独立的户外院落，在扩大客房活动空间的同时让人充分感受大自然的清新与秀美。设计既为场地中央大树得以保留提供空间条件，又满足了建筑的内部采光。建筑采用钢钉桩加木结构完成，配合使用当地传统小青瓦屋顶与竹编立面，与天府林盘的场地环境交相辉映。此外，遵生小院是由竹艺村第一批"新村民"冯玮根据古人的思想精心设计的一个院子。"遵生"二字最早可以追溯至中国古代养生著作《遵生八笺》，小院的打造将书中记录的古代人合于道法又富于诗意美感的生活方式重新呈现出来，并开展DIY手工香囊制作，以及国学、中医的培训等活动。以弘扬"耕读传家"为理念的现代乡村公益书院——三径书院，有一些作家在此举办新书发布会，同时开发有特色的文创产品。

（二）社会效益

从竹文化到竹产业：竹艺村传承竹文化，在竹文化中完成了蜕变。竹艺村人在非遗传承人的带动下成立专业合作社，发展竹产业。从传统的生活用品竹篼、竹篮、竹盘、竹碗、竹扇、竹灯笼、竹盒等到更高的艺术呈现形式，竹子+陶瓷融合制作出雅致的茶具，竹子+时尚品牌碰撞出别具一格的女士包袋，花色品种达200多种。竹艺产品以订单形式进行销售，由于不断创新的艺术性，其价格也优于普通产品，实现了致富增收。

从普通手艺到非遗传承：竹艺村不仅是一处以个性艺术建筑闻名的乡村旅游网红打卡地，支撑其发展的是竹艺制作这门"手艺"。从日常的生活用品到精美的艺术作品，一根竹、百种用，贯穿古今之灵气，编织艺术之经纬。在竹艺村人们感叹于竹艺之精巧，更肃穆于千年来这种传统技艺的传承。

（三）获得的荣誉

《建筑学报》（2017年10月刊）、《Wallpaper卷宗》（2017年12月刊）等专业媒体给予"竹里"高度的好评，同时也得到了包括上海电视台纪实频道《匠·新》栏目，以及《时代建筑》、A+U、Architectural Record等专业权威媒体的聚焦报道。2018年5月，竹里受邀走进全世界最受瞩目、最高规格的建筑学术展会——威尼斯建筑双年展。

四、竹艺村的成功经验

（一）如何通过文创与传统非遗文化相结合把游客留下来

整个竹艺村占地面积仅27公顷，大多数地方保持着原汁原味的乡村生活方式，游客一般集中在以竹里、丁知竹竹编文化体验基地、竹编博物馆等区域，活动范围有限，活动时间较短。怎样解决游客只是走马观花似的游览等问题？

第一，做深文化体验项目，诸如研学旅游、亲子旅游、文化交流、艺术节庆等都是很好的载体。只有做深了文化体验的文章，才能留下游客，掌握竹艺村之内涵精髓。

第二，需要与周边联合打造，扩大竹艺村的物理范围外延，同时丰富业态。从最早的竹里到文化体验场所、博物馆，再到书院、茶舍、民宿，能满足游客的不同需求，提供全面的文化传承旅游服务。

（二）怎样把原有的非遗文化品牌树起来

虽然道明镇是中国民间艺术（竹编）之乡，但是在盛产竹子的四川，道明镇不是唯一的优势和品牌。怎样让竹艺村脱颖而出成为一个乡村振兴的标杆、乡村旅游的网红打卡地？竹艺村用一个包含无限寓意的建筑——"竹里"来打头阵。"竹里"的落成是对城市问题的反思，为思考建筑在当下的意义提供了参照。这座独特的建筑在国内立刻因其新奇的外表、禅意的生活哲学迅速成为竹艺村的网红代言人，竹艺村也就这样伴随着竹里的走红而迅速带来了品牌认知度。除了物之外，人的参与也是至关重要的。竹艺村通过非遗传承人的示范带头作用实现文化技艺的传承，通过"新村民"的招募加入为竹艺村注入了更广阔的市场空间。在练好内功与走出去的合力作用下，竹艺村这个品牌的知名度越来越高，参与国际艺术活动的次数越来越多，真正实现了品牌的推广。

尽管道明竹艺村已经取得了瞩目的成绩，却仍然存在需要解决的一些问题，如目前竹艺村品牌知名度不大。通过调研，我们知道竹艺村竹里的建筑设计在国际上频频亮相，获得了一致的好评和认可。竹编工艺产品也屡屡获奖，拥有一系列头衔。但是，普通游客仍不太能从旅游和专业的角度去理解和认识竹编艺术的价值，因而未能认知到这个建筑的内涵意义和竹编工艺的深远影响，使得这个有高度文化艺术价值的乡村旅游要素未发挥出应有的价值。另外，现有研学旅游力度不够。竹艺村所提供的产品是非常适宜发展研学旅游的。目前虽已开展了一些研学旅游活动，但是从数量、力度、覆盖范围等方面来看，仍显不足。应该抓住国家发展研学旅游的大趋势，培养能够提供研学旅游服务的场所及工作人员，通过研学旅游使竹艺村的游客量和消费力再上一个新台阶。

第四节　盛开的脱贫之花：四川广元三会村

醉美梨乡，水墨苍溪；苍山溪水，五龙三会。云雾缭绕，群峰耸峙，绿树滴翠，炊烟袅袅，美丽人间似仙境，这就是让人陶醉于美景而流连忘返的三会村。

一、三会村概况[1]

三会村位于四川省广元市苍溪县五龙镇境内，距县城32千米，面积5.8平方千米，耕地面积123.4公顷，林地面积273.5公顷，2019年平均每户3.36人，支部下设4个庭院党小组，党员40名。2014年，三会村被列为省定贫困村。

近年来，在四川省委组织部联系指导苍溪县精准扶贫工作组蹲点指导和社会各界的支持帮扶下，三会村坚持党建引领、产村相融、农旅结合发展思路，取得了显著的成效。2019年，三会村硬化村组道路24.7千米，入户路硬化率达95%，标改山坪塘29口，新建渠系4.5千米，建新村聚居点3处95户，土坯房改造185户，天然气入户率为35%。三会村大力培育"1+3"特色产业（猕猴桃+乡村旅游、生态养殖、特色种植），发展猕猴桃、罗汉果、苍溪雪梨等产业100公顷，猕药套种中药材40公顷，带动发展业主大户6家、家庭农场4家，回引返乡创业人员12人，培育村资公司、旅游开发公司等新型经营主体5家，建成树尖餐厅、树尖民宿、景云台、龙吟谷等景点18处，游客常年络绎不绝。

2017年三会村实现整村脱贫，2018年集体经济收入突破40万元，村民人均纯收入达1.4万元。2019年，三会村建成四川省首家脱贫奔康乡村振兴现场教学基地，成功举办各类主题培训活动20期，参训学员2100人，村域经济实现跨越式发展。如今的三会村已变成"支部会引路，党员会带富，群众会技术"

---

1 数据来源于四川省乡村振兴局。

的新"三会"，先后被评为四川省旅游扶贫示范村和四川省传统村落。

二、三会村发展亮点

（一）开辟脱贫振兴道路

乡村脱贫和振兴的关键在基层党组织的科学引领。作为中共四川省委组织部定点帮扶村，三会村以村党支部书记和村主任为代表的村班子以"强村富民"为目标，带领村民披荆斩棘，创业创新。

一是有模范。2019年，三会村党员只有39人，常年在家且有劳动力的只有23人，村组干部中党员有13人。为了让更多党员履行职责，三会村制定了无职党员设岗定责、党员积分制管理等制度措施，同时让以前的村老党员干部再次履职，如进入民生服务党支部、职业农民培训教育党支部等，让他们的威信和威望通过平台得以展示，虽然基本上没有待遇，但是他们都愿意为村里的发展再鼓一把劲、出一份力。对于在外的党员，三会村坚持以村党支部的名义每季度向外出党员寄去一封信，信里面主要是通报村里的情况，告诫党员该如何加强学习履行义务，同时向他们收集意见和建议。

二是求作为。2015年以前，三会村还是一个人均收入不足1万元的贫困村，村里没有整洁、平坦的道路，没有风格突出的川北民居，甚至找不到一个像样的垃圾桶。在村委会换届选举之后，新组建的村班子穷则思变，力求通过大力发展乡村产业彻底改变贫穷落后的面貌，带领村民创业致富。

三是谋长远。三会村的发展之路是既要壮大集体经济，又要保护生态环境，是将绿水青山向金山银山转化的过程。三会村因地制宜地结合低丘缓坡地形，将村庄规划、产业规划、乡村旅游规划"三规合一"，提出全域皆景区的生态宜居村庄，发展乡村经济，为乡村可持续发展奠定了坚实的基础。

四是有担当。由于三会村早期贫困，施工单位担心村委无力支付工程款而无人投标，村委在中共四川省委组织部定点帮扶的同时寻求乡贤募集资金，先后建造了活动中心，铺设了沥青路、人行道，种植了绿化带、景观树。没有投资商，他们就鼓励有条件的村民骨干带头建设和发展民宿。他们多方联系农商银行，争取农民创业小额贷款支持，体现了担当履职的村干部情怀。

（二）汇集多方，共谋发展

乡村脱贫和振兴在起步之初大多会受到资金、项目等要素的制约，纵观三会村的发展过程，三会村得益于顺势抢抓了三次政策机遇，最终实现美丽蜕变。

一是在推进乡村脱贫过程中"领跑"。为走出"扶贫就是给钱给物"的误区，变"输血"为"造血"，中共四川省委组织部对口帮扶工作组的党支部和党员干部前来三会村调研、慰问时，采取"以购代捐"的形式，以略高于市场的价格从贫困农户手中购买农副产品，数月间便实现销售收入13万元，为贫困户人均增收310余元。二是在美丽乡村创建过程中"跟跑"。苍溪县开展美丽乡村创建过程中，在基础设施配套等方面，县、乡镇两级均有配套资金扶持。近年来，三会村抓住全县美丽乡村精品示范村创建这个契机，高标准实施"道路硬化、庭院绿化、村组亮化、水源净化、村庄美化"等"五化"工程，一改过去脏乱差的落后村貌，在绿色发展道路上迈出了关键的一步。

（三）科技保障，精准助力乡村振兴

近两年，苍溪县三会村借助大数据精准拔穷根，助力乡村振兴。

一是科学规划定产业。依托院士专家工作站邓兴旺教授团队建立包括人力资源、气候环境等6个数据库的"数字三会信息数据管理系统"，综合运用大数据，系统分析、科学规划村集体和农户"资产扶贫+自强农场"模式，大力发展"1+3"特色产业（红心猕猴桃+乡村旅游、生态养殖、特色种植），推动产村相融、农旅结合、文旅一体，打造一流农业园区和脱贫奔康文化旅游目的地。

二是精准帮扶解决贫困问题。针对该村因病、因智、因灾致贫的主因，运用大数据平台系统分析医疗扶贫和社会救助的人数、方式、金额等，根据贫困户的特点和经常活动的轨迹等，由系统指派家庭医生、定点医院等，将贫困户户均、人均固定生活收支等情况经过"系统算账"后动态发送给帮扶单位及人员，限时倒逼脱贫指标任务完成。

三是系统治理优化环境。综合运用"数字乡村数据库""雪亮工程"管理系统，系统收集、分析农村利益增值与利益分配、经济发展与环境保护等大数据，开展环境综合治理和"四好村"建设，通过数字三会信息数据管理系统及时向群众发送"有责任脱贫奔康"注意事项、整改问题等。

三、三会村发展情况

（一）发展路径

纵观三会村的发展路径，三会村根据本村旅游资源的实际情况，从特色农庄、文艺田园入手发展创意农业、精品种植，即用小农庄、小田园的独特魅力和精细化的农业种植、养殖四季留人。不盲目建设，不搞大型景点，以基础村镇建设项目为基础打造旅游项目。三会村的主要发展路径如下：

第一，农旅结合，文旅相融。在努力发展现代农业的同时，三会村充分挖掘、发挥质朴厚重的民俗文化特色，做到文化与旅游相结合，以农业产业带动旅游产业，吸引游客，盘活地方经济。

第二，实现农业产业化。在现有农业基础上，三会村进一步优化扩大绿色生态农副产品，形成产业链。

第三，发展四季型旅游。充分发挥三会村植被丰富、沟壑纵横、气候适宜的自然优势，采用大地景观植入的方式广种花卉、经济果木，完善旅游配套设施设备，达到春赏花、夏纳凉、秋摘果、冬看雪的效果，有效地吸引游客。

第四，以景促游。充分发挥三会村地处川北深丘之地、植被茂盛、地势高低错落、道路蜿蜒曲折的特点，设置一些旅游景观景点，完善旅游步道配置，以富有特色的乡村风貌吸引游客。

第五，以土为本。充分挖掘三会村乡土要素和民俗文化，以"乡土"特色吸引各方游客，全力将三会村的各种土著文化充分体现出来。在景观景点小品的设置上，突出一个"土"字，如原汁原味的农耕文化、土坯房、片石房；旅游步道采用石板路的形式，强化本地乡村特点；道路绿化，尽量种植本乡本土原有树种；标示标牌，采用当地习以为常的石头材质，以土石板、原始石头的形状等进行设计制作；在吃的方面，突出绿色、生态，形成到三会村吃土鸡、土鸭、土猪和优质蔬菜的共识。

（二）规划布局

根据三会村实际旅游发展规划，将规划一大中心、四大片区。一大中心为三会村游客服务中心。杨家嘴进入三会村的适当区域规划了一处游客接待中心，此处成为三会村游客集散门户。四大片区是游客接待集散片区。景区南部的入口区域是集中游客接待、集散、停车场等功能的片区，是三会村的景前区；田园风情观光片区以当地农户农田为主要区域，最大限度地保留当地农业生产用地，是以观光为主的片区；三会农家体验片区是集中景区住宿体验、参与互动、文化展示为主体的片区；户外运动参与片区是以户外活动、运动体验为主体的片区。

（三）未来展望

未来的三会村将根据实际情况尽快编制完成既符合自身发展需要，又能够逐步落地实施的规划方案。由政府相关部门指定有关帮扶部门分头实施，逐步推进。以实际需要为准，进一步完成旅游要素的配置，提升配置相关小而精的硬件设施，提高接待游客的能力。以"三会"节庆作为重点贯穿每年的旅游接待工作，加大宣传力度，扩大"互联网+"的影响力，让三会村农业观光、乡村休闲旅游名声远播。将三会村以乡村旅游发展带动社会发展这个目标作为突破点，形成共识，集党委、政府、企业、民间社团和本村群众的力量，从政策措施、方案规划、招商引资等方面，群策群力，多点出击，积小成大，持续不断努力，最终将三会村打造成川北乡村旅游的一颗璀璨明珠。

第九章　其他地区案例分析

第一节　关中的狂野印象：陕西咸阳袁家村

在我国西部有这样一个乡村：2007—2019年，短短13年时间，全村人口从200多人增加到3000多人，该村集聚了来自全国各地的近1000名创客，村民人均年收入由几千元上升到10多万元，整个村庄由一个陕西关中普通村庄发展为国家AAAA级旅游景区，每年接待游客450万人次以上，每年旅游总收入超过3亿元。同时，该村获得了中国乡村旅游创客示范基地、中国十大美丽乡村、中国十佳小康村、全国乡村旅游示范村、国家特色景观旅游名村、中国最有魅力休闲乡村等称号，并且这样的成绩和荣誉还在继续增加。这个村庄便是关中印象体验地——陕西咸阳袁家村。

一、袁家村概况

袁家村位于陕西省咸阳市礼泉县烟霞镇，这里在地理上属于我国陕西关中平原腹地，地势西北高、东南低，总体分为北部丘陵沟壑区和南部台塬两个板块。当前，整个村以发展乡村旅游为核心，主要为来自城市的中高端游客提供品尝关中美食、体验关中民俗民居、感受关中文化创意魅力及乡村休闲度假等服务。2021年，袁家村作为国家级农村综合性改革试点，通过改革机制、创新发展有效实现了乡村旅游综合年收入10亿元，农民人均纯收入10万元以上，带动周边村群众3000余人就业[1]，村里的农民在住房、饮食、收入等方面较周边乡村的平均水平有显著的提升。当前，袁家村正在按原有的规划朝着以旅游业为主导的第三产业引领其他产业共同发展的道路继续前进。

---

1 礼泉县人民政府官网，见 http://www.liquan.gov.cn/wlwz/hdft/202102/t20210224_613701.html。

二、袁家村亮点

（一）产业特而强

袁家村在实行土地承包责任制后，村领导及村民对村集体财产进行了最大限度的利用。与我国其他大多数农村不一样的是，袁家村在村集体实行土地集体所有制与将集体财产分掉之间选择了集体所有制。整个村走的是发展集体经济，以集体经济的发展带动村民共同致富的道路，让集体经济的支柱力量发挥到极致，然后尽可能地带动所有村民参与村庄集体经济的发展。

2007—2022年，袁家村探索出"关中印象体验地"这一核心定位，拾起在现代化进程中逐渐被淡忘甚至消失的乡土文化，进而唤醒了大量村民和游客的乡愁。这样一来，长期生活在大城市的居民从空间和心灵上开始间歇性转移到袁家村，体验久违了的甚至从未体验过的乡村生活。袁家村村民在吃、住、行、游、购、娱等方面为城市游客提供全方位的服务，这样一来，城市居民和乡村居民之间的互动和互信关系也就重新得到建立，同时也实现了"三产带二产和一产"的全产业链的激活和整合。袁家村拓展了"农民捍卫食品安全"的承诺，通过城市体验店，让健康美味的关中传统小吃和优质食材融入城市消费场景，并且输出以所在地文化和乡民参与为主打的旅游开发经验，通过多省合作在全国布局，让更多乡村焕发文化、产业和社区生机。

十余年来，在村书记的带领下，村"两委"无私奉献和服务，通过"资源变资产、资金变股金、村民变股民"实现了共同富裕。2022年，袁家村年接待游客量达660万人次，旅游总收入突破10亿元，村民人均纯收入15万元以上。袁家村基于乡村资源，通过中国智造成为中国乡土生活方式的领航者，通过绿色共享发展，让健康食材、传统小吃、原真文化走遍中国，走向世界。

（二）功能聚而合

袁家村乡村旅游的功能发挥主要通过以下六个方面实现：①为游客提供特色民俗体验类产品，包括关中大院、农家生活、民俗活动等；②为游客提供文化艺术项目，如当地民俗表演及反映袁家村发展的舞台剧；③为游客提供特色旅游商品，如充分利用当地民俗工艺开发出特色酸奶、辣椒酱等特色产品；④

为游客打造以关中院子典型老宅建筑风格为代表的多样化民宿产品；⑤为游客提供特色餐饮，如甜品、水果、小吃等；⑥为游客提供特色休闲娱乐产品，如酒吧街、艺术长廊等。因此，整个袁家村集合了吃、住、行、游、购、娱、乡村度假、创意文化等功能，实现了乡村生活与商业一体化。

（三）形态小而美

今天的袁家村，规划66.7公顷、建设26.7公顷+13.3公顷，包括袁家村社区、农家乐北街和南街、康庄老街、作坊街、关中小吃街、酒吧咖啡街、回民街、祠堂街、书院街、民宿、客栈、度假酒店、关中戏楼、大剧院、宝宁寺、秦琼墓、袁家祠堂、财神庙、观音庙、魁星阁、烟霞草堂、惟德书屋，以及万辆停车场等项目。袁家村为关中传统村庄，其建筑多是关中民居，整体建筑布局为聚集模式，遵循一定的"风水"原理。建筑的装饰也讲究乡土情结和精神内涵，如门前拴马桩、抱鼓石、窗上雕花等。这些项目虽然没有超大体量的投资，但是就其具体效果而言，小吃街的投资收入比高达1:50，领跑景区"投资—收益"比。所有的项目均精确瞄准乡村旅游市场，在特色美食、特色建筑、民俗氛围营造上无一不彰显关中特色、关中印象。

（四）机制新而活

袁家村这十多年的发展，最根本的是整个村领导班子从开始到现在不断探索适应时代发展及袁家村自身发展的新的灵活的机制体制，即合理规范的管理体制、科学完备的村级民主决策机制及"四议两公开"制度（"四议"指党支部提议、两委会商议、党员大会审议、村民代表大会决议，"两公开"指决议公开、实施结果公开）。在发展的过程中，袁家村始终坚持以村党支部为核心，以农民为主体，以创新谋发展，以共享促和谐。全村就走共同富裕道路达成共识，在大力发展村集体经济基础上合理调节村民的收入分配。大力发展集体经济，并不是说依靠外部力量或者依靠个人力量，而是在充分发展乡村旅游的前提下引导广大农民自主创业，并建立合作社，实现利益共创共享；另外，注重搭建平台，汇聚资源，面向全国，合作共赢。同时注重精神文明建设，加强思想教育，弘扬优良传统和淳厚的乡风民俗。

（五）生活优而全

整个袁家村的发展以村民为主体、以村庄为载体，把恢复关中民俗和重建乡村生活作为吸引旅游的核心，成功解决了"空心村"如何吸引游客的问题，并在满足市场需求和推进产业化的过程中逐步解决"三农"问题，最终形成袁家村的超级IP和知名品牌，实现乡村振兴。袁家村IP已经超出商业范畴，具有特殊的政治含义和时代特征，袁家村人越来越认识到自己的独特性和价值所在。因此，袁家村村民的生活品质也就随之提升。

（六）发展稳而新

袁家村人具有不断学习的精神，积极研究国家的方针政策，积极探索市场发展规律和消费者需求。在十多年的时间里，袁家村先后从民俗旅游到休闲度假旅游再到开发系列农副产品，产业结构不断优化，可以说，其发展的每一步都顺应了时代的发展，满足了市场的需求。除此之外，当前的袁家村正在走"袁家村进城"和"袁家村出省"之路，即把袁家村小吃搬到西安人的家门口，构建高端商业综合体，包括袁家村曲江银泰体验店、袁家村赛格国际体验店、袁家村咸阳正兴体验店和袁家村胡家庙万和体验店等，同时对外强强联合，优势互补并整合资源，达到合作共赢，即依托大都市大景区打造地域民俗文化体验景区和特色小镇、美丽乡村样板，以及乡村旅游、精准扶贫样板。

三、袁家村发展情况

（一）规划布局

空间结构呈现"两横三纵三大区"的规范格局、连贯的环状空间路径共同呈现出完整的商业街区总体规划图。两横：第一条横轴贯穿关中印象体验地与农家乐北区之间的主要道路；第二条横轴贯穿农家乐南区与关中古镇之间的主要道路。三纵：最西侧和最东侧的两条纵轴依次贯穿村落主要的对外交通空间，中间一条纵轴是联结三大片区的空间线索。三片区：关中古镇、农家乐区、关中印象体验地。两横轴与三纵轴之间相互交叉贯通，这种结构形式不仅使乡村整体空间具有均衡、稳定的布局方式，还使不同片区之间既有一定的独立性又有较好的连通性。一般游客按照"关中印象体验地—农家乐北区—农家乐南区—关中古镇区—农家乐南区—入口区"顺序游览,形成一条完整连贯的环状空间路径,此外关中印象体验地的最东侧也设有一个次入口,直接通往对外的交通干道。

(二)社会效益

第一,袁家村在某种程度上成功解决了困扰着试图进入乡村振兴领域的政府、企业和专家学者的难题,那就是远离城市的乡村如何吸引游客前来,并形成规模化客流量的问题。一般说来,旅游吸引物是自然景观、人文景观、人造景观。袁家村没有这些旅游吸引物,也没有资本去造景,而是把乡村的传统习俗和村民的日常生活当成资源,"无中生有"搞旅游。袁家村把村民组织起来,以村民为主体,以村庄为载体,恢复关中民俗,重建乡村生活,村就是景区,家就是景点,村景一体,全民参与。袁家村不搞那些花里胡哨的雕塑和景观,村民一张张朴实真诚、生动活泼的面孔不是一成不变的雕塑所能表现的。

第二,树立了解决旅游产业化和农民持续增收问题的典范。虽然乡村旅游发展前景好、未来发展空间很大,但是整个市场比较脆弱、季节性强,整个产业和与之相关的企业也很脆弱,投资者要想获利特别是在短期内获利特别困难。但袁家村在发展的过程中,不只是为了做乡村旅游而做乡村旅游,而是致力于打造一个农民创业的平台,也就是要让村民获利,实现共同富裕。这样一来,袁家村的农民就成了袁家村的经营主体,他们每天做的是自己擅长的事情,而这些事情又恰好是受市场欢迎的。因此,从根本上讲,袁家村的真正价值体现在当地村民的乡村生活上。除此之外,在解决旅游产业化和农民持续增收问题上,袁家村还探索出一条逆向发展的道路,那就是用第三产业带动第二产业,进而促进第一产业发展,用发展旅游来创立品牌。例如,当地比较有名并很受欢迎的油泼辣子,最初这个项目是在康庄老街,一位农村妇女用老牛加石磨碾好的辣椒粉用烧开的菜油一泼,整个街道都能闻到香味。这样的场景加上这样的美食,承载的不仅有乡愁,还有市场吸引力,所以大受欢迎。村里人看到这样的场景,就判断其有发展潜力,随即建起作坊,扩大油泼辣子的生产能力,使之逐步产业化。

（三）未来展望

未来的袁家村着眼于大格局，希望中国大地种的是优质作物，加工的是放心产品，中国的乡村是美好的栖居地，中国的乡土文化占领制高点，而袁家村则努力打造中国乡村振兴和乡村生活方式第一品牌。袁家村通过创意打造品牌、制定标准、搭建平台，释放农村、农业、农民的新价值，以"民俗文化体验地+城市体验店+社区会员店"搭建地网，以"品牌IP+社群电商+大数据"搭建天网。对内，"三产带二产和一产"形成大农业产业集群；对外，消费者从会员变共建者，形成高黏性市场和高价值城乡关系。袁家村以创新的产品、体验、业态、模式为乡村产业升级、城乡融合发展和城市生活方式升级提供了解决方案。

四、袁家村的成功经验

发展乡村旅游，实现乡村振兴，有效地把农民组织起来，是极其困难的事。袁家村在做这些事时，主要采取了三个步骤：

第一步，为农民搭建一个创业的平台。那就是把袁家村农民学校打造为对村民进行技能培训和文化教育的基地，把普通的农民培养成具有服务技能和服务意识、管理能力的关中印象体验地的践行者。村集体为这些农民提供充足的条件，包括创业基本条件和其他优惠政策，经过村集体的培育、设计、扶持和挑选，村民在没有压力的情况下有序进入袁家村这样一个大的平台。

第二步，培育和扶持优势项目。所有进入袁家村这样一个大平台的商户并不是一成不变的，村集体对所有的项目进行动态监管，整个袁家村一年四季都在淘汰没有新意的无效项目，而不断地把新的有吸引力的项目推出来，并加以重点扶持和培育，包括风险评估、效益评估、生命周期评估等，最终确定后再正式扩大生产经营。

第三步，增资扩股，成立农民合作社。确定扶持培育的新项目，并不是只投入资金和人力，而是经过业主同意对其进行增资扩股，并成立农民合作社，大家自愿入股，入股的各方共享收益，同时风险也要共同承担。这在一定程度上避免了两极分化，村民之间的利益得到均衡，实现了共同富裕。

第二节 鱼米之乡的新画卷：浙江安吉鲁家村

有这么一个村：这里绿水青山，蓝天白云，鲜花盛开，牛羊成群；这里农、林、牧、副、渔类型齐全，五业并举；这里全村是一个景区，没有围墙，没有门票，农村、农民、农场相互依赖，共同发展；这里以观光小火车、观光电瓶车、自行车为主要交通工具，只有一个公共停车场；这里的农民开门就是花园，农民就在家门口创业和就业，农业就是一幅田园牧歌式美景。这个村便是鲁家村。

一、鲁家村概况

鲁家村位于浙江省湖州市安吉县东北部，全村面积16.7平方千米，以山地丘陵地形为主。截至2020年11月26日，全村共有村民小组16个，农户610户，人口2200人，其中党员86人。2011年以前，鲁家村是远近闻名的贫困村，2011年之后，新的村领导班子以全县美丽乡村精品村创建为契机，坚持走"美丽乡村+休闲农业+乡村旅游"的发展之路，大胆创新、勇于实践，把自然村庄转化为田园景区，把绿色资源转化为社会资本，将农民进城转化为返乡创业，村庄面貌日新月异，集体经济实现"弯道超车"。2018年，村集体经济收入400万元，农民人均收入38812元。2019年，鲁家村实行村庄规划、产业规划、旅游规划"三规合一"，发展桃花、葫芦、野山茶等各具特色的18个家庭农场，开通总里程4.5千米的观光小火车，环线串联起18个家庭农场，组合成全面开放式AAAA级景区。"田园鲁家"核心区完成20多个农业和休闲旅游项目签约，累计吸引各类社会资本20亿元。同时，鲁家村坚持农民主体，完善共建共享机制，创新"企业+村+家庭农场"经营模式，将集体土地资源、财政扶持资金转化为村集体资本股份，推动村民拿租金、挣薪金、分股金，实现村集体和村民双增收，村集体资产从不足30万元增加到近2亿元[1]，从一个贫困村蜕

---

1 安吉县人民政府官网，见 http://www.anji.gov.cn/hzgov/front/s136/zwgkxcjs/mlxc/20191107/i2542230.html。

变成为脱贫致富的明星村。鲁家村先后获得国家级田园综合体、全国首批农村发展产业融合示范园试点、全国十佳小康村等荣誉。鲁家村在乡村振兴中的异军突起受到全国各级媒体和党政考察团的关注，成为乡村振兴的先行示范村。

二、鲁家村发展亮点

（一）统筹村庄发展

鲁家村的发展不是传统农村的点状发展，而是在党支部的引领下立足全局，整合村庄建设、产业发展、生态环境提升，三规统筹，第一、第三产业高度融合的全面发展。鲁家村在没有优质文化资源和鲜明产业支撑的情况下，举全村之力投入300多万元打造了三规合一的发展蓝图，村领导班子当时的理念就是按照蓝图一干到底。一次性建成美丽乡村精品示范村，534公顷的土地在3个月内被"攻坚"、流转后服务农场建设。正是村"两委"班子创造性地以野山茶、蔬果、药材等为主题筹建了18个差异化、特色化的家庭农场，鲁家村才得以实现通过发展家庭农场带动休闲农业和乡村旅游业发展的宏伟蓝图。

（二）共建村域经济

2011年之前，鲁家村的集体经济薄弱，如何将美丽乡村建设成果和生态效益转化为美丽经济，村领导班子和党员干部动足了脑筋。通过几年的探索和实践，鲁家村逐渐形成了"村+公司+家庭农场"的发展模式，这是一种让专业人做专业事的模式。在这个模式下，既有由鲁家村广大党员干部组成的基层铁军的强力推进，也有社会力量和金融资本的积极参与。党支部带领村委负责征地拆迁、土地流转、基础设施建设等；合资公司负责乡村旅游产业的策划、推广、经营；金融资本和农场主负责特色家庭农场的融资、规划、建设。三方各司其职，共建共赢，共同承载起发展美丽乡村经济建设。

（三）联动构建创业之路

鲁家村农场经济的迅猛发展除了得益于谋划的精准和模式的创新之外，还得益于党支部、党小组及党员的三级联动。从2015年年初启动精准招商开始，鲁家村党支部通过推动18家农场建设落地和8亿元市场资本引入，迅速壮大了村级集体经济。2020年，鲁家村集体资产达到2.9亿元，村集体经营性收入572

万元，农民人均纯收入达到4.7万元，村经济合作社股权每股为3.2万元。[1]党小组也融入村民组中积极推进家庭农场、花海世界、风情街等项目建设，其中的3个党小组还将党小组阵地建到了农场里，有效地凝聚了小组党员的合力，党小组和村民小组形成了抱团发展理念。党员也在推动村庄发展中贡献了自己的力量，如推倒旧围墙、道路，让出院子，等等。当然他们也在美丽乡村经济发展中得到了好处，既通过党支部创设的"阿鲁阿家微讲堂"提升了村民的综合素质，也办起农家乐解决了就业、创业等一系列问题，成了美丽经济的样板。

（四）"三业"繁荣发展之路

"三业"，即就业、创业、农业。鲁家村原来没有产业，村民以外出打工为主；鲁家村在创新发展后，几乎全民就业，就连七八十岁的老年人都成了"香饽饽"。他们虽然年纪大了，但是弄花除草、种蔬菜的工作是可以胜任的。每天150元，一天一结算。创业方面，鲁家村的发展平台也给当地村民提供了舞台，18家农场中有6家为本地创业。原来整个村只有一家农家乐，现在已有六七家了，正在申请的还有十几家之多。农业作为鲁家村发展的本体产业，把就业和创业紧紧捆绑在一起，农业发展得越快，就业和创业的发展也就越快。

（五）"三农"助力乡村振兴

鲁家村的创新模式是把农村、农民、农场高度融合，在无形之中让"三农"问题迎刃而解。农村建设按照美丽乡村的要求，着重体现乡土、乡愁、乡风。农民的发展方面着重在培育新型农民（职业农民、职业经理人、农民企业家），其收入已远远不是传统农民能相比的。农场建设把生态农业、传统农业、高效农业、休闲农业结合，着重在田野风光塑造、科普教育、高端农产品和品牌的建立等方面。

（六）"三资"保障健康发展

以往很多乡村公共设施有些转化为资产，但还有很多是以负债形式存在的，有些公共设施则因为没有后期的维护而自然消失。在鲁家村，上级部门的项目投资和美丽乡村建设补助资金全部转化为资本，形成村集体在旅游公司中49%的股份。为了项目能够有序、规范、快速地发展，鲁家村争取到政府给予

---

1 安吉县人民政府官网，见 http://www.anji.gov.cn/art/2021/7/22/art_1229211475_58911864.html。

项目1.8公顷的旅游土地指标，这个是画龙点睛之笔。旅游公司的游客中心和农场的旅游设施都用旅游土地指标来解决，这个措施促进了"三资"（资产、资本、资金）的相互转化，保障了整个项目的健康发展。

（七）文明共举彰显发展成就

鲁家村从一个贫穷的小山村到每年一变样，村集体收入和农民收入双增加，物质文明和精神文明双丰收，原来一些不正之风已被积极向上、健康的文明之风取代，村舞蹈队、篮球队、越剧队相继成立。现在的鲁家村政通人和、风清气正。生态文明更是从无到有，徜徉在鲁家村的绿水青山中，形成游客如织的景象，鲁家村也真正做到了经济生态化、生态经济化。

三、鲁家村发展情况

（一）规划布局

整个项目以递铺街道鲁家村为中心，联动南北庄村、义士塔村、赤芝村，打造"田园鲁家"美丽乡村项目，总体布局思路为"一核、三区、四村"，功能布局为"一院一环三区"。

1. "一核"

"一核"即鲁家村家庭农场集聚核心区。

2. "三区"

"三区"即家庭农场集聚区、创意农业休闲度假区、生态农林乡居体验区。

3. "四村"

"四村"即鲁家村、南北庄村、义士塔村、赤芝村。

4. "一院"

"一院"即"两山学院"，打造绿色发展理念研学传播平台，是"绿水青山就是金山银山"重要思想的研学基地和绿水青山转化为金山银山最新实践成果的传播基地。

5. "一环"

"一环"是田园鲁家·两山绿道，通过建设连接鲁家村（二庄）、南北庄（宜茂村）、赤芝（赤山），总长20千米的绿色环线廊道，连三区跨四村，该区域具备自驾、骑行、健步等功能。该区域与近期规划的省道303、省道304及省道206形成交通圈，串联"两区"与"一湖"，实现各村联动互助，功能互补。

6."三区"

"三区"包括如下三区：

一是"溪上田园"——绿色生态农业示范区。其作为核心先导区，包括长思岭—鲁家村—彭家边带状区域。根据安吉县鲁家村"七山一水两分田"的生态格局，从项目自身亮点、区域完善、战略发展及创新示范等角度综合考虑，确定以原生态山水景观为环境保障，以山水游乐产品与高端服务产品为综合配套，提升田园鲁家农业产业结构体系。将现有项目整合提升并打造成核心亮点，"溪上田园"与"两山学院"组合形成整个田园鲁家的核心启动区，带动周边业态发展，从而实现以鲁家村为中心，辐射带动南北庄村、义士塔村、赤芝村共同发展的目标。

二是"岭上家园"——创意农业休闲度假区。其是先导区的产业延伸区域，包括南北庄村—宜茂村水库—大坞角—赤山村带状区域，这一区域围绕核心产业的示范带动作用，加强特色创意农业产品开发，融合第二、第三产业，引入特色农业加工业、手工业及休闲服务业，促进多产业融合，进一步推动休闲农业延伸。

三是"溪谷林园"——生态农林乡居体验区。其以绿色生态休闲农业为核心的拓展开发区域，主要以梅园溪为纽带，包括南北庄村—义士塔村—赤芝村带状区域，通过加强区域交通串联、产业互通，打造新型发展模式，增加产业种类，以生态农林资源优势打造特色乡村旅居体验，最终实现三区联动，相互促进，共同发展。以梅园溪为纽带，项目区内水资源丰富，可以充分利用坡地资源重点打造中高端民宿的集聚区，以弥补鲁家村乡村旅游建设土地指标空间不够、游客栖居场所不足的短板，形成与鲁家村乡村旅游互补模式。

（二）社会效益

（1）商业资本集聚。鲁家村构建"村企合资"的联动运营机制，改变传统意义上只靠土地流转、土地租赁等方式获得收益，让村集体、村民和社会资本的参与度和获得感随项目共同发展。田园综合体项目确立后，通过资源整合，交通区位优势、自然生态优势、特色产业优势进一步被放大。在该平台的吸引下，鲁家村由招商变成选商，先后筛选引进了中药农场、花海世界、房车营地等休闲旅游项目。目前，"田园鲁家"核心区已经完成20余个农业和休闲旅游项目的签约，其中18个家庭农场建设项目已经推进过半，投资5.8亿元的鲁家花园、投资1.2亿元的智能网联房车项目已经开始建设，成功吸引社会资本约20亿元。

（2）农民入股分红。鲁家村在发展中坚持让村民充分参与、获得收益，通过深化村级股份制改革，推动农民收租金、挣薪金、分股金，实现集体和村民的双增收。2014年，鲁家村推进农村集体资产股份合作制改革，原村经济合作社转变为股份经济合作社，社员自动转为股东。创新财政资源使用方式，将田园综合体项目财政奖励资金量化折算入股，用于建设基础设施和搭建平台；通过招商引资方式吸引社会资本，构建"村企合资"的联动运营机制，改变传统意义上的土地流转、土地租赁等方式来获取收益，让村集体、村民和社会资本的参与度和获得感随项目共同发展。

（3）农旅效益明显。家庭农场和农业园为游客提供不同的农事体验、民宿休闲、农产品采购等服务，游客可以在此感受采摘乐趣，品尝农家土菜，同时还能烧烤、垂钓，制作栩栩如生的标本，形成以游、吃、住、购、娱为一体的休闲生活体验。观光农业园由此带来的利润和效益是普通种植业的5～10倍，村民在旅游区中利用自己的住房开设民宿、农家乐，仅此一项就可以为全村的农家乐带来每年1000余万元的额外收入。截至2017年底，鲁家村农民人均纯收入达3.56万元，村级集体资产1.4亿元，接待各地考察团和游客25万余人次，旅游收入2500余万元，农旅融合发展的效益被持续放大。[1]

（4）带动就业创业。随着新业态、新经济的发展，鲁家村传统的农民形象已一去不复返，职业农民、职业经理人、农民企业家等新型农民成了生产经营的主体。目前，村内很多新建或在建的乡村别墅多数是村民回村建造，并准备发展农家乐和民宿。越来越多的年轻人返乡创业，将为鲁家村的后续发展提供源源不断的动力。此外，村民的工资性收入也得到相应增加。鲁家村项目建

---

1 安吉县人民政府官网，见 http://www.anji.gov.cn/art/2018/3/1/art_1229211477_55015478.html。

设完成并运营后，预计将直接产生超过300余个工作岗位，间接产生的岗位超过1000个，每年为当地村民增加工资性收入超过3000万元。同时，鲁家村以全国家庭农场集聚示范区为载体，成功创建"省级创业示范园""国家级学习型家庭农场"，大力开展创业技能、旅游经营等主题培训班。目前，鲁家村参与培训的村民达1000余人次，形成"全员就业、全村创业"的良好氛围，创业人数350人，享受创业政策200余人。[1]

（三）未来展望

未来的鲁家村将坚持把"村强民富"作为赶超发展的根本点，立足本土资源，做好发展文章，推动"两山"实践转化。一是进一步完善党群互助机制。鲁家村以成功创业、带富能力强的党员和有创业意愿、正在创业的群众等为主体成立"阿鲁阿家党群创业联盟"，在项目开发、创业贷款、产品销售等方面实行联办联保联营，变党员群众个体创业为组织牵引下的"抱团"发展。目前，该联盟已为创业党员群众争取利率优惠、手续简化的贷款600余万元，打造鲁家白茶、有机蔬菜等"鲁家"特色旅游产品10余种。二是实施共建共营。在村党支部主导下，村股份经济合作社成立安吉乡土农业发展有限公司，搭建"村+企业+家庭农场"组织经营模式，用好、用足美丽乡村建设资金、环境综合整治等项目资金和政策空间，积极地将社会资本用于农场发展。"村企合资"的联动运营机制改变了传统意义上土地流转、土地租赁等收益方式，让村集体、村民和社会资本的参与度和获得感随项目共同提升。三是推进"双业"富民。村党支部把休闲农业和乡村旅游作为主导产业，创办全县首个中国美丽乡村培训定点单位，重点对农场主、普通党员群众开展美丽乡村经营、村民电商培训、网络营销、网页美工等实用能力培训，以创业带动就业、推动发展、加快致富，实现产业与就业创业同步加速发展。

四、鲁家村的成功经验

（一）产业支撑不强问题的解决

乡村振兴，生态环境是基础，产业支撑是关键。田园鲁家模式是集循环农

---

1 澎湃新闻，见 http://www.m.thepaper.cn/baijiahao_8204943。

业、创意农业、农事体验于一体的田园综合体，通过农旅结合这条主线实现农村生产、生活、生态"三生同步"，第一、第二、第三产业"三产融合"，最终建成产业布局合理、服务体系完善、农村环境生态的田园综合体。但是，目前鲁家村缺乏特色的农业支撑产业，农产品加工特色不鲜明，且没有形成规模效益。另外，鲁家村在给游客提供农事体验上缺乏深层次意义上的回归乡村的感受。

为解决这一问题，鲁家村拟从以下方面入手：鲁家村有各具特色的家庭农场，具备将农业生产和乡村旅游深度融合的条件，但是传统的农产品加工和农产品供给是一大短板，如传统的榨油、制醋、酿酒等农产品加工工艺在鲁家村难觅踪迹，而此类农产品不仅可以为游客提供动手体验加工方式的机会，其绿色、健康的特性也是吸引游客选购的一大途径，可起到延长旅游链的作用。鲁家村虽然一直都在进行村庄景区的基础设施和家庭农场建设，但在特色产业方面尚无明确的导向和切实可行的产业规划，应该尽快根据村庄特色在做强农业产业上再次"无中生有"，构建第一、第二、第三产业均衡发展、深度融合的格局。

（二）股权分红滞后问题的解决

2014年，鲁家村确认股权人为2099人，村民折股量化资产为98.5万元，扣除20%的股改风险金，实际总股本为78.8万元，人均量化股金是375元。历经3年的建设和经营，2017年7月，鲁家村资产评估达1.45亿元，其中折股量化资产增至4158.3289万元，2099名股民的每股价值为1.98万元，是股改时的50余倍。[1]虽然股权增值速度惊人、总量醒目，但是实际分红尚未开展，股权仍停留在账面财富阶段。

为解决这一问题，鲁家村可以在田园综合体项目确立后通过资源整合，将交通区位优势、自然生态优势、特色产业优势进一步放大。2019年10月，"田园鲁家"核心区已经完成20余个农业和休闲旅游项目签约，18个家庭农场基本建成，8个农场已经投入运营。此时，股权分红的时机已渐趋成熟，鲁家村应尽快制定合理的股权分红方案，让股民享受到实实在在的股权红利，彰显田园鲁家在乡村振兴中农业主导、农民参与和农村致富这一根本原则。

---

1 安吉县人民政府官网，见 http://www.anji.gov.cn/art/2018/3/1/art_1229211477_55015478. html。

参考文献

常春秀，2023. 打造城市文旅会客厅：连云港市图书馆文旅融合的实践与思考[J]. 山东图书馆学刊（2）：68-71.

程金龙，郭琴，2023. 国内民宿发展三十年研究综述：基于CiteSpace软件的可视化分析[J]. 南阳师范学院学报，22（3）：15-21.

程文禹，2023. 文旅融合视角下红色文化资源保护利用研究：以山东省枣庄市台儿庄古城为例[J]. 西部旅游（6）：42-44.

董明，2023. 文旅融合背景下天津大麻花网络营销策略研究[J]. 食品研究与开发，44（9）：229-230.

方静雯，张希雅，徐俊，等，2023. 基于知识图谱的传统村落文旅研究分析与数字化展望[J]. 建筑与文化（5）：137-139.

冯洛平，施琳霞，王美琪，2023. 数字会展助推文旅融合高质量发展探索[J]. 合作经济与科技（11）：40-42.

冯宇松，胡阳，王芹，2022. 文旅融合视域下历史名人档案资源开发策略研究：以苏州市为例[J]. 山西档案（5）：1-9.

高洁，2023. 文旅融合视域下河北省红色旅游开发与国际化发展研究[J]. 四川旅游学院学报（3）：30-34.

郭瑞，刘富媛，2023. 文旅融合视角下江苏无锡东林书院研学旅行发展路径研究[J]. 商展经济（8）：41-44.

何德君，2023. 文旅融合背景下旅游管理专业人才培养模式创新研究[J]. 湖北开放职业学院学报，36（9）：6-8.

雷楠，石亮，2023. 文旅融合背景下重庆市影视旅游发展对策[J]. 合作经济与科技（12）：40-42.

李昉，2023. 文旅融合下博物馆旅游经济发展研究：以南阳市博物馆为例[J]. 财富时代（4）：57-59.

李国新，2023.文化和旅游公共服务融合发展的现状与前瞻[J].图书馆建设（2）：1-14.

李珊，2023.乡村振兴战略下湖南乡村音乐文化与文旅产业融合发展策略研究[J].农村经济与科技，34（6）：100-103.

李兆云，刘佳，张文江，2023.文旅融合视野下的吉州窑国家考古遗址公园[J].文物天地（5）：81-87.

凌思钰，张智科，刘天，2023.乡村振兴背景下民族地区文旅产业耦合协调度研究：以四川省茂县为例[J].农村经济与科技，34（6）：82-84+92.

刘英基，邹秉坤，韩元军，等，2023.数字经济赋能文旅融合高质量发展：机理、渠道与经验证据[J].旅游学刊，38（5）：28-41.

刘媛，2023.文旅融合背景下天津餐饮老字号品牌创新策略研究[J].老字号品牌营销（8）：3-6.

逯海勇，王俊轲，2023.文旅融合导向下大运河沿岸乡村景观设计策略研究：以聊城市七一村为例[J].农业与技术，43（9）：125-129.

罗佳，2022.文旅融合背景下公共图书馆如何利用地方文献服务当地旅游业发展[J].中国教育技术装备（21）：73-75.

莫林丽，余佳华，吴仁献，等，2023.文旅融合背景下非物质文化遗产传承与活化研究：以安徽省六安市为例[J].皖西学院学报，39（2）：8-14.

牛文涛，贾丽娟，尚雯雯，2023.文旅融合下城市夜间经济治理的理论逻辑、现实困境与规则重建[J].资源开发与市场（7）：819-828.

祁蔚茹，2023.文旅融合水平测度与区域差异分析：基于2010—2019年中国省级面板数据[J].咸阳师范学院学报，38（2）：37-45.

邱渐闻，高盼，2023.江苏发展"红色流量"促进红色文旅融合的路径探究[J].河北企业（5）：43-45.

冉莉，2023.文旅融合背景下图书馆特色馆藏资源建设[J].文化产业（13）：106-108.

邵译萱，2023.文旅融合视野下庆城县文物保护管理所文物保护利用的创新思考分析[J].文化产业（11）：147-149.

沈楼，2023. "农文旅"产业协同视角下供销合作社文化推广研究：以浙江省为例[J]. 南方农机，54（11）：100-102+129.

孙沛然，钟晖，2023. 文旅融合背景下公共图书馆志愿服务发展探析：以广西图书馆"走读广西"文明实践志愿服务项目为例[J]. 山东图书馆学刊（2）：64-67.

唐莘婼，康胜利，2023. 功能、路径和策略：论档案馆旅游的实现[J]. 兰台世界（5）：56-59+63.

唐志强，贾婷，丛明辉，2023. 黑龙江省达斡尔族智慧旅游发展对策研究：以齐齐哈尔市梅里斯达斡尔族区为例[J]. 北方经贸（4）：157-160.

王恒，2023. 文化与旅游深度融合发展路径研究：以大连市为例[J]. 学理论（2）：87-91.

王红宝，许亚丽，2023. 文旅融合视角下长城文创产品开发策略研究[J]. 河北地质大学学报，46（2）：111-117.

王科越，刘辉，李超，2023. 乡村振兴背景下茶旅融合高质量发展模式与路径：以陕西省双坪村为例[J]. 福建茶叶，45（5）：82-85.

王青，靳明明，王伟莉，2023. 文旅融合视角下古村落保护发展策略研究：以焦作市平顶爻村为例[J]. 城市建筑空间，30（4）：86-88.

王伟，郭莹莹，2023. 我国旅游业高质量发展研究动态与展望：基于CiteSpace的知识图谱分析[J]. 价格理论与实践（4）:113-116.

王晓鑫，马源，2023. 文旅融合背景下的传统村落活化利用模式研究：以广州市花都区洛场村（花山小镇）为例[J]. 安徽建筑，30（3）：5-8.

王艳芳，董佳冉，2023. 山西省晋城市文旅康养与乡村振兴融合发展的路径研究[J]. 商展经济（7）：139-141.

王长艳，2023. 加快农旅融合 助推乡村振兴：以皋兰县什川古梨园为例[J]. 甘肃农业（4）：1-3.

温宇灿，刘坚，2023. 文旅融合背景下乡村公共空间设计策略研究：以湘乡市山枣村为例[J]. 城市建筑，20（7）：57-60.

吴晓惠，2023. 文旅融合视角下眉山苏东坡传说非物质文化遗产传承与发展研究[J]. 文物鉴定与鉴赏（7）：170-173.

相广芳，焦钰雯，肖崇，等，2023. 乡村振兴背景下河南省农旅融合效率时空差异及优化措施研究[J]. 安徽农业科学，51（8）：148-151.

熊林，文兴华，包学东，2023. 恐龙化石等地质遗迹保护利用的规划探索：以自贡恐龙（文化）科普园概念规划为例[J]. 四川建筑，43（2）：42-45.

徐喆，陈植，2023. 共富背景下文旅融合赋能乡村振兴的对策研究：以"中国乡村旅游第一市"湖州为例[J]. 通化师范学院学报，44（5）：78-82.

闫靖琪，刘云，刘烜志，2023. 国内边境旅游研究进展：基于Citespace文献计量分析[J]. 云南地理环境研究，35（2）：70-78.

闫静，2023. 文旅融合视域下城市阅读空间的顾客感知功能定位研究：以三亚市"最美阅读空间"为例[J]. 图书馆（4）：70-76.

杨苗苗，2023. 乡村振兴背景下农旅融合问题及对策研究[J]. 南方农机，54（11）：116-118.

杨毓婕，2023. 公共艺术介入非物质文化遗产研学旅行之初探[J]. 大众文艺（9）：55-57.

姚维玮，2023. 文旅融合视角下乡村空间历史名人IP设计研究：以知章村为例[J]. 美与时代（城市版）（3）：112-114.

应珂，洪怡琳，张彦，等，2023. 图书馆IP建设赋能文旅融合发展的路径选择[J]. 农业图书情报学报（3）：81-89.

于佳会，刘佳静，郑建明，2023. 数据与需求双重驱动下的智慧文旅公共服务平台构建[J]. 情报科学，41（9）:115-121.

张保伟，2023. 数字经济时代江苏省文旅融合高质量发展策略研究[J]. 边疆经济与文化（5）：50-53.

张建凤，谢冰清，吴滤，2023. 乡村振兴语境下莆田市革命文物保护与利用[J]. 福建工程学院学报，21（2）：157-161+180.

张路，王怡，徐静，2023. 文旅融合视角下杭州电竞数娱小镇服务系统设计现状调查分析[J]. 设计，36（10）：33-37.

张文霞，2023. 体验经济背景下河北省邢台市太行山区乡村文旅融合发展策略研究[J]. 西部旅游（6）：51-53.

赵丽丽，徐宁宁，2023. 文旅高质量发展与中国式现代化：2023《旅游学刊》专题研讨会综述[J]. 旅游学刊，38（4）：161-164.

朱恒霄，刘洋，2023. 乡村振兴背景下乡村茶旅融合发展路径研究：以湖北省恩施州为例[J]. 中阿科技论坛（中英文）（4）：43-47.

朱佳玮，孙文章，赵梓涵，等，2023. 数字赋能文旅融合创新发展、促进消费升级的思考与建议[J]. 中国发展，23（2）：46-54.

朱韬，刘梦园，谢洪忠，2023. 基于DEA模型的长三角区域文旅高质量融合发展的绩效评价研究[J]. 上海城市管理，32（3）：64-74.

邹知含，张斯唯，何文清，等，2023. 文旅产业民宿规划策略研究：以同江市街津口赫哲族乡为例[J]. 城市建筑空间，30（4）：83-85.

后　记

在乡村振兴战略背景下，文旅融合高质量发展探索与实践是当前国家重点倡导和支持的一项创新性工作。通过将文化旅游与乡村振兴相结合，在促进农村经济发展的同时也为人们提供了更加丰富多彩的休闲娱乐方式，增强了人们对乡村生活的向往和热爱。在这个过程中，需要各种各样的资源来支撑这一工作的顺利开展。首先，需要政策的支持和引导，鼓励各地积极开展文旅融合工作，为农村经济发展注入新的活力。其次，需要人才的支持，文旅融合领域的专业人才可以帮助我们更好地开展相关工作，提升乡村文化旅游服务的品质。最后，需要财政和资金的支持，这可以让相关创新项目得到充分的支持，进一步推进市场化运作和发展。

文旅融合高质量发展的道路上也需要我们不断地探索新的路径和方法，不断地优化服务质量，推进农村经济的发展。例如，我们可以在小城镇中打造文化旅游景区，通过提供丰富的旅游项目吸引更多游客来到当地，增加当地的经济收入。同时，我们还可以注重挖掘乡村独特的文化价值和历史价值，在开展文化旅游项目的同时也能够使当地居民更好地保护和传承当地的文化遗产。

总之，文旅融合高质量发展需要各方面的支持和努力，也需要我们广泛地参与和积极地探索。如果我们能够高度重视文旅融合工作，在各方面的支持和努力下，文旅融合必将会取得更加卓越的成果，推动中国乡村振兴战略的实施，为中国乡村经济发展注入新的生机与活力。